公共机构节能条例释义

国务院机关事务管理局　编著

GONGGONG JIGOU JIENENG TIAOLI SHIYI

中国环境科学出版社·北京

图书在版编目（CIP）数据

公共机构节能条例释义/国务院机关事务管理局编著. —北京：中国环境科学出版社，2009
ISBN 978-7-5111-0020-7

Ⅰ. 公… Ⅱ. 国… Ⅲ. 国家行政机关—节能—条例—法律解释—中国 Ⅳ. D922.67

中国版本图书馆 CIP 数据核字（2009）第 095791 号

责任编辑　周艳萍
责任校对　扣志红
封面设计　龙文视觉

出版发行　中国环境科学出版社
（100062　北京崇文区广渠门内大街 16 号）
网　　址：http://www.cesp.cn
联系电话：010-67112765（总编室）
010-67112738（图书出版中心）
发行热线：010-67125803，59626559
印　　刷　北京中科印刷有限公司
经　　销　各地新华书店
版　　次　2009 年 11 月第 1 版
印　　次　2009 年 11 月第 1 次印刷
开　　本　787×960　1/16
印　　张　15
字　　数　280 千字
定　　价　38.00 元

公共机构节能条例释义

编 委 会

认真落实《公共机构节能条例》大力推进公共机构节能

（代序）*

焦焕成

2008 年 8 月 1 日，温家宝总理签署国务院第 531 号令，公布了《公共机构节能条例》（以下简称条例），条例于 2008 年 10 月 1 日起施行。各级机关事务管理部门要充分认识制定和施行条例的重大意义，深刻领会条例的精神实质，认真做好条例的学习、贯彻和实施工作，努力开创公共机构节能工作的新局面。

一、充分认识制定条例的目的和意义，把握制定条例遵循的主要原则

公共机构节能，是节能工作的重要组成部分。推行公共机构节能，是贯彻落实科学发展观，加快建设资源节约型、环境友好型社会的重要举措，也是公共机构加强自身建设、树立良好社会形象的必然要求。同时，公共机构带头节能，对于增强全体国民的节能意识，在全社会形成节能的良好氛围，具有积极的导向和示范作用。

党中央、国务院历来高度重视公共机构节能工作，中央领导同志对公共机构节能作过多次批示和重要讲话，要求各级公共机构特别是党政机关率先垂范，走在全社会前列。各级政府及有关部门积极开展公共机构节能工作，取得了明显成效。近年来，从中央国家机关来看，2006—2008 年人均用电同比分别下降 8.95%、5.48%、5.26%，单位建筑面积用电量同比分别下降 0.68%、4.30%、5.32%，人均用水同比分别下降 19.15%、2.63%、18.92%；2008 年公务车用油量同比下降 21.4%。但是，从总体上看，公共机构能耗总量偏大、能耗增长速度较快、能源利用效率不高的状况还没有根本扭转。因此，必须采取更加有效的措施，进一步加大公共机构节能的力度，切实提高公共机构节能工作的水平。根据党中央、国务院领导同志的讲话和批示精神，国管局从 2005 年起着手研究起草条例送审稿，在反复征求意见和修改完善的基础上，形成了条例草案并于 2008 年 5 月报送国务院。2008 年 7 月 23 日，温家

---

* 本文为国务院副秘书长兼国管局局长焦焕成 2008 年 9 月 18 日在《公共机构节能条例》实施工作座谈会上的讲话节选。

宝总理主持召开国务院第18次常务会议，审议通过了条例草案。

国务院制定这个条例，目的在于将公共机构节能工作规范化、制度化，通过法律手段推进公共机构节能，提高公共机构能源利用效率，充分发挥公共机构在全社会节能中的表率作用。为此，各级机关事务管理部门要认真理解和切实把握制定条例所遵循的三项主要原则：一是有关制度和措施相对从严，以促使公共机构节能真正走在全社会的前列，充分发挥其在全社会节能工作中的模范带头作用。二是注重制度和措施的实效性和可操作性，确保各项规定明确、具体、有力，同时又切实可行，便于操作。三是坚持约束与激励相结合，既明确规定公共机构节能的法定责任和义务，又确立节奖超罚的激励措施，增强公共机构节能的自觉性和积极性。

二、认真落实公共机构节能管理体制，抓好公共机构节能规划工作

为了落实节约能源法关于公共机构节能的有关规定，进一步明确有关部门在公共机构节能工作中的职责，使公共机构节能工作有人抓、有人管，条例分三个层次规定了既有统一监督管理，又有相互协调配合的公共机构节能管理体制：一是国务院管理节能工作的部门主管全国的公共机构节能监督管理工作，国务院管理机关事务工作的机构在国务院管理节能工作的部门指导下，负责推进、指导、协调、监督全国的公共机构节能工作。二是国务院和县级以上地方各级人民政府管理机关事务工作的机构在同级管理节能工作的部门指导下，负责本级公共机构节能的监督管理工作。三是教育、科技、文化、卫生、体育等系统各级主管部门应当在同级管理机关事务工作的机构指导下，开展本级系统内公共机构节能工作。

制定和组织实施好公共机构节能规划，对于规范和引导公共机构节能，增强公共机构节能工作的预见性、科学性，保证公共机构节能工作持续、有效开展，具有非常重要的作用。因此，条例首先明确规定了公共机构节能规划的制定主体、制定依据以及应当包括的主要内容。为保障公共机构节能规划的实施，各级政府机关事务管理部门要按照条例的规定，将公共机构节能规划确定的节能目标和指标，按年度分解落实到本级公共机构。各公共机构要结合本单位用能特点和上一年度用能状况，制定年度节能目标和实施方案，有针对性地采取节能管理或节能改造措施，保证节能目标完成。

三、认真落实公共机构节能管理制度，加强公共机构节能管理和监督工作

针对当前公共机构节能工作中存在的责任不明晰、规章制度不健全、能耗底数不清、监督和约束不力等问题，条例规定了八个方面的基本管理制度。为此，各级

政府机关事务管理部门要按照条例的规定，加强公共机构节能的管理和监督工作。一是公共机构负责人对本单位节能工作全面负责。公共机构的节能工作实行目标责任制和考核评价制度，节能目标完成情况作为对公共机构负责人考核评价的依据。二是公共机构应当建立、健全本单位节能管理的规章制度。三是公共机构应当实行能源消费计量制度，区分用能种类和用能系统实行能源消费分户、分类、分项计量，加强对本单位能源消耗状况的实时监测，及时发现、纠正用能浪费现象。四是公共机构应当指定专人负责能源消费统计，如实记录能源消费计量原始数据，建立统计台账，并于每年 3 月 31 日前向本级政府机关事务管理部门报送上一年度能源消费状况报告。五是公共机构应当在有关部门制定的能源消耗定额范围内使用能源，超过能源消耗定额使用能源的，应当向本级政府机关事务管理部门作出说明。六是公共机构应当优先采购列入节能产品、设备政府采购名录和环境标志产品政府采购名录中的产品、设备，不得采购国家明令淘汰的用能产品、设备。七是公共机构新建建筑和既有建筑维修改造应当严格执行国家有关建筑节能设计、施工、调试、竣工验收等方面的规定和标准。公共机构的建设项目应当通过节能评估和审查。八是公共机构应当实行能源审计制度，对本单位用能系统、设备的运行及能源使用情况进行技术和经济评价，并根据审计结果采取提高能源利用效率的措施。

四、认真落实公共机构节能的具体措施，保障公共机构节能工作取得实效

针对公共机构用能的实际情况和特点，条例从七个方面规定了公共机构节能的具体措施：一是公共机构应当加强用能系统和设备运行调节、维护保养和巡视检查，推行低成本、无成本节能措施。二是公共机构应当设置能源管理岗位，实行能源管理岗位责任制，并在重点用能系统、设备的操作岗位上配备专业技术人员。三是鼓励公共机构采用合同能源管理方式，委托节能服务机构进行节能诊断、设计、融资、改造和运行管理。四是公共机构选择物业服务企业应当考虑其节能管理能力，并在物业服务合同中载明节能管理的目标和要求。五是公共机构实施节能改造应当进行能源审计和投资收益分析，并在节能改造后采用计量方式对节能指标进行考核和综合评价。六是公共机构应当规定用能系统和设备以及重点用能部位的节能运行规范。七是公共机构应当按照标准配备公务用车，严格执行车辆报废制度，推行单车能耗核算制度。

为了保障公共机构节能工作取得实效，各级政府机关事务管理部门要会同有关部门加强对本级公共机构节能情况的监督检查，对节能规章制度不健全、超过能源消耗定额使用能源情况严重的公共机构要进行重点监督检查。考虑到公共机构全部或者部分使用财政性资金，有的公共机构还负责政策的制定和监督执行，不同于一

般的行政管理相对人。因此，对公共机构违反条例的行为，可采取责令限期改正、下达节能整改意见书、予以通报以及对有关责任人员给予处分等非经济性处理措施；对公共机构违反节约能源法的有关行为，可按照节约能源法的有关规定追究法律责任。

五、按照条例规定的职责和任务，切实做好条例的组织实施工作

各级机关事务管理部门要按照条例规定的职责和任务，进一步增强责任感和使命感，切实做好条例的学习、贯彻和实施工作。一是要广泛开展学习宣传。要结合本地实际，抓紧制定学习宣传条例的工作计划和人员培训方案，分层推进，逐级展开。要通过普及教育和专门培训，使公共机构的干部职工掌握条例内容、理解条例精神，落实条例要求。要充分利用电视、网络、报纸、杂志等媒体，广泛宣传条例，使社会公众了解条例的主要内容和工作要求，为实施条例营造良好的社会环境和舆论氛围。二是要抓紧完善配套制度。要加强沟通协调，理顺公共机构节能管理体制，努力形成各司其职、密切配合的工作格局。抓紧制定公共机构节能规划，明确节能指标和实施方案。建立健全节能目标责任制和考核评价制度，加快制定能源消费计量、统计报告、消费定额和能源审计等方面的制度和办法。要建立健全节能运行管理制度，设立能源管理岗位，加强日常用能管理。三是要切实加强组织领导。要认真履行条例规定的职能，明确管理职责，确定工作目标，制定工作计划，狠抓工作落实。要充分发挥相关部门的作用，会同有关部门加强对条例贯彻实施情况的统计分析和督促检查，按时上报有关情况。国管局将会同有关部门，根据实际情况对各地贯彻实施条例情况进行抽查，总结交流经验。四是要认真抓好监督检查。会同有关部门加强对条例贯彻落实情况的监督检查，严格查处各种违反条例的行为。要加大对违规行为的处罚力度，追究有关责任人员和公共机构负责人的责任。要充分发挥社会和新闻舆论监督的作用，鼓励先进，鞭策后进，推动公共机构节能工作顺利开展。

目录

第一部分　公共机构节能条例

第二部分　《公共机构节能条例》释义

第三部分　相关的法律、法规、行政规章及规范性文件

相关法律及行政法规

相关行政规章及规范性文件

综合类

第一部分

公共机构节能条例

公共机构节能条例

中华人民共和国国务院令

第 531 号

《公共机构节能条例》已经 2008 年 7 月 23 日国务院第 18 次常务会议通过。现予公布，自 2008 年 10 月 1 日起施行。

总理　温家宝

二〇〇八年八月一日

第一章　总　则

第一条　为了推动公共机构节能，提高公共机构能源利用效率，发挥公共机构在全社会节能中的表率作用，根据《中华人民共和国节约能源法》，制定本条例。

第二条　本条例所称公共机构，是指全部或者部分使用财政性资金的国家机关、事业单位和团体组织。

第三条　公共机构应当加强用能管理，采取技术上可行、经济上合理的措施，降低能源消耗，减少、制止能源浪费，有效、合理地利用能源。

第四条　国务院管理节能工作的部门主管全国的公共机构节能监督管理工作。国务院管理机关事务工作的机构在国务院管理节能工作的部门指导下，负责推进、指导、协调、监督全国的公共机构节能工作。

国务院和县级以上地方各级人民政府管理机关事务工作的机构在同级管理节能工作的部门指导下，负责本级公共机构节能监督管理工作。

教育、科技、文化、卫生、体育等系统各级主管部门在同级管理机关事务工作的机构指导下，开展本级系统内公共机构节能工作。

第五条　国务院和县级以上地方各级人民政府管理机关事务工作的机构应当会同同级有关部门开展公共机构节能宣传、教育和培训，普及节能科学知识。

第六条　公共机构负责人对本单位节能工作全面负责。

公共机构的节能工作实行目标责任制和考核评价制度，节能目标完成情况应当作为对公共机构负责人考核评价的内容。

第七条　公共机构应当建立、健全本单位节能管理的规章制度，开展节能宣传教育和岗位培训，增强工作人员的节能意识，培养节能习惯，提高节能管理水平。

第八条　公共机构的节能工作应当接受社会监督。任何单位和个人都有权举报公共机构浪费能源的行为，有关部门对举报应当及时调查处理。

第九条　对在公共机构节能工作中做出显著成绩的单位和个人，按照国家规定予以表彰和奖励。

第二章　节能规划

第十条　国务院和县级以上地方各级人民政府管理机关事务工作的机构应当会同同级有关部门，根据本级人民政府节能中长期专项规划，制定本级公共机构节能规划。

县级公共机构节能规划应当包括所辖乡（镇）公共机构节能的内容。

第十一条　公共机构节能规划应当包括指导思想和原则、用能现状和问题、节能目标和指标、节能重点环节、实施主体、保障措施等方面的内容。

第十二条　国务院和县级以上地方各级人民政府管理机关事务工作的机构应当将公共机构节能规划确定的节能目标和指标，按年度分解落实到本级公共机构。

第十三条　公共机构应当结合本单位用能特点和上一年度用能状况，制定年度节能目标和实施方案，有针对性地采取节能管理或者节能改造措施，保证节能目标的完成。

公共机构应当将年度节能目标和实施方案报本级人民政府管理机关事务工作的机构备案。

第三章　节能管理

第十四条　公共机构应当实行能源消费计量制度，区分用能种类、用能系统实行能源消费分户、分类、分项计量，并对能源消耗状况进行实时监测，及时发现、纠正用能浪费现象。

第十五条　公共机构应当指定专人负责能源消费统计，如实记录能源消费计量原始数据，建立统计台账。

公共机构应当于每年 3 月 31 日前，向本级人民政府管理机关事务工作的机构报送上一年度能源消费状况报告。

第十六条 国务院和县级以上地方各级人民政府管理机关事务工作的机构应当会同同级有关部门按照管理权限，根据不同行业、不同系统公共机构能源消耗综合水平和特点，制定能源消耗定额，财政部门根据能源消耗定额制定能源消耗支出标准。

第十七条 公共机构应当在能源消耗定额范围内使用能源，加强能源消耗支出管理；超过能源消耗定额使用能源的，应当向本级人民政府管理机关事务工作的机构作出说明。

第十八条 公共机构应当按照国家有关强制采购或者优先采购的规定，采购列入节能产品、设备政府采购名录和环境标志产品政府采购名录中的产品、设备，不得采购国家明令淘汰的用能产品、设备。

第十九条 国务院和省级人民政府的政府采购监督管理部门应当会同同级有关部门完善节能产品、设备政府采购名录，优先将取得节能产品认证证书的产品、设备列入政府采购名录。

国务院和省级人民政府应当将节能产品、设备政府采购名录中的产品、设备纳入政府集中采购目录。

第二十条 公共机构新建建筑和既有建筑维修改造应当严格执行国家有关建筑节能设计、施工、调试、竣工验收等方面的规定和标准，国务院和县级以上地方人民政府建设主管部门对执行国家有关规定和标准的情况应当加强监督检查。

国务院和县级以上地方各级人民政府负责审批或者核准固定资产投资项目的部门，应当严格控制公共机构建设项目的建设规模和标准，统筹兼顾节能投资和效益，对建设项目进行节能评估和审查；未通过节能评估和审查的项目，不得批准或者核准建设。

第二十一条 国务院和县级以上地方各级人民政府管理机关事务工作的机构会同有关部门制定本级公共机构既有建筑节能改造计划，并组织实施。

第二十二条 公共机构应当按照规定进行能源审计，对本单位用能系统、设备的运行及使用能源情况进行技术和经济性评价，根据审计结果采取提高能源利用效率的措施。具体办法由国务院管理节能工作的部门会同国务院有关部门制定。

第二十三条 能源审计的内容包括：

（一）查阅建筑物竣工验收资料和用能系统、设备台账资料，检查节能设计标准的执行情况；

（二）核对电、气、煤、油、市政热力等能源消耗计量记录和财务账单，评估分类与分项的总能耗、人均能耗和单位建筑面积能耗；

（三）检查用能系统、设备的运行状况，审查节能管理制度执行情况；

（四）检查前一次能源审计合理使用能源建议的落实情况；

（五）查找存在节能潜力的用能环节或者部位，提出合理使用能源的建议；

（六）审查年度节能计划、能源消耗定额执行情况，核实公共机构超过能源消耗定额使用能源的说明；

（七）审查能源计量器具的运行情况，检查能耗统计数据的真实性、准确性。

第四章　节能措施

第二十四条　公共机构应当建立、健全本单位节能运行管理制度和用能系统操作规程，加强用能系统和设备运行调节、维护保养、巡视检查，推行低成本、无成本节能措施。

第二十五条　公共机构应当设置能源管理岗位，实行能源管理岗位责任制。重点用能系统、设备的操作岗位应当配备专业技术人员。

第二十六条　公共机构可以采用合同能源管理方式，委托节能服务机构进行节能诊断、设计、融资、改造和运行管理。

第二十七条　公共机构选择物业服务企业，应当考虑其节能管理能力。公共机构与物业服务企业订立物业服务合同，应当载明节能管理的目标和要求。

第二十八条　公共机构实施节能改造，应当进行能源审计和投资收益分析，明确节能指标，并在节能改造后采用计量方式对节能指标进行考核和综合评价。

第二十九条　公共机构应当减少空调、计算机、复印机等用电设备的待机能耗，及时关闭用电设备。

第三十条　公共机构应当严格执行国家有关空调室内温度控制的规定，充分利用自然通风，改进空调运行管理。

第三十一条　公共机构电梯系统应当实行智能化控制，合理设置电梯开启数量和时间，加强运行调节和维护保养。

第三十二条　公共机构办公建筑应当充分利用自然采光，使用高效节能照明灯具，优化照明系统设计，改进电路控制方式，推广应用智能调控装置，严格控制建筑物外部泛光照明以及外部装饰用照明。

第三十三条　公共机构应当对网络机房、食堂、开水间、锅炉房等部位的用能情况实行重点监测，采取有效措施降低能耗。

第三十四条　公共机构的公务用车应当按照标准配备，优先选用低能耗、低污染、使用清洁能源的车辆，并严格执行车辆报废制度。

公共机构应当按照规定用途使用公务用车，制定节能驾驶规范，推行单车能耗核算制度。

公共机构应当积极推进公务用车服务社会化，鼓励工作人员利用公共交通工具、非机动交通工具出行。

第五章　监督和保障

第三十五条　国务院和县级以上地方各级人民政府管理机关事务工作的机构应当会同有关部门加强对本级公共机构节能的监督检查。监督检查的内容包括：

（一）年度节能目标和实施方案的制定、落实情况；

（二）能源消费计量、监测和统计情况；

（三）能源消耗定额执行情况；

（四）节能管理规章制度建立情况；

（五）能源管理岗位设置以及能源管理岗位责任制落实情况；

（六）用能系统、设备节能运行情况；

（七）开展能源审计情况；

（八）公务用车配备、使用情况。

对于节能规章制度不健全、超过能源消耗定额使用能源情况严重的公共机构，应当进行重点监督检查。

第三十六条　公共机构应当配合节能监督检查，如实说明有关情况，提供相关资料和数据，不得拒绝、阻碍。

第三十七条　公共机构有下列行为之一的，由本级人民政府管理机关事务工作的机构会同有关部门责令限期改正；逾期不改正的，予以通报，并由有关机关对公共机构负责人依法给予处分：

（一）未制定年度节能目标和实施方案，或者未按照规定将年度节能目标和实施方案备案的；

（二）未实行能源消费计量制度，或者未区分用能种类、用能系统实行能源消费分户、分类、分项计量，并对能源消耗状况进行实时监测的；

（三）未指定专人负责能源消费统计，或者未如实记录能源消费计量原始数据，建立统计台账的；

（四）未按照要求报送上一年度能源消费状况报告的；

（五）超过能源消耗定额使用能源，未向本级人民政府管理机关事务工作的机构作出说明的；

（六）未设立能源管理岗位，或者未在重点用能系统、设备操作岗位配备专业技术人员的；

（七）未按照规定进行能源审计，或者未根据审计结果采取提高能源利用效率的措施的；

（八）拒绝、阻碍节能监督检查的。

第三十八条　公共机构不执行节能产品、设备政府采购名录，未按照国家有关强制采购或者优先采购的规定采购列入节能产品、设备政府采购名录中的产品、设备，或者采购国家明令淘汰的用能产品、设备的，由政府采购监督管理部门给予警告，可以并处罚款；对直接负责的主管人员和其他直接责任人员依法给予处分，并予通报。

第三十九条　负责审批或者核准固定资产投资项目的部门对未通过节能评估和审查的公共机构建设项目予以批准或者核准的，对直接负责的主管人员和其他直接责任人员依法给予处分。

公共机构开工建设未通过节能评估和审查的建设项目的，由有关机关依法责令限期整改；对直接负责的主管人员和其他直接责任人员依法给予处分。

第四十条　公共机构违反规定超标准、超编制购置公务用车或者拒不报废高耗能、高污染车辆的，对直接负责的主管人员和其他直接责任人员依法给予处分，并由本级人民政府管理机关事务工作的机构依照有关规定，对车辆采取收回、拍卖、责令退还等方式处理。

第四十一条　公共机构违反规定用能造成能源浪费的，由本级人民政府管理机关事务工作的机构会同有关部门下达节能整改意见书，公共机构应当及时予以落实。

第四十二条　管理机关事务工作的机构的工作人员在公共机构节能监督管理中滥用职权、玩忽职守、徇私舞弊，构成犯罪的，依法追究刑事责任；尚不构成犯罪的，依法给予处分。

第六章　附　则

第四十三条　本条例自2008年10月1日起施行。

Regulations on Energy Conservation by Public Institutions

Decree of the State Council of the People's Republic of China

No. 531

Regulations on Energy Conservation by Public Institutions, adopted at the 18th Executive Meeting of the State Council on July 23, 2008, are hereby promulgated and shall be effective as of October 1, 2008.

Premier, Wen Jiabao

August 1, 2008

Chapter I General Provisions

Article 1 These Regulations are formulated in accordance with the Law of the People's Republic of China on Energy Conservation, for the purpose of promoting energy conservation by public institutions, increasing the energy efficiency of public institutions and enabling public institutions to play an exemplary role in energy conservation of all sectors of society.

Article 2 The term "public institutions" in these Regulations means State organs, institutions, groups and organizations that are wholly or partly financed by fiscal funds.

Article 3 A public institution shall enhance its energy use management and adopt measures that are technically and economically feasible, in order to reduce its energy consumption, minimize and prevent its energy waste, and use energy efficiently and rationally.

Article 4 The department of the State Council in charge of energy conservation shall take charge of the supervision and administration of energy conservation by public institutions throughout the country. The agency of the State Council in charge of government offices administration shall, under the guidance of the department of the State Council in charge of energy conservation, be responsible for the promotion, direction, coordination and supervision of energy conservation by public institutions throughout the country.

The agencies of the State Council and of the local people's governments at or above the county level in charge of government offices administration shall, under the guidance of the departments in charge of energy conservation at the same level, be responsible for the supervision and administration of energy conservation by public institutions at their corresponding levels.

The competent departments for education, science and technology, culture, health, sports, etc. at various levels shall, under the guidance of the agencies in charge of government offices administration at the same level, conduct the work for energy conservation by public institutions within the sectors at their corresponding levels.

Article 5 The agencies of the State Council and of the local people's governments at or above the county level in charge of government offices administration shall, jointly with the relevant departments at the same level, carry out publicity, education and training for energy conservation by public institutions and spread scientific knowledge of energy conservation.

Article 6 The responsible persons of public institutions shall take overall responsibility for energy conservation in their respective institutions.

A target responsibility system and an assessment and evaluation system shall be set up for energy conservation of public institutions, whereby the status of the achievement of the targets set for energy conservation shall be included in the assessment and evaluation of the responsible persons of public institutions.

Article 7 A public institution shall establish and strengthen its rules and systems for energy conservation management, carry out publicity, education and in-service training for energy conservation, enhance its employees' awareness of energy conservation, develop the habit of energy saving and raise the level of energy conservation management.

Article 8 Energy conservation by public institutions shall accept the supervision from the public. All units and individuals have the right to report acts of wasting energy on the part of public institutions, and the relevant departments shall, in a timely manner, investigate and handle such reports.

Article 9 All units and individuals who have achieved outstanding results in energy conservation of public institutions shall be commended and rewarded in accordance with the provisions of the State.

Chapter II Energy Conservation Planning

Article 10 The agencies of the State Council and of the local people's governments at or above the county level in charge of government offices administration shall, jointly with the relevant departments at the same level, formulate the plans for energy conservation by public institutions at their corresponding levels in accordance with the medium and long-term special energy conservation plans of the people's governments at their corresponding levels.

The plans for energy conservation by public institutions at the county level shall cover energy conservation by public institutions of the townships (towns) under their jurisdiction.

Article 11 A plan for energy conservation by public institutions shall include the guiding ideology and principles, the status and problems of energy use, the energy-saving targets and norms, the key points of energy conservation, the implementation bodies, the guarantee measures, etc..

Article 12 The agencies of the State Council and of the local people's governments at or above the county level in charge of government offices administration shall split up by year the energy-saving targets and norms as set in the plans for energy conservation by public institutions, and assign them to the public institutions at the corresponding levels.

Article 13 A public institution shall, in light of the characteristics of its energy use and the status of its energy use in the preceding year, set its annual energy-saving target, formulate the implementation plan, and take specific measures for energy conservation management or for energy conservation renovations, in order to ensure the achievement of its energy-saving target.

A public institution shall submit for the record its annual energy-saving target and the implementation plan to the agency of the people's government at the same level in charge of government offices administration.

Chapter III　Energy Conservation Management

Article 14　A public institution shall implement an energy consumption metering system, whereby energy consumed is metered for each user unit, each category and each item by differentiating the energy using categories and systems, and conduct real-time monitoring over its energy consumption to promptly find out and correct energy waste.

Article 15　A public institution shall assign personnel to be specifically responsible for statistics on energy consumption, truthfully record the original metering data on energy consumption and establish its statistical ledgers.

A public institution shall, prior to March 31 of each year, submit a report on its energy consumption in the preceding year to the agency of the people's government at the same level in charge of government offices administration.

Article 16　The agencies of the State Council and of the local people's governments at or above the county level in charge of government offices administration shall, jointly with the relevant departments at the same level and within the limits of their power, establish the energy consumption quotas in light of the overall energy consumption level and characteristics of public institutions in different occupations and sectors, and the finance departments shall formulate the expenditure standards for energy consumption on the basis of the energy consumption quotas.

Article 17　A public institution shall use energy within its energy consumption quota and enhance control over its expenditure on energy consumption; if it uses energy in excess of its energy consumption quota, it shall make an explanation to the agency of the people's government at the same level in charge of government offices administration.

Article 18　A public institution shall, in accordance with the provisions of the State on compulsory or priority procurement, purchase products or equipment as listed in the government procurement catalogue of energy-saving products and equipment and the government procurement catalogue of environmental labeling products, and it may not purchase the energy-using products or equipment which the State has eliminated by official order.

Article 19　The departments of the State Council and of the people's governments at the provincial level for supervision of government procurement shall, jointly with the relevant departments at the same level, improve the government procurement catalogue of energy-saving products and equipment and shall, in compiling the government procurement catalogue, give first priority to the products and equipment that have obtained certificates for energy-saving products.

The State Council and the people's governments at the provincial level shall include in the government centralized procurement catalogue the products and equipment as listed in the government procurement catalogue of energy-saving products and equipment.

Article 20 A public institution shall, in putting up a new building or in the maintenance and renovation of an existing building, strictly implement the provisions of the State and national standards in respect of energy-saving designing, construction, testing, completion acceptance, etc. for buildings, and the competent construction departments of the State Council and of the local people's governments at or above the county level shall strengthen supervision and inspection of the implementation of the relevant provisions of the State and national standards.

The departments of the State Council and of the local people's governments at or above the county level that are responsible for examination and approval or verification of fixed-asset investment projects shall strictly control the construction scales and standards of the construction projects of public institutions, take into overall consideration both the investment in energy conservation and the economic benefits, and conduct the energy conservation assessment and examination for construction projects; no project that fails the energy conservation assessment and examination may be approved or verified for construction.

Article 21 The agencies of the State Council and of the local people's governments at or above the county level in charge of government offices administration shall, jointly with the relevant departments, formulate energy-saving renovation plans for existing buildings of public institutions at the same level, and shall organize the implementation of the plans.

Article 22 A public institution shall conduct energy audit in accordance with the provisions, carry out technical and economic evaluation of the operation of its energy-using system and equipment and the status of its energy use, and take measures to increase its energy efficiency on the basis of audit results. The specific measures therefor shall be formulated by the department of the State Council in charge of energy conservation jointly with the relevant departments of the State Council.

Article 23 An energy audit shall include the following:

(1) checking the documents on completion acceptance of buildings and the ledgers on energy-using systems and equipment, and inspecting the compliance with the energy-saving

designing standards;

(2) verifying the energy consumption metering records for electricity, gas, coal, fuel, municipal heating, etc. and the financial statements, and evaluating, by differentiating categories and items, total energy consumption, per capita energy consumption and energy consumption per floor area;

(3) inspecting the operation of energy-using systems and equipment, and examining the implementation of the energy conservation management system;

(4) examining the compliance with the recommendations for rational use of energy made in the preceding energy audit;

(5) finding out energy-using points and areas with energy-saving potential, and making recommendations for rational use of energy;

(6) examining the fulfillment of annual energy conservation plans and energy consumption quotas, and verifying the explanations made by public institutions for using energy in excess of their energy consumption quotas; and

(7) inspecting the operation of energy metering instruments, and examining the authenticity and accuracy of energy consumption statistics.

Chapter IV Energy Conservation Measures

Article 24 A public institution shall establish and improve a system for operational management of energy conservation and the operating procedures of its energy-using system, strengthen operational adjustment, maintenance, servicing and inspection of its energy-using system and equipment, and promote the adoption of low-cost or no-cost energy conservation measures.

Article 25 A public institution shall set up posts for energy management, and implement a post responsibility system for energy management. Specialized technicians shall be assigned to the posts for operating key energy-using systems and equipment.

Article 26 A public institution may adopt the method of energy management contract to entrust an energy-saving service institution with energy-saving diagnosis, designing, financing, renovation and operational management.

Article 27 When selecting a property service enterprise, a public institution shall take into consideration its capacity for energy conservation management. A property service contract concluded between a public institution and a property service enterprise shall clearly indicate the targets and requirements for energy conservation management.

Article 28 A public institution shall, in carrying out energy conservation renovations, conduct an energy audit and an analysis of the returns on the investment, and establish energy-saving norms, and it shall, upon completion of the energy conservation renovations, make an assessment and a comprehensive evaluation of its energy-saving norms by using the metering method.

Article 29 A public institution shall reduce standby power consumption of air conditioners, computers, photocopiers and its other electrical appliances, and promptly turn off such electrical appliances.

Article 30 A public institution shall strictly implement the provisions of the State on temperature control of air conditioned rooms, take full advantage of natural ventilation and improve its operational management of air conditioning.

Article 31 A public institution shall install intelligent controls for its elevator system, rationally set the operational frequency and duration of its elevators, and enhance the operational adjustment, maintenance and servicing.

Article 32 A public institution shall take full advantage of natural lighting for its office buildings, use highly efficient energy-saving lighting instruments, optimize the design of its lighting system, improve circuit control methods, promote the use of intelligent control devices, and strictly control external floodlighting and decorative lighting of the buildings.

Article 33 A public institution shall place more emphasis on monitoring the status of energy use in such places as computer network centers, dining halls, boiled water rooms and boiler rooms, and take effective measures to reduce energy consumption.

Article 34 A public institution shall equip itself with official vehicles according to the prescribed standards, and it shall choose to use vehicles with low energy consumption, low pollution and using clean energy, and shall strictly implement the vehicle scrapping system.

A public institution shall use its official vehicles for the prescribed purposes, formulate energy-saving driving norms and adopt an accounting system for energy consumption per vehicle.

A public institution shall actively promote the socialization of official transport services and encourage its staff to make use of public or non-motorized means of transport for travel.

Chapter V Supervision and Guarantee

Article 35 The agencies of the State Council and of the local people's governments at or above the county level in charge of government offices administration shall, jointly with the relevant departments, strengthen the supervision and inspection of energy conservation by public institutions at the same level. The supervision and inspection shall cover the following:

(1) the formulation and implementation of the annual energy-saving targets and implementation plans;

(2) the metering, monitoring and statistics of energy consumption;

(3) the fulfillment of energy consumption quotas;

(4) the establishment of rules and systems for energy conservation management;

(5) the setting up of posts for energy management and the implementation of the post responsibility system for energy management;

(6) the energy-saving operation of energy-using systems and equipment;

(7) the conduct of energy auditing; and

(8) the acquisition and use of official vehicles.

Public institutions that fail to establish sound rules and systems for energy conservation or use energy in grave excess of their given energy consumption quotas shall be the focus of supervision and inspection.

Article 36 A public institution shall cooperate with the supervision and inspection of energy conservation, faithfully explain the relevant facts, and provide the relevant materials and data, and it may not refuse or obstruct such supervision and inspection.

Article 37 Where a public institution commits one of the following acts, the agency of the people's government at the same level in charge of government offices administration shall, jointly with the relevant departments, order it to make corrections within a time limit; if the public institution fails to make corrections within the time limit, it shall be criticized in a circular, and the relevant organ shall impose a sanction on its responsible person in accordance with law:

(1) failing to formulate its annual energy-saving targets and implementation plan, or failing to submit such annual energy-saving targets and implementation plan for the record in accordance with the provisions;

(2) failing to implement an energy consumption metering system, or failing to meter

energy consumed for each user unit, each category and each item by differentiating the energy using categories and systems, and conduct real-time monitoring over the status of energy consumption;

(3) failing to assign personnel to be specifically responsible for statistics on energy consumption, or failing to truthfully record the original metering data on energy consumption and establish statistical ledgers;

(4) failing to submit a report on energy consumption in the preceding year as required;

(5) failing to make an explanation to the agency of the people's government at the same level in charge of government offices administration when it uses energy in excess of its energy consumption quota;

(6) failing to set up posts for energy management, or failing to assign specialized technicians to the posts for operating key energy-using systems and equipment;

(7) failing to conduct energy audit in accordance with the provisions, or failing to take measures to increase its energy efficiency on the basis of audit results; or

(8) refusing or obstructing supervision and inspection of energy conservation.

Article 38 Where a public institution fails to implement the government procurement catalogue of energy-saving products and equipment, or it fails to purchase products or equipment as listed in the government procurement catalogue of energy-saving products and equipment in accordance with the provisions of the State on compulsory or priority procurement, or it purchases the energy-using products or equipment which the State has eliminated by official order, the department for supervision of government procurement shall give it a warning, and may fine it concurrently; the person in charge with competent accountability and other persons with competent accountability shall be given a sanction each in accordance with law, and shall be criticized each in a circular.

Article 39 Where a department responsible for examination and approval or verification of fixed-asset investment projects approves or verifies a construction project of a public institution that fails the energy conservation assessment and examination, the person in charge with competent accountability and other persons with competent accountability shall be given a sanction each in accordance with law.

Where a public institution commences a construction project that fails the energy conservation assessment and examination, the relevant organ shall, in accordance with law, order it to rectify within a time limit; the person in charge with competent accountability and other persons with competent accountability shall be given a sanction each in accordance with law.

Article 40 Where a public institution, in violation of the provisions, purchases official vehicles in excess of the prescribed standards and its staff quota, or refuses to scrap vehicles with high energy consumption and high pollution, the person in charge with competent accountability and other persons with competent accountability shall be given a sanction each in accordance with law, and the agency of the people's government at the same level in charge of government offices administration shall, in accordance with the relevant provisions, deal with the case by withdrawing or auctioning off the vehicles, or ordering it to return the vehicles.

Article 41 Where a public institution wastes energy by using energy in violation of the provisions, the agency of the people's government at the same level in charge of government offices administration shall, jointly with the relevant departments, give to it recommendations on rectification for energy conservation, and the public institution shall promptly implement the recommendations.

Article 42 Where a staff member of the agency in charge of government offices administration abuses his powers, neglects his official duties, or commits illegalities for personal gains in the supervision and administration of energy conservation by public institutions, he shall be investigated for criminal liability in accordance with law if a crime is constituted, or he shall be given a sanction in accordance with law if no crime is constituted.

Chapter VI Supplementary Provisions

Article 43 These Regulations shall be effective as of October 1, 2008.

第二部分

《公共机构节能条例》释义

绪论 《公共机构节能条例》制定背景

一、《公共机构节能条例》制定的必要性和迫切性

节约资源和保护环境是我国的基本国策。公共机构包括全部或者部分使用财政性资金的国家机关、事业单位和团体组织，是能源消费的重要主体，也是节能潜力较大的领域。据统计，2007 年全国政府机构能源消费量达 97.4 兆吨标准煤，占全国终端能源消费总量的 6.12%，其中电力 1 709 亿千瓦时①。根据有关专家测算，全国公共机构约有 6 亿平方米公共建筑，按 50%节能目标改造，可节约 1 800 万吨标准煤，减少二氧化硫排放 30 万吨。同时，公共机构作为节能政策的制定者和执行者，自身节能工作的好坏对全社会有着广泛的影响，加强公共机构节能管理，对推动全国节能减排工作具有重要的示范作用。近年来，胡锦涛总书记、温家宝总理等领导同志多次作出重要批示和指示，要求党政机关在节能工作中切实发挥表率作用，走在全社会的前列。中央国家机关和地方各级人民政府积极贯彻落实党中央、国务院的要求，采取各种措施开展节能工作，取得了初步成效，积累了一定经验，但仍有一些体制、机制和管理制度上的问题和障碍，迫切需要通过立法予以解决。

（一）管理体制不健全，部门职责不明确

目前基层普遍存在公共机构节能管理部门不够明确、职责交叉的问题，造成公共机构节能责任难落实、监管不到位，需要进一步明确监督管理主体，健全管理体制，理顺相关部门职责，建立宏观协调管理机制。

（二）管理制度不完善，运行机制不健全

缺乏统一的节能规划、能源消耗定额和支出标准，没有建立有效的能耗统计、监测和节能评价考核体系，尚未形成全面、系统的节能管理制度体系，缺少有效的激励和保障措施。“节约无奖励、浪费无惩罚”的现象普遍存在，节能管理人员没有节能的积极性、主动性。由于现行政策约束，以市场机制为基础的合同能源管理等

---

① 数据来源：王庆一. 中国 2007 年终端能源消费和能源效率（上）[J]. 节能与环保，2009，2(176)：14-17。

新机制还无法推行。鼓励节能技术推广的政策支持不足，节能新技术、新产品在公共机构推广应用难度大。

（三）基础工作薄弱，日常管理粗放

用能大锅饭现象严重，公共机构能源管理不严格，措施不到位，长明灯、长流水现象时有发生。能源计量不完善，单位与单位之间、楼宇与楼宇之间、不同用能系统之间，均没有科学计量，底数不清，数据不准，无法实现量化管理和精细化管理。管理人员不专业，运行管理、调节不到位，节能管理手段落后，能源利用效率低，能耗水平高。

2007 年新修订的《节约能源法》新增“公共机构节能”一节（第四十七条至第五十一条），对公共机构制定节能规划、能耗统计和定额、节能采购等作了专门规定，在一定程度上为推动公共机构节能提供了法律支持和依据。但是，这些规定还比较原则，因此迫切需要针对现实问题，研究制定《公共机构节能条例》（以下简称《条例》），对《节约能源法》的相关规定加以细化，增强操作性和约束力，进一步推动公共机构节能工作。

二、《条例》制定的基本思路

制定《条例》，必须贯彻落实科学发展观，紧密围绕《节约能源法》，从我国公共机构实际出发，借鉴国外先进经验，进一步健全管理制度，推动公共机构率先节能，促进资源节约型、环境友好型社会建设。在《条例》制定过程中，主要包含以下几个方面：一是确立公共机构节能管理体制，明确主管部门以及相关部门的职责，注意理顺相关部门之间的权责关系。《条例》重点强调节能管理性规定，涉及体制改革方面的内容只作原则性规定。二是完善公共机构节能管理制度，强调节能量化管理和精细化管理，注意和《节约能源法》、《可再生能源法》以及《民用建筑节能条例》等相关法律、法规衔接。对于法律、法规已有详细规定的内容，《条例》只作衔接性规定。三是健全公共机构节能运行机制，注意发挥行政管理和市场机制的作用，多种管理手段同时使用。四是注重措施的可操作性，考虑到地区差异性，有些制度和标准不适宜作统一规定，《条例》只作原则性规定，适当留有余地和接口，增强不同地区、不同系统开展公共机构节能工作的灵活性。

三、《条例》起草的过程

（一）成立起草组

2004 年，国家发展改革委印发的《节能中长期专项规划》提出将政府机构节能工程列为"十大重点节能工程"之一。2005 年，为指导中央和地方各级政府机构开展节能工作，确保政府机构节能工程持续、有效实施，国务院机关事务管理局（以下简称国管局）研究并编制了《政府机构节能工程实施方案》，在此基础上开始着手研究公共机构节能相关法律法规。

2006 年，配合《节约能源法》的修订，国管局正式启动《条例》的起草工作，成立了起草组。起草组由领导小组、工作小组和专家顾问组组成，领导小组负责人及成员如下。

组　长：寻寰中（时任国管局副局长，现任国资委国有重点大型企业监事会主席）

副组长：张太原（国管局房地产管理司司长）
赵晓光（国务院法制办工交商事司司长）
赵家荣（国家发展改革委资环司司长）

成　员：谢　极（国家发展改革委资环司副司长）
董超洁（国务院法制办工交商事司副司长）
王　德（国管局办公室副主任）
王卫东（国管局房地产管理司副司长）
李命志（全国人大财经委经济室副主任）
翟　勇（全国人大环资委副巡视员）
白荣春（国家发展改革委能源局原副巡视员）
林桂凤（财政部预算司副司长）
唐　元（国务院研究室工交贸易司司长）
徐宗威（住房城乡建设部政策法规司副司长）
王　治（水利部政策法规司副司长）
惠博阳（质检总局质量管理司副司长）
刘启风（环保部规划司巡视员）
耿　勤（国家统计局能源统计司司长）
张宇航（中直管理局副局长）
王思强（国家能源局综合司副司长）
周宏春（国务院发展研究中心研究员）
张燕友（北京市发展改革委副主任）

专家顾问组由 27 名能源、标准化和法律方面的专家组成，包括江亿、徐建中、王志锋、韩文科、戴彦德、王志宏、林海燕、刘月莉、张绍纲、吴元炜、徐伟、邹瑜、杨征、李铁男、成建宏、冯雅、曹越、孙延勋、王锦遂、吴德绳、石定寰、周太明、肖德长、李健、李德英、刘应宗、李红旗、金海。

起草工作小组主要由国管局房地产管理司、国管局办公室和国务院法制办工交商事司的人员组成。起草工作小组组长由国管局房管司节能办主任范学臣和国务院法制办工交商事司张要波处长担任。参加起草的主要人员包括国管局办公室于蓉、张士金和王伟成，国管局房管司柳承茂、刘冬梅、郑峰和侯忠艳，国管局财务司张韫，国管局政府采购中心汪雁，国务院法制办工交商事司万欣，以及国家发展改革委能源所郁聪和康艳兵、中国建筑科学研究院宋波和朱晓娇、清华大学建筑技术科学系魏庆芃、中标认证中心刘才丰、深圳市嘉力达实业有限公司李海建、北京恒益合建筑节能环境保护研究所高沛峻等有关专家。

（二）开展专题研讨

根据起草工作方案，起草组针对条例所涉及的主要问题，分专题组织有关部门和专家开展研究。专题研究的目的和意义在于：一是对公共机构节能的具体内容进行研究，包括如何具体实施、管理制度等；二是如何针对《节约能源法》进行补充、细化和如何衔接的问题，包括具体的法律条款以及如何处理法律条文的原则性与可操作性，确定性与灵活性的关系等；三是对形势发展的估计，包括适应形势变化的要求，借鉴国内外的成功经验以及与现行相关法律的衔接等。《条例》涉及面广，有很强的适用性、专业性和技术性，涵盖能耗计量统计与监测、能源审计、能耗定额、节能产品政府采购、建筑节能等许多关键性问题。

专题名称	主要内容
能耗计量、统计和监测	如何建立公共机构能耗统计体系，统计指标应该包括哪些内容，如何实现用能的分户、分类、分项计量和有效的监测管理
能源审计和监督检查	如何在公共机构中开展能源审计。如何对能源审计机构进行管理。如何对能源审计结论进行评估，如何保证能源审计的公平、公正
合同能源管理	公共机构实施合同能源管理存在的政策障碍及解决的途径。公共机构采用合同能源管理方式进行节能审计、评估、改造和运行管理的具体操作方式、方法和措施
能耗定额管理	如何建立科学合理的能耗定额制度。对于超定额使用能源的公共机构，应采取哪些有效的惩罚措施
建筑节能	《条例》中建筑节能应涉及哪些内容，如何与《民用建筑节能条例》衔接。如何加强公共机构建筑节能日常管理
车辆节能	《条例》中车辆节能应涉及哪些内容。如何科学地制定并更新公共机构车辆配备标准。如何加强公共机构车辆日常节能管理。如何推进公共机构车辆服务社会化

（三）开展考察调研

根据起草工作安排，起草组赴全国各地进行考察调研，全面了解各地公共机构节能工作开展情况，调研存在的问题和矛盾，借鉴成熟的经验和做法，听取关于《条例》起草的意见和建议。调研的内容主要包括公共机构节能管理的相关法律法规制度建设情况、组织机构设立情况、管理体制情况；公共机构能源统计、计量、监测、能耗报告公布等方面情况和存在问题；能源审计制度及其执行情况；节能改造管理情况及重点用能设备的管理措施和办法；车辆节能情况；节能采购情况；节能管理考核考评、奖惩等方面的做法等。

（四）起草并不断完善

2007 年，国管局多次召开《条例》起草工作座谈会，就《条例》的框架和相关内容征求相关部门和有关科研院所专家的意见，组织专家多次对《条例》的内容进行研讨、完善，并于 2007 年 8 月形成了《条例（初稿）》。

2007 年 10 月，国管局申请将《条例》列入国务院 2008 年立法工作计划。

2008 年 1 月，国务院将《条例》列为一档立法项目。

2008 年初，国管局就《条例（初稿）》征求全国人大财经委、环资委、国家发展改革委、财政部、中直管理局、国家能源办、原环保总局、质检总局、国研室、中国建筑科学研究院、清华大学等相关单位及专家意见后，修改形成了《条例（征求意见稿）》。

2 月初，国管局正式向中央和国家机关各部门、各省、自治区、直辖市及计划单列市人民政府征求对《条例（征求意见稿）》的意见，共收到意见和建议 282 条。同时，走访了国家发展改革委、财政部、国务院法制办、国家统计局等单位，听取对《条例（征求意见稿）》的意见和建议。

2 月底，国管局会同国家发展改革委、国务院法制办等单位组成 5 个调研组，分别赴辽宁、江苏、广东、甘肃、上海、重庆等 16 个省、直辖市进行调研。在此基础上，起草工作组又对《条例（征求意见稿）》进行了反复修改、完善，形成了《条例（送审稿）》。

从征求意见的情况看，全国人大财经委、中直管理局、国家发展改革委、国家人口计生委、国研室、国务院发展研究中心、原国务院信息办、贵州省人民政府、山西省人民政府等 24 个部门和单位认为，《条例》有较强的可操作性和约束力，对于促进公共机构节能具有重要的指导意义，应当尽快出台。中宣部、科技部、原国防科工委、国家民委、民政部、司法部、铁道部、国资委、海关总署、税务总局、国家统计局以及安徽省人民政府、河南省人民政府、云南省人民政府、宁波市人民政府等68个部门和单位无修改意见。

中组部、中央纪委、中直管理局、原人事部、原建设部、商务部、国研室、新华社、中国工程院、山东省人民政府、甘肃省人民政府、福建省人民政府、浙江省人民政府等对《条例（征求意见稿）》也提出了具体意见，起草组进行了逐条分析，尽可能吸收了这些部门和单位的意见。

（五）国务院常务会议审议通过

2008年7月23日，国务院第18次常务会议审议并原则通过了《公共机构节能条例（草案）》。2008年8月1日，国务院总理温家宝签署国务院第531号令，颁布《公共机构节能条例》。《公共机构节能条例》自2008年10月1日起施行。

四、《条例》的主要内容

《条例》共六章，43条，主要规定了五个方面的内容。

（一）明确了公共机构节能管理体制

《条例》分三个层次规定了既有统一监督管理，又有相互协调配合的管理体制。一是国务院管理节能工作的部门主管全国的公共机构节能监督管理工作，国务院管理机关事务工作的机构在国务院管理节能工作的部门指导下，负责推进、指导、协调、监督全国的公共机构节能工作，并负责本级公共机构节能的监督管理工作。二是县级以上地方各级人民政府管理机关事务工作的机构在同级管理节能工作的部门指导下，负责本级公共机构节能的监督管理工作，并推进、指导、协调、监督本地区公共机构节能工作。三是教育、科技、文化、卫生、体育等系统各级主管部门应当在同级管理机关事务工作的机构指导下，开展本级系统内公共机构节能工作。

（二）规定了公共机构节能规划的编制和实施

具体包括三个方面的内容。一是明确规定公共机构节能规划由国务院和县级以上地方各级人民政府管理机关事务工作的机构会同同级有关部门，根据本级政府节能中长期专项规划制定。二是规定公共机构节能规划应当包括节能目标和指标、重点环节、保障措施等内容。三是规定公共机构节能规划所确定的节能目标和指标应当按年度分解落实到公共机构，公共机构应当制定年度节能目标和实施方案，采取有效措施保证节能目标的完成。

（三）规定了公共机构节能管理的基本制度

一是规定公共机构应当实行能源消费计量制度，区分用能种类、用能系统进行能源消费分户、分类、分项计量，并加强对本单位能源消耗的监测，及时发现、纠正用能浪费现象。二是规定公共机构应当建立健全能源消费统计制度，并向本级人民政府管理机关事务工作的机构报送上一年度能源消费状况报告。三是规定公共机构应当在能源消耗定额范围内使用能源，加强能源消耗支出管理。公共机构超过消耗定额使用能源的，应当向本级人民政府管理机关事务工作的机构作出说明。四是对公共机构采购用能产品、设备以及公共机构建设项目的节能评估和审查做出了明确规定。五是实行能源审计制度，规定公共机构应当对本单位用能系统、设备的运行及能源使用情况进行技术和经济性评价，并根据审计结果采取提高能源利用效率的措施。

（四）规定了公共机构节能的具体措施

1．运行管理节能。规定公共机构应加强对本单位能源消耗的监测，及时发现、纠正用能浪费现象，即利用计量信息指导日常运行管理。要求公共机构应设置能源管理岗，在重点用能系统、设备的操作岗位上配备专业技术人员，从管理途径实现低成本节能。

2．技术改造节能。鼓励公共机构采用合同能源管理的方式委托节能服务机构进行节能诊断、设计、融资、改造和运行管理。

3．节能物业管理。规定公共机构选择物业服务企业应当充分考虑其节能管理能力，并在物业服务合同中载明节能管理的目标和要求。

4．能源审计与评价。规定公共机构在实施节能改造时，应当进行能源审计和投资收益分析，并在节能改造前后采用计量方式对节能指标进行考核和综合评价。

5．能耗动态监管。分别规定了公共机构办公设备、空调、电梯、照明等用能系统以及网络机房、食堂、锅炉房等重点用能部位的能耗监管。

6．公车管理。规定公共机构的公务用车应当按照标准配备，并严格执行车辆报废、更新制度，推行单车能耗核算制度。

（五）规定了公共机构节能的监督和保障

为保证《条例》规定的公共机构节能管理制度和各项措施切实得以落实，草案规定国务院和县级以上地方各级人民政府管理机关事务工作的机构应当会同有关部门对公共机构节能的情况进行监督检查，并明确规定了监督检查的内容，考虑到公共机构全部或者部分使用财政性资金，有的公共机构本身还负责政策的制定和监督执行，不同于一般的行政管理相对人。因此，草案对公共机构违反本条例规定的行为，规定了责令限期改正、下达节能整改意见书、予以通报以及对有关责任人给予处分等非经济性处理措施，并将上述措施与监督检查的内容一起作为监督和保障的措施作了规定，没有专设法律责任一章。对于公共机构违反其他法律应当承担的法律责任，则作了衔接性规定。

第一章 总 则

本章共九条，主要规定了立法宗旨、公共机构的含义、公共机构节能管理体制、基本的公共机构节能制度、原则和要求等。

第一条 为了推动公共机构节能，提高公共机构能源利用效率，发挥公共机构在全社会节能中的表率作用，根据《中华人民共和国节约能源法》，制定本条例。

【释义】本条是关于立法宗旨的规定，明确了制定本条例的目的。

一、推动公共机构节能

当前，推动全社会节约能源的工作非常紧迫。随着社会经济的快速发展，能源供需矛盾日益凸现，能源紧缺成为阻碍我国社会经济发展的突出瓶颈。公共机构不仅是能源消费的重要主体，也是节能潜力较大的领域，公共机构节能是全社会节能的重要组成部分。据统计，2007 年全国政府机构能源消费量达 97.4 兆吨标准煤，占全国终端能源消费总量的 6.12%，而且增长速度较快，节能潜力很大。2007 年修订的《节约能源法》新增了“公共机构节能”一节，对公共机构节能提出了明确要求。因此，推动公共机构节能，不仅对控制和降低能源消费增长有着直接作用，也是落实《节约能源法》的要求，是依法行政的具体体现。

二、提高能源利用效率

长期以来，公共机构的能源利用效率偏低。根据测算，国家机关办公建筑和大型公共建筑单位面积用电量是欧洲和日本同类建筑的 1.5～2.0 倍[②]。尤其是近几年，随着公共机构办公环境和条件的改善，能源消耗量不断增加，能耗水平虽然有所下降，但仍高于国际先进水平。我国公共机构能源利用效率与国际先进水平的差距也表明，公共机构的节能潜力很大，通过运用各种管理和技术手段提高能源利用效率，是公共机构节能的重要出发点和落脚点。

三、发挥在全社会节能中的表率作用

公共机构作为节能政策的制定者和执行者，自身节能工作的好坏对全社会有着广泛的影响。长期以来，部分公共机构浪费能源的现象和问题还比较严重，这不仅

② 数据来源：王庆一. 中国 2007 年终端能源消费和能源效率（上）[J]. 节能与环保，2009，2(176)：14-17。

直接导致能源消费支出偏大，行政成本偏高，而且也在社会上产生了一些负面影响。加强公共机构节能工作，对引导和推进全社会节约能源具有重要的表率示范作用，有利于引领和推动全社会节能工作走向深入。

第二条 本条例所称公共机构，是指全部或者部分使用财政性资金的国家机关、事业单位和团体组织。

【释义】本条是关于公共机构定义的规定。

公共机构的范围主要由全部或者部分使用财政性资金的国家机关、事业单位和团体组织三个部分组成。

国家机关包括党的机关、人大机关、行政机关、政协机关、审判机关、检察机关等。

事业单位包括上述的国家机关直属事业单位和全部或部分使用财政性资金的教育、科技、文化、卫生、体育等相关公益性行业以及事业性单位。

团体组织包括全部或部分使用财政性资金的工、青、妇等社会团体和有关组织。

第三条 公共机构应当加强用能管理，采取技术上可行、经济上合理的措施，降低能源消耗，减少、制止能源浪费，有效、合理地利用能源。

【释义】本条是关于公共机构节能路径的规定。

一、“加强用能管理”是节能的基础

实践表明，节约能源首先在于加强日常用能管理。随手关灯、自觉断电等，看起来很小，但是日积月累却不可忽视。不积跬步，无以至千里；不积小流，无以成江河。节能关键在每个个人、每个组织，从节约一滴油、一升气、一度电、一张纸开始，一点一滴积累起来，积沙成塔，集腋成裘。加强用能管理主要体现在三个方面：首先是领导要重视，以身作则，严格要求，认真组织，完善制度；其次是加强用能管理人员培训，提高能源管理水平，落实节能措施，实行精细化、量化管理，实现科学用能、精益用能，实现低成本、无成本节能；第三是各级公共机构工作人员要增强忧患意识、节约意识和责任意识，养成良好的节能习惯，从小处着眼，从小事抓起，从身边做起，自觉成为节能的推动者和实践者。

二、采取的措施必须是“技术上可行、经济上合理”的

这一限制性规定是世界能源委员会 1979 年提出的，我国 1997 年出台的《节约能源法》就已经采用。其用意在于：节能必须以技术进步为依托，必须从技术上获得必要的支持，否则超越现实技术发展水平的是不现实的；另一方面，节能也是一种经济行为，必须考虑用能单位的经济承受能力和经济效益。

三、节能的目的是“降低能源消耗，减少、制止能源浪费，有效、合理地利用

能源”

降低能源消耗，减少、制止能源浪费，是指通过调整能源消费结构、加强管理和推动科技节能，倡导合理的能源消费习惯，减少绝对用能量。从日本、丹麦、澳大利亚等国家以及我国一些经济发达地区的经验来看，这是完全可以做到的。有效、合理地利用能源，是指提高能源利用效率。首先，提高能源效率是由我国基本国情决定的。我国能源资源短缺，人均占有量少，例如，我国人均石油占有量是世界平均水平的 8.3%，人均天然气占有量是世界平均水平的 4.1%。必须通过提高能源利用效率来弥补总量上的不足。其次，提高能源效率是经济社会发展的必须要求。改革开放以来，国民经济快速增长，尤其进入 21 世纪，我国迎来了经济结构战略性调整的关键时期。经济社会的快速发展和人口的不断增加，再加上经济增长方式粗放，损失和浪费严重，我国能源资源不足已经成为制约社会经济发展的巨大障碍和瓶颈，但利用效率并不高，与国际先进水平的差距较大。根据测算，2000 年按汇率计算的中国单位国内生产总值能耗，比世界平均水平高 2.4 倍左右。这也表明，我国能源利用效率提高的潜力很大。通过各种手段提高能源利用效率，实现能源节约，是缓解我国能源资源不足的有效手段，促进经济、社会和谐发展的必然要求，也是公共机构节能的重要目标之一。

第四条 国务院管理节能工作的部门主管全国的公共机构节能监督管理工作。国务院管理机关事务工作的机构在国务院管理节能工作的部门指导下，负责推进、指导、协调、监督全国的公共机构节能工作。

国务院和县级以上地方各级人民政府管理机关事务工作的机构在同级管理节能工作的部门指导下，负责本级公共机构节能监督管理工作。

教育、科技、文化、卫生、体育等系统各级主管部门在同级管理机关事务工作的机构指导下，开展本级系统内公共机构节能工作。

【释义】本条是关于公共机构节能管理部门和管理体制的规定，明确了统一管理、分级负责，分工配合、相互协调的管理体制。

一、明确公共机构节能工作主管部门

在中央政府层面，根据国务院部门职责分工，主管全国节能工作的是国家发展和改革委员会，同时负责全国公共机构节能的监督管理等宏观管理工作，国务院机关事务管理局在国家发展和改革委员会的指导下，负责推进、指导、协调、监督全国公共机构节能工作。在省级以下，根据各地政府部门的职责分工，公共机构节能工作一般由管理机关事务工作的机构负责，同时为做好与节能主管部门的配合，条例规定各级人民政府管理机关事务工作的机构在同级管理节能工作部门的指导下，负责本级公共机构节能的监督管理工作，并推进、协调、指导、监督本地区下级公共机构节能工作。

二、规定了对公共机构节能工作加强管理的实现方式

对于国务院管理机关事务工作的机构如何加强对公共机构节能工作的管理，本条规定了“推进、指导、协调、监督全国公共机构节能工作”。“推进”，是指通过指导、协调、监督，使公共机构节能管理体制机制进一步健全，管理制度进一步完善，各公共机构共同采取有效措施推进节能工作，切实降低能源消耗，提高能源利用效率，发挥表率示范作用。“指导”是指通过制定公共机构节能规划、年度计划、节能目标以及节能政策措施，指导各地人民政府管理机关事务工作的机构开展公共机构节能工作。“协调”是指与相关部门和各地区之间加强沟通、配合，强化节能政策、措施的协调配套，使各方面、各环节形成有序推进公共机构节能工作的合力。“监督”是指国务院管理机关事务工作的机构依法对各有关方面贯彻落实公共机构节能的有关法律、法规、政策和标准的情况实施监督。

三、建立分工配合，相互协调的管理体系

公共机构节能管理工作涉及面很广，与教育、科技、文化、卫生、体育等部门密切相关，单纯依靠管理机关事务工作的机构来监督管理有一定的难度，必须发挥教科文卫体等行业系统现有管理体系的作用。为此，《条例》规定教育、科技、文化、卫生、体育等系统各级主管部门在同级管理机关事务工作的机构指导下，开展本级系统内公共机构节能工作，合理分配管理责任和权限。另外，税务、海关、人民银行等实行垂直管理的机构所属单位很多，而且分散在全国各地，为加强对这些公共机构节能工作的管理，中央垂直管理机构和省级以下垂直管理机构也应当分别在国务院和省级人民政府管理机关事务工作的机构指导下，开展本系统公共机构节能工作。这种体制不仅有利于明确工作职责，实现了责任落实、管理到位，也有利于发挥各方面的积极性，加强监督，提高工作效率。

第五条 国务院和县级以上地方各级人民政府管理机关事务工作的机构应当会同同级有关部门开展公共机构节能宣传、教育和培训，普及节能科学知识。

【释义】本条是关于开展公共机构节能宣传、教育和培训的规定。

一、节能宣传、教育和培训是加强公共机构节能的有效途径

能源使用贯穿于公共机构活动的方方面面，节约能源需要全体公共机构工作人员的共同努力。为了实现合理用能、节约用能，各级公共机构必须通过多种形式加强节能宣传、教育和培训，宣传国家有关节能环保法律、法规、政策和文件，不断增强工作人员的节能忧患意识、危机意识和责任感、使命感，使其积极投身到节能活动中。

二、各级人民政府相关部门在公共机构节能宣传、教育和培训中的职责

公共机构节能宣传、教育和培训涉及中央和地方各级国家机关、事业单位和团体组织，有关部门应当按照职责分工，协同配合，共同做好公共机构节能宣传、教育和培训工作。各级节能主管部门应当加强对公共机构节能宣传、教育和培训工作的指导；各级财政部门应当做好审批工作并拨付经费，支持公共机构节能宣传、教育和培训工作；各级广播、电影、电视主管部门应当积极组织广播电台、电视台制作并播出相关新闻、专题等节目，大力支持公共机构节能宣传工作。

各级科技部门、教育部门、文化部门、卫生部门、体育部门须积极安排落实本系统的节能宣传、教育和培训工作。

三、开展形式多样的节能宣传、教育和培训活动

（一）面对公共机构工作人员的节能宣传。

通过节能论坛、知识竞赛及张贴宣传画、悬挂节能标语和节能口号、印制节能知识宣传手册、开辟节能宣传专栏、开展节能专场咨询会和全民签名活动、摄制节能科教片、评选节能先进人物、表彰节能典型等多种形式宣传节能知识。

（二）面向公共机构工作人员的节能教育和培训。

通过编写公共机构节能系列丛书，针对领导干部、节能管理人员、节能运行人员、操作人员等不同群体，组织开展节能业务培训。

（三）面对社会公众宣传公共机构节能。

通过广播、电视、报刊、网络等传播媒体的舆论导向作用，动员社会各界了解公共机构节能。同时，也可以采取举办新闻发布会、节能展示等形式，宣传公共机构节能工作进展，引导和鼓励社会对公共机构节能工作的参与和支持。

第六条 公共机构负责人对本单位节能工作全面负责。

公共机构的节能工作实行目标责任制和考核评价制度，节能目标完成情况应当作为对公共机构负责人考核评价的内容。

【释义】本条是关于公共机构节能目标责任制和考核评价制度的规定。

公共机构负责人对本单位节能工作全面负责，是行政首长负责制的体现。为了将公共机构负责人对本单位节能工作全面负责落到实处，本条规定了公共机构节能目标责任制和公共机构节能考核评价制度。

一、建立公共机构节能目标责任制

2006 年，国家发展改革委、国管局、财政部、中直管理局、总后勤部联合印发了《关于加强政府机构节约资源工作的通知》提出，到 2010 年政府机构（即公共机构）要以 2005 年为基数实现节电 20%，节水 20%，单位建筑能耗和人均能耗分别下降 20%。2007 年 11 月，国务院印发了《批转节能减排统计、监测及考核实施方案和办法的通知》，明确要求各省（区、市）制定本地区的年度节能目标，并规定按照一

级抓一级、一级考核一级的要求，进行节能目标完成情况的考核。2009年2月，《中共中央办公厅、国务院办公厅关于党政机关厉行节约若干问题的通知》（中办发[2009]11号）提出，2009年各级党政机关节电、节油、节水指标要在2008年基础上降低5%。这些都是各级人民政府建立和落实公共机构节能目标责任制的依据。

国务院和县级以上地方各级人民政府管理机关事务工作的机构应当根据国家确定的公共机构节能目标，按年度逐级分解落实，加强监督和考核，强化节能目标管理，保证节能工作落到实处。各级公共机构也应当建立本单位的节能目标责任制，明确节能工作各个环节的岗位目标责任，并根据各个岗位所分解的目标责任进行严格的考核和评价。

二、建立公共机构节能考核评价制度

只有健全了与政绩相关的考核评价制度，目标责任制才能落到实处。长期以来，公共机构节能“雷声大，雨点小”，公共机构负责人对节能工作重视不够，对其缺乏硬性约束。本条规定公共机构建立节能考核评价制度，将节能目标完成情况作为公共机构负责人政绩考核和评价的重要内容之一，并按照有关规定给予奖惩。这体现了中央一直倡导的科学发展观，也有利于强化公共机构负责人的节能意识，切实抓好本单位的节能工作。目前，国管局正在会同有关部门研究制定《公共机构节能考核评价办法》和《中央国家机关节能考核评价办法》。

第七条 公共机构应当建立、健全本单位节能管理的规章制度，开展节能宣传教育和岗位培训，增强工作人员的节能意识，培养节能习惯，提高节能管理水平。

【释义】本条是关于公共机构加强节能管理的规定。

一、建立健全节能管理规章制度

健全可行的节能管理规章制度是强化节能管理的重要依据和可靠保障。从实践来看，节能制度相对健全的单位，工作往往井井有条，节能目标完成得较好；而节能制度不健全的单位，日常管理不严格，节能工作开展得也就差强人意。公共机构应当从内部能耗考核和奖惩制度、能耗计量制度、能耗统计报告制度、能耗定额管理制度、政府节能采购制度、建设项目节能评估和审查制度、能源审计制度、公务用车节能管理制度等8个方面完善本单位节能管理制度。

二、加强节能宣传教育和岗位培训制度

据统计资料分析表明，公共机构的能源管理者（运行人员）提高能效管理水平，能源使用者（办公人员）节约用能，公共机构可以挖掘总能耗5%～10%的节能潜力。通过全面、持续、深入地开展节能宣传、教育、培训活动，提高公共机构工作人员的节能意识，普及节能科学知识，增强节能管理和运行人员的节能专业知识和技能，营造理解、支持、参与的节能工作氛围，让公共机构工作人员充分认识节能的重要性和必要性，并将节约意识渗透到工作、生活的各个层面，让节约的工作方式、生活方式成为自觉选择，促进“节约型机关”的建设，为资源节约型社会、环境友好型社会建设奠定良好的基础。

开展岗位节能培训，可以使节能管理人员、节能运行人员、操作人员熟悉和掌握与本岗位有关的节能政策、制度、方法和技能，有利于节能目标的实现。通过节能培训，提高节能管理和运行人员的节能专业知识，增强节能技能和业务水平。岗位节能培训既可以由各部门自行组织，也可以委托相关节能服务机构开展。

第八条 公共机构的节能工作应当接受社会监督。任何单位和个人都有权举报公共机构浪费能源的行为，有关部门对举报应当及时调查处理。

【释义】本条是关于公共机构节能社会监督的规定。

公共机构节能工作的社会监督是指人民群众通过社会团体和社会组织（包括人民政协、民主党派、工会、共青团、妇联等）、舆论机构（包括报刊、电视、广播等）、各种群众自治组织（居民委员会等）以及公民个人对公共机构节能工作的监督，主要是指非官方的、非专业性的监督。

公共机构的节能工作应当接受社会监督，主要基于以下两点：一是公共机构是全部或者部分使用财政性资金的国家机关、事业单位和团体组织，作为纳税人的人民群众有权予以监督，公共机构也有义务接受监督；二是《条例》对社会监督的规定具有法律强制性，公共机构应当按照《中华人民共和国政府信息公开条例》规定，向社会公布本单位的能源消费状况，接受广泛的社会监督，促进公共机构节能工作的开展。

既然公共机构的节能工作应当接受社会监督，那么任何单位和个人有权举报公共机构浪费能源的行为也是应有之义。当前公共机构节能工作取得了一定成绩，能耗逐步降低，费用不断减少，但节能的潜力和空间还很大。《条例》鼓励单位和个人对公共机构落实节能有关法律、法规、规章制度情况进行监督，具有现实意义，可以促进公共机构节能工作，例如国家公布政府采购节能产品清单，如果公共机构在采购时没有优先采购清单中产品，有关单位和公众可以向有关部门举报，有效发挥监督作用。

对举报和曝光的能源浪费现象和违规行为，本级公共机构节能主管部门不能拖延不办，应当及时进行调查处理。根据行为情节，责令被举报或曝光的公共机构做出书面解释，并限期整改。在完成整改后，应提交整改工作总结和效果评价。整改过程应接受社会公众的监督。

第九条 对在公共机构节能工作中做出显著成绩的单位和个人，按照国家规定予以表彰和奖励。

【释义】本条是关于表彰和奖励公共机构节能先进单位和个人的规定。

对在公共机构节能工作中做出显著成绩的单位和个人，按照有关规定予以表彰和奖励，是加强公共机构节能管理的一项鼓励措施，旨在弘扬他们的事迹，为公共机构树立良好的榜样，激发公共机构做好节能工作的积极性。这对于推动公共机构节能工作十分有益。

一、给予表彰和奖励的对象

表彰和奖励的对象既可以是单位，也可以是个人。

二、表彰和奖励的条件

根据本条规定，表彰和奖励的条件是在公共机构节能工作中做出显著成绩。显著成绩可以包括很多方面，如在节能管理中有显著成绩，能耗大大降低；节能科学技术研究取得重大突破，提高了节能工作水平；对公共机构严重浪费能源行为进行检举等。

三、表彰和奖励的形式

一是精神奖励，如授予荣誉称号、记功、通报嘉奖等；二是物质奖励，如发给一次性奖金、晋升工资等；三是给予提职、晋级奖励。这些表彰和奖励方式，根据取得显著成绩的具体情形，可以单独适用，也可以共同采用。

四、表彰和奖励的依据

予以表彰和奖励的依据是国家规定，具体是指目前国家发展改革委正在制订的节能表彰奖励办法、国管局等部门正在制定的公共机构节能先进单位和个人表彰奖励办法等。

第二章 节能规划

本章共四条，是关于公共机构节能规划的规定，主要包括规划的编制主体、主要内容、规划目标的分解落实、节能计划的编制与备案等。

第十条 国务院和县级以上地方各级人民政府管理机关事务工作的机构应当会同同级有关部门，根据本级人民政府节能中长期专项规划，制定本级公共机构节能规划。

县级公共机构节能规划应当包括所辖乡（镇）公共机构节能的内容。

【释义】本条是关于制定公共机构节能规划的规定。

制定和组织实施节能规划是开展节能工作的一项重要措施，目的在于明确一定时期内的节能目标，并对节能管理的主要任务和措施等进行综合布置和具体安排。通过编制节能规划，可以指导和推动公共机构实施节能技术改造，加强节能管理等，实现能源节约的目标。从“十一五”开始，节能工作纳入了国民经济和社会发展规划和计划。2004 年 11 月，经国务院同意，国家发展改革委发布了我国第一个节能中长期规划——《节能中长期专项规划》，对指导全国开展节能工作起到了积极作用。本条根据《节约能源法》的有关规定，将制定公共机构节能规划用法规形式予以明确，强调了该项工作的重要性。

本条明确，公共机构节能规划的编制主体是国务院和县级以上地方各级人民政府管理机关事务工作的机构，并要会同同级有关部门（比如在中央政府层面，涉及发展改革委、财政部、住房城乡建设部、中直管理局、解放军总后勤部等部门）开展此项工作，这样有利于与其他相关规划相协调。同时，公共机构节能规划是节能中长期专项规划的重要组成部分，必须做好与各级人民政府节能中长期专项规划的衔接，以 5 年为周期进行编制。

随着经济社会的发展，各地区特别是沿海地区的乡（镇）一级公共机构的规模逐步扩大，能源消耗日益增加，节能的任务也很重，因此进一步明确县级公共机构节能规划应当包括所辖乡（镇）公共机构节能的内容。

第十一条 公共机构节能规划应当包括指导思想和原则、用能现状和问题、节能目标和指标、节能重点环节、实施主体、保障措施等方面的内容。

【释义】本条是关于公共机构节能规划内容的规定。

公共机构节能规划具有宏观性、战略性、政策性和导向性，形式应当规范，内容应当标准。为便于各地人民政府管理机关事务工作的机构编制公共机构节能规划，本条对公共机构节能规划的内容进行了规范。

指导思想和原则应结合节能中长期专项规划，明确指导方针、核心任务、基本措施和长远目标，注重宏观性和导向性。用能现状和问题应重点分析本级公共机构能源消费特点、消费结构、能耗水平以及体制、机制、政策等方面存在的主要问题。量化节能目标和指标是规划的核心部分，既要包括宏观节能量指标，也要包括宏观管理目标。节能重点环节应明确节能工作的重点领域，比如学校、医院等，明确节能工作的重点环节，比如空调系统、照明系统等，明确节能降耗的重点种类，比如油、电、气等，同时要规划重点节能工程。实施主体要明确各项工作的组织单位、实施主体和参与单位。保障措施要提出相关的配套标准政策、创新机制、管理手段、宣传教育、组织领导等方面措施。

第十二条 国务院和县级以上地方各级人民政府管理机关事务工作的机构应当将公共机构节能规划确定的节能目标和指标，按年度分解落实到本级公共机构。

【释义】本条是关于公共机构节能目标分解的规定。

公共机构节能目标的分解落实是建立和落实目标责任制和考核评价制度的基础和依据。各级人民政府管理机关事务工作的机构要根据节能规划确定的节能目标和指标，制定年度节能目标和指标，并根据各公共机构的能耗情况进行分解落实。这样有利于实现节能规划在各个年度的具体化，增强公共机构节能工作的有序性、计划性和前瞻性，也有利于明确各公共机构的节能目标和任务，落实节能责任，提高公共机构负责人和节能管理人员的责任意识，对确保实现节能规划目标具有重要意义。

第十三条 公共机构应当结合本单位用能特点和上一年度用能状况，制定年度节能目标和实施方案，有针对性地采取节能管理或者节能改造措施，保证节能目标的完成。

公共机构应当将年度节能目标和实施方案报本级人民政府管理机关事务工作的机构备案。

【释义】本条是关于公共机构制定节能目标和方案并组织实施的规定。

结合《条例》第十二条，为确保节能目标的实现，本条规定公共机构应当结合用能特点和上一年度用能状况，制定年度节能目标和实施方案，有针对性地采取节能管理或者节能改造措施。本条规定的年度节能目标应当依据本级人民政府管理机关事务工作的机构分解的节能目标确定，并不得低于该目标。同时，为加强对公共机构节能工作的监督管理和考核评价，本条要求各公共机构应当将年度节能目标和实施方案报本级人民政府管理机关事务工作的机构备案。

第三章　节能管理

本章共十条，是关于加强公共机构节能管理的规定，主要包括能源消费计量与监测、能源消费统计与报告、能耗定额制度与管理、节能产品设备采购、节能评估和审查制度、既有建筑节能改造计划与实施、能源审计等。

第十四条　公共机构应当实行能源消费计量制度，区分用能种类、用能系统实行能源消费分户、分类、分项计量，并对能源消耗状况进行实时监测，及时发现、纠正用能浪费现象。

【释义】本条是关于能源消费计量制度的规定。

长期以来，我国公共机构节能管理工作基础差、底子薄，特别是能源消费计量工作弱，数个单位多栋建筑共用一块计量表、能源消费支出大锅饭问题十分突出，管理非常粗放，用能分析和能源审计更是无从谈起。

所谓能源消费计量，就是通过计量手段，采集公共机构的总能耗以及各系统、各部位的能耗，及时掌握能源消费各类指标，从而进行能源消费状况分析，因地制宜制定各项节能措施，为管理降耗与节能改造奠定基础。能源消费计量是能耗统计、能源管理和能源奖惩制度的基础，只有准确、完整、及时地获得能源计量数据，才能科学做出决策。

能源消费计量制度主要涉及三个方面：一是明确能源消费计量管理机构和管理人员，建立完善的能源计量管理人员岗位责任制度。二是按照《用能单位能源计量器具配备和管理通则》等标准或规定，配备和使用经依法检定合格的能源消费计量器具，建立分项计量系统，健全能源计量使用、维护、管理及检定（校准）制度，保证量值溯源。三是建立分项计量数据的采集、处理、使用、保管及监督制度，确保分项计量原始数据实用、真实、准确。

能源消费分户计量是指对公共机构中不同的使用单位（部门）进行分区计量；分类计量是指对能源资源的不同种类（水、电、热、油等）分别进行计量；分项计量是指对公共机构中的空调（采暖）、照明、动力、信息机房、食堂等不同系统或部位进行分别计量。

对能源消耗状况进行实时监测，及时发现、纠正用能浪费现象是指公共机构应当在计量基础上，建立能源信息化管理平台，通过实时监测、自检自查，建立预警机制，确保完成节能目标。通过实时对能源消耗计量数据与能源利用率进行监测，定期对主要用能设备与系统的能源利用状况进行统计分析，及时发现用能异常情况和管理漏洞，纠正用能浪费现象，挖掘节能潜力，为进一步加强节能管理工作提供科学依据。

第十五条 公共机构应当指定专人负责能源消费统计，如实记录能源消费计量原始数据，建立统计台账。

公共机构应当于每年 3 月 31 日前，向本级人民政府管理机关事务工作的机构报送上一年度能源消费状况报告。

【释义】本条是关于建立能耗统计台账和报送能源消费状况报告的规定。

一、能源消费统计应当由专人负责

能源消费统计是指公共机构按照规定，准确、及时、全面地对能源消费计量数据进行收集、整理和归纳汇总。这是一项专业性工作，需要公共机构指定专人负责。

能源消费计量原始数据包括建筑基本信息、设备与系统基本信息、建筑分类总能耗与分项系统（空调、采暖、照明与插座、动力、信息机房、食堂、开水间等系统或部位能耗）总能耗、分类能耗；公车基本信息和总能耗、不同用途汽车总能耗；分类能耗的支出费用账单等。公共机构应对能耗分项、分类、分户计量数据实现信息化管理。

二、公共机构应建立基于能源消费计量原始数据的统计台账

公共机构的统计台账分为设备统计台账和能耗统计台账，设备统计台账是基于建筑基本信息和设备基本信息的汇总整理，自建立台账开始，每年统计一次。能耗统计台账是基于能源消费计量原始数据进行汇总整理，每月均需统计，每年汇总统计一次。安装了分项计量系统的公共机构，还应设立专项指标台账，以方便了解公共机构管辖范围内的能源消费使用方向和单耗对比排序。公共机构能耗统计方法（包含台账的范本格式）由国务院机关事务管理局会同国家统计局统一编制下发。

三、能源消费状况实行定期报告制度

能源消费状况报告制度是加强公共机构能源管理的重要手段。公共机构有报送能源消费计量数据与状况报告的义务。能源消费状况报告应包括建筑、设备、公车、厨房等基本信息、消耗总量与经济支出状况、消耗指标与经济指标状况（包括分类与分项指标）、与上年度的同比分析、与定额的对比分析、节能目标的对比分析等内容。

公共机构应当于每年 3 月 31 日前，向本级人民政府管理机关事务工作的机构报送上一年度能源消费状况报告。各级人民政府管理机关事务工作的机构负责本级公

共机构（含教育、科技、文化、卫生、体育等部门）计量统计数据的采集与存储，并定期呈报上级节能主管部门。中国人民银行、税务总局、海关总署、检验检疫总局等行政垂直管理机构在国务院机关事务管理局的指导下，负责管理系统内的能源消费统计与上报工作。

第十六条 国务院和县级以上地方各级人民政府管理机关事务工作的机构应当会同同级有关部门按照管理权限，根据不同行业、不同系统公共机构能源消耗综合水平和特点，制定能源消耗定额，财政部门根据能源消耗定额制定能源消耗支出标准。

【释义】本条是关于能源消耗定额制度的规定。

能源消耗定额是指在一定的条件下，为生产单位产品或完成单位工作量，合理消耗能源的数量标准。实行能源消耗定额管理，是公共机构能源管理的重要内容之一，是财政部门制定能源消耗支出标准的重要依据，是用经济办法管理公共机构能源消耗，加强经济核算，考核节能效果的主要基础工作。对于促进公共机构降低能源消耗，减少能源费用支出，具有十分重要的意义。本条对能耗定额制定的管理权限以及制定要求进行了规定。

本条要求，国务院和县级以上地方各级人民政府管理机关事务工作的机构要会同同级有关部门按照管理权限，在与城镇供暖、物业管理、办公用房制度改革相协调的基础上，组织制定本级公共机构能源消耗定额（包括分项系统能耗定额）等量化指标，财政部门根据该定额，制定公共机构能源消耗支出标准。这将有利于从预算经费安排上严格控制能耗支出，并指导公共机构加强能源消耗支出的核算。

能源消耗定额的制定是技术性非常强的一项工作。由于气候条件、经济发展水平、业务功能等内容的不同，不同地区的能源消耗水平也具有较大差异性，因此应根据各地区的用能特点，制定不同地区、不同级别、不同行业的公共机构能源消耗定额指标。同时，能源消耗定额不是一成不变的，需要根据经济社会发展水平和能源消费结构等因素，适时进行调整。

第十七条 公共机构应当在能源消耗定额范围内使用能源，加强能源消耗支出管理；超过能源消耗定额使用能源的，应当向本级人民政府管理机关事务工作的机构作出说明。

【释义】本条是关于公共机构执行能源消耗定额的规定。

由于各级公共机构都是全部或部分依靠财政资金支持，单纯的经济惩罚措施的作用可能不太明显。能耗定额的贯彻执行，一方面靠公共机构自身的监督管理以及严格能源消费财政预算制度，同时对于超过能源消耗定额使用能源的，应当向本级人民政府管理机关事务工作的机构作出说明。此外，还将通过其他一些措施促进能源消耗定额的贯彻落实，例如实施能源消费状况统计公布制度，对各级公共机构能源消耗状况进行横向和纵向对比，查找差距，评比优劣，接受全社会的监督；建立对公共机构负责人的节能目标考核制，将节能目标完成情况作为对公共机构负责人综合考核的一个重要内容等。

第十八条 公共机构应当按照国家有关强制采购或者优先采购的规定，采购列入节能产品、设备政府采购名录和环境标志产品政府采购名录中的产品、设备，不得采购国家明令淘汰的用能产品、设备。

【释义】本条是关于优先或强制采购节能、环境标志产品的规定。

通过政府采购推动公共机构节能减排是发达国家进行节能管理、提高能源效率的重要手段之一。2004 年，财政部和国家发展改革委联合印发了《节能产品政府采购实施意见》（财库[2004]185 号），建立了政府采购节能产品优先采购制度，即通过节能产品清单的方式，公布应优先采购的节能产品具体品目、品牌、型号。政府采购节能产品优先采购制度的建立标志着我国政府节能采购工作走上了制度化、规范化的轨道。从 2004 年开始，财政部和国家发改委连续三年发布了政府采购节能清单。2006 年，财政部与国家环保总局联合印发了《关于环境标志产品政府采购实施的意见》（财库[2006]90 号），并以清单方式公布了公共机构应优先采购的首批环保标志产品。

2007 年，为了进一步推动政府节能采购工作，国务院办公厅发布了《关于建立政府强制采购节能产品制度的通知》（国办发[2007]51 号），提出了建立政府强制采购节能产品制度，即在技术、服务等指标满足采购需求的前提下，要优先采购节能产品，对部分节能效果、性能等达到要求的产品，实行强制采购，以促进节约能源，保护环境，降低政府机构能源费用开支。

对于实行优先采购的产品，采购单位应在采购文件中载明对产品的节能、环保要求、对节能、环保产品的优惠幅度，以及评审标准和方法等，以体现优先采购的导向。对于实行强制节能采购的产品，也应尽可能通过竞争的方式实施采购，如果清单中规定的供应商数量为三家或三家以上的，应该按照《政府采购法》及相关法律法规的规定实施采购，达到公开招标数额标准的，应依法组织公开招标，但应在采购文件中注明对于投标产品需为清单内产品的要求。

第十九条 国务院和省级人民政府的政府采购监督管理部门应当会同同级有关部门完善节能产品、设备政府采购名录，优先将取得节能产品认证证书的产品、设备列入政府采购名录。

国务院和省级人民政府应当将节能产品、设备政府采购名录中的产品、设备纳入政府集中采购目录。

【释义】本条是关于节能产品、设备政府采购清单的规定。

节能产品政府采购清单由财政部、国家发展改革委负责制订。列入节能产品政府采购清单中的产品由财政部、国家发展改革委从国家采信的节能产品认证机构认证的节能产品中，根据节能性能、技术水平和市场成熟程度等因素择优确定，并在中国政府采购网、国家发展改革委门户网、中国节能节水认证网等媒体上定期向社会公布。

优先采购的节能产品应该符合下列条件：一是产品属于国家采信的节能产品认证机构认证的节能产品，节能效果明显；二是产品生产批量较大，技术成熟，质量可靠；三是产品具有比较健全的供应体系和良好的售后服务能力；四是产品供应商符合政府采购法对政府采购供应商的条件要求。

在优先采购的节能产品中，实行强制采购的按照以下原则确定：一是产品具有通用性，适合集中采购，有较好的规模效益；二是产品节能效果突出，效益比较显著；三是产品供应商数量充足，一般不少于 5 家，确保产品具有充分的竞争性，采购人具有较大的选择空间。

关于节能产品政府采购清单的管理，财政部、国家发展改革委已建立了制定、公布和调整机制，确保政府采购节能产品公开、公正、公平进行。目前，财政部和国家发改委对节能产品政府采购清单实行动态管理，定期调整。采购清单和调整方案正式公布前，要经过专家咨询论证，并在中国政府采购网等指定的媒体上对社会公示，公示时间不少于 15 个工作日。对经公示确实不具备条件的产品，不列入采购清单。同时，还通过举报制度、奖惩制度，广泛接受社会监督。对于已纳入政府优先采购和强制采购清单的节能产品，由国家采信的节能产品认证机构和相关检测机构实施有效的跟踪调查，对于不能持续符合认证要求的，认证机构将暂停生产企业使用直至撤销认证证书。

根据《政府采购法》的规定，各级国家机关、事业单位和团体组织，使用财政性资金采购依法制定的集中采购目录以内的或者采购限额标准以上的货物、工程和服务的行为都属于政府采购的范畴。政府集中采购是指对于公共机构所需的一定范围内的货物、工程和服务的采购，由专门的机构（通常为政府设立的非营利性的集中采购机构）统一组织实施的一种政府采购模式。关于集中采购范围的确定，我国目前实行目录制，即通过公布政府集中采购目录来确定实行政府集中采购的品目范围。纳入政府集中采购目录的，各采购单位应统一交由集中采购机构组织实施，不得自行采购。节能产品清单与政府集中采购目录的区别：节能产品清单划定的是公共机构应优先或强制采购的节能产品范围，不仅采购单位自行采购时应遵守，而且政府集中采购机构在统一执行集中采购时也必须遵守。政府集中采购目录划定的是政府集中采购与采购单位自行分散采购的产品界限，纳入目录的必须由政府集中采购机构统一采购，既包含节能产品，也包含非节能产品以及印刷、维修等服务项目和工程项目。

实行政府集中采购，由一个机构统一执行国家政策，能够确保国家政策在各个层面上得到有效的贯彻落实。因此，《条例》规定，应当将节能产品、设备政府采购名录中的产品、设备纳入政府集中采购目录。目前，部分节能清单中的品目还不属于政府集中采购目录中的品目，随着清单范围的扩大，实行节能采购的产品目录将越来越丰富，对于这些节能产品都应该逐步纳入政府集中采购目录，通过政府集中采购的方式统一实施采购，确保国家政策得到贯彻落实。

第二十条　公共机构新建建筑和既有建筑维修改造应当严格执行国家有关建筑节能设计、施工、调试、竣工验收等方面的规定和标准，国务院和县级以上地方人民政府建设主管部门对执行国家有关规定和标准的情况应当加强监督检查。

国务院和县级以上地方各级人民政府负责审批或者核准固定资产投资项目的部门，应当严格控制公共机构建设项目的建设规模和标准，统筹兼顾节能投资和效益，对建设项目进行节能评估和审查；未通过节能评估和审查的项目，不得批准或者核准建设。

【释义】本条是关于公共机构建设项目执行建筑节能标准以及实行节能评估和审查的规定。

一、严格执行国家有关建筑节能设计、施工、调试、竣工验收等方面的规定和标准

严格执行建筑节能标准是实现公共机构建筑节能的基础。我国的建筑节能标准制定工作起步于20世纪80年代，1986年国家发布第一项居住建筑节能设计标准，1992年发布第一项公共建筑节能设计标准。近年来，已经颁布实施了《公共建筑节能设计标准》、《建筑节能工程施工质量验收规范》、《空调通风系统运行管理规范》等多项重要的国家标准，以及不同气候区的《居住建筑节能设计标准》等行业标准，正在组织制定和修订的有《既有公共建筑节能改造技术规程》等有关建筑节能标准，基本完善了建筑节能设计、施工、调试、竣工验收等环节的技术标准要求。

公共机构的建筑节能包括新建建筑节能和既有建筑维修改造节能两个方面，在建设项目实施过程中都应当严格执行建筑节能的有关标准。公共机构作为建设单位，

在组织实施建筑工程时，应当加强对设计、施工、验收等各个环节执行建筑节能标准的管理，各相关设计、施工单位和监理单位都应当认真遵守建筑节能标准的要求。

二、建设主管部门必须履行职责，保证建筑节能标准的执行

公共机构建筑工程一般都是政府投资项目，如果发现不符合节能标准再进行改造，或者由于各种原因无法改造和使用，势必给国家造成巨大损失。因此，建设主管部门应当加强对公共机构建筑工程执行建筑节能标准情况的监督检查，公共机构应当接受和配合建设主管部门的监督和检查。

三、对公共机构固定资产投资项目实行节能评估和审查的必要性

《节约能源法》第十五条规定，国家实行固定资产投资项目节能评估和审查制度。实行固定资产投资项目节能评估和审查制度，是控制能耗不合理增长的有力手段，有利于从源头上消除能源浪费，提高能源综合利用效率。近年来，部分公共机构超规模、超标准建设豪华办公楼和住宅，不仅造成了极大的能源资源浪费，而且在社会上也产生了很大的负面影响。因此，本条将“严格控制固定资产投资项目的建设规模和标准”作为进行节能评估和审查的前提，并明确要统筹兼顾节能投资和效益，确保节能评估和审查的效果。

本条所称节能评估，是指对固定资产投资项目是否符合强制性节能标准进行分析和评价，为项目决策提供科学依据。本条所称节能审查，是指对固定资产投资项目节能评估文件进行审查。根据本条规定，固定资产投资项目（含新、改、扩建工程）未通过节能评估和审查，负责审批或者核准固定资产投资项目的部门不得审批、核准项目开工建设。

第二十一条 国务院和县级以上地方各级人民政府管理机关事务工作的机构会同有关部门制定本级公共机构既有建筑节能改造计划，并组织实施。

【释义】本条是关于制定和组织实施公共机构既有建筑节能改造计划的规定。

公共机构既有建筑建设年代跨度大，需要进行节能改造的数量多，涉及面广，工作任务重，是公共机构节能工作的重点和难点。必须对既有建筑节能改造的主要任务和技术措施等进行综合布置和具体安排，制定并实施公共机构既有建筑节能改造计划，分步骤、有秩序地把既有建筑节能改造工作推向前进，才能逐步降低公共机构建筑能耗。

本条明确规定，公共机构既有建筑节能改造计划的编制主体是国务院和县级以上地方各级人民政府管理机关事务工作的机构和同级有关部门。根据本条例第四条规定，国务院和县级以上地方各级人民政府管理机关事务工作的机构负责本级公共机构节能的监督管理工作，因此本条规定政府管理机关事务工作的机构是承担公共机构既有建筑节能改造规划编制工作的主要主体，并要会同同级有关部门（比如在

中央层次，涉及国家发展改革委、财政部、住房城乡建设部等）开展此项工作，这样有利于与其他相关规划协调。同时，国务院和县级以上地方各级人民政府管理机关事务工作的机构应组织本级公共机构既有建筑节能改造计划的实施，确保措施落实到位，实现预定节能目标和指标。

第二十二条 公共机构应当按照规定进行能源审计，对本单位用能系统、设备的运行及使用能源情况进行技术和经济性评价，根据审计结果采取提高能源利用效率的措施。具体办法由国务院管理节能工作的部门会同国务院有关部门制定。

【释义】本条是对公共机构能源审计的义务性规定。

一、能源审计的重要性及对公共机构节能的作用

能源审计是促进公共机构节能的科学方法，是评估能源利用状况和节能潜力、制定节能目标和措施、改进能源管理的基础。其主要内容是对能源使用效率、消耗水平和和能源利用的经济效果进行客观考察，对能源利用状况进行定量分析，对能源利用效率、消耗水平、能源经济和环境效果进行审计、监测、诊断和评价，从而发现能源管理存在的问题，积极采取相关措施，减少能源浪费，提高利用效率，实现节能的目的。

2005 年以来，国管局组织对中央国家机关的既有建筑和用能系统进行了节能诊断（即能源审计）。结果表明，公共机构空调系统、供暖系统、通风系统、照明系统、炊事系统等都存在很多问题，如设计不合理，用能系统运行管理制度不健全，控制系统和重点设备性能不稳定等问题，公共机构节能潜力很大。同时，能源审计也发现解决上述问题，可以通过更换关键设备，加强用能系统调节和改善运行管理等措施加以实现。

根据能源审计结果，国管局近年来组织开展了大量有针对性的节能改造工作，取得了显著的节能效果。比如，更换中央国家机关办公区非节能灯具 43.3 万只，实现节能灯使用率 100%，年节约用电约 1 500 万千瓦时；改造空调系统 105 万平方米，节电率达 20%以上；改造锅炉 210 台，食堂灶具 2 500 台，年节约燃煤 26 万吨，节约天然气 200 万立方米。因此，本条提出了能源审计的义务性规定，要求各级公共机构定期开展能源审计工作。

二、公共机构能源审计制度和办法的制定

能源审计分自愿能源审计和强制能源审计两种。各级公共机构按照自愿的原则，可以每年开展一次简单能源审计。国务院和县级以上地方各级人民政府管理机关事务工作的机构，可以根据公共机构的能耗统计报告和开展节能检查的情况，定期对能耗水平高或者超能源消耗定额使用能源的公共机构开展强制能源审计。目前，国家发展改革委正在会同国管局研究制定《公共机构能源审计管理办法》。

第二十三条 能源审计的内容包括：

（一）查阅建筑物竣工验收资料和用能系统、设备台账资料，检查节能设计标准的执行情况；

（二）核对电、气、煤、油、市政热力等能源消耗计量记录和财务账单，评估分类与分项的总能耗、人均能耗和单位建筑面积能耗；

（三）检查用能系统、设备的运行状况，审查节能管理制度执行情况；

（四）检查前一次能源审计合理使用能源建议的落实情况；

（五）查找存在节能潜力的用能环节或者部位，提出合理使用能源的建议；

（六）审查年度节能计划、能源消耗定额执行情况，核实公共机构超过能源消耗定额使用能源的说明；

（七）审查能源计量器具的运行情况，检查能耗统计数据的真实性、准确性。

【释义】本条是关于公共机构能源审计内容的规定。

一、查阅建筑物竣工验收资料和用能系统、设备台账资料，检查节能设计标准的执行情况

本项是公共机构建筑物用能审计内容，包括用能单位的基本情况，即建筑物数量、占地面积、室外用能设施、办公室部门情况、特殊功能区、工作职能、编制情况和实际工作人员、作息制度和实际工作时间；建筑物竣工验收资料完备情况和建筑物材质指标情况，包括外窗、外墙、屋面、地面等围护结构的保温隔热性能等指标；用能系统、用能设备建立台账情况；新建建筑节能设计标准执行情况。

二、核对电、气、煤、油、市政热力等能源消耗计量记录和财务账单，评估分类与分项的总能耗、人均能耗和单位建筑面积能耗

本项是对公共机构能耗数据统计的审计内容，包括电、气、煤、油、市政热力等能源分类计量记录，以及用能财务账单情况，重点核对各类能耗账单数据的准确性与真实性；采用统计方法描述年度与逐月的能耗指标状况，以及对能耗的经济性进行评价，通过能耗数据的统计分析，计算公共机构能耗指标，至少包括人均能耗和单位建筑面积能耗（此处人员数量基数按照在编人数和实际工作人数分别计算，公务用车用能不计入人均能耗和单位建筑面积能耗）；公务用车用能进行单独核算，并按照单车能耗指标统计分析。

三、检查用能系统、设备的运行状况，审查节能管理制度执行情况

本项是对用能系统和设备运行情况的审计内容，包括现场查验运行记录、设备技术参数、利用专用仪器随机检测重大耗能设备的电流、电压、流量等参数，比对值班记录和设备功率进行能效分析，发现设备运行存在的问题；现场检查运行制度、保养制度、文档管理制度、岗位职责等节能管理制度的执行情况，并给予描述与评

价；过去一到三年内所采取的节能措施及其节能效果的说明文件，通过现场察看，分析运行记录，了解用能系统、设备运行情况，挖掘节能潜力。

四、检查前一次能源审计合理使用能源建议的落实情况

本项是对公共机构前一次能源审计实施效果的验证。对于前一次能源审计提出的所有合理用能建议和措施，需要逐条进行分析，对于已经实施的，需要分析实施的效果，并对实施后产生的节能效益进行总结；对于暂缓实施的，需要分析实施的主要障碍；对于无法实施的，需要分析原因。

五、查找存在节能潜力的用能环节或者部位，提出合理使用能源的建议

本项是能源审计报告的关键内容。通过以上一、二、三项的信息采集，专业人员应在计算分析之后对公共机构能源消耗状况进行综合评价，重点是分析建筑围护结构、空调系统、采暖系统、照明系统、动力系统、公务用车、信息中心、食堂、开水间等系统或部位存在的问题与节能潜力，提出行之有效的节能运行管理和经济性节能改造措施。

六、审查年度节能计划、能源消耗定额执行情况，核实公共机构超过能源消耗定额使用能源的说明

本项主要是针对上一年度节能计划、能源消耗定额执行情况进行审计分析。对于已经实施的年度计划，评估实施效果；对于没有实施的年度计划，分析实施过程中的主要障碍或无法实施的原因。对于公共机构超过能源消耗定额的，需要分析原因。

审计人员在编制报告过程中，重点比对本年度的节能计划与上一年度的节能计划的变化情况，以及本年度能源消耗量与基准年度能源消耗量的增减状况。通过能源消耗的总量比对之后，再进行分项能耗定额的比对，对于实际分项指标能耗高于定额的现象进行分析说明。

七、审查能源计量器具的运行情况，检查能耗统计数据的真实性、准确性

本项是公共机构能耗统计和分项计量的审计内容，主要是检查公共机构能源计量器具，包括电、气、煤、油、水等的总计量、分项计量与能耗监测情况，通过现场察看验证能耗数据，检查公共机构分类能耗总表与分项计量表的采集历史记录，分析计量表是否运行稳定，是否计量准确，是否在规定的时间内进行标定检测；对公共机构提供的能耗统计数据的来源进行调查，检查能耗统计数据的真实性、准确性；在条件许可的情况下，对计量表显示的异常历史数据应分析原因并记录在案，对于计量不稳定，数据不准确的计量表应及时更换。

第四章　节能措施

本章共十一条，是关于公共机构节能措施的规定，主要包括建立健全节能运行管理制度和用能系统操作规程；设置能源管理岗位；开展合同能源管理；对物业服务企业提出节能管理能力要求；实施节能改造需进行能源审计、投资收益分析和节能指标考核评价；加强空调、照明、电梯、网络机房、食堂、锅炉房等重点用能系统和部位的节能管理；加强公务用车配备使用处置管理，推进服务社会化等。

第二十四条　公共机构应当建立、健全本单位节能运行管理制度和用能系统操作规程，加强用能系统和设备运行调节、维护保养、巡视检查，推行低成本、无成本节能措施。

【释义】本条是关于公共机构运行管理节能的规定。

公共机构用能主要包括建筑物及其内部系统、公务车用能，以及厨房、信息机房用能等几大部分，其中建筑物及其内部用能系统的设计和运行管理尤其重要。其中，合理的设计是实现节能的基础，科学的运行管理是节能的最终落实手段。但是长期以来，受“重设备，轻管理”的观念影响，公共机构更多地关注用能系统节能设计环节，对运行管理环节重视不够，运行管理被简单地认为是“看管”加“维护”。近几年研究结果表明，加强用能系统运行管理，确保设备高效运转是最有效的节能手段之一。例如，通过建立分项计量与能源管理信息系统可以促进各用能系统处于高效区运行，从管理途径实现节能。

公共机构应建立、健全本单位用能系统节能运行管理制度，包括运行人员岗位管理、用能系统节能运行、用能系统计量、用能系统节能检查和用能系统维护保养等制度；针对不同用能系统（如空调系统、采暖系统、照明系统等），应分别建立节能运行操作规程，规范节能运行操作程序。同时，通过运行调节、维护保养、巡视检查等低成本、无成本管理措施，实现用能系统节能。

本条强调推行低成本、无成本节能的重要性。国内有关科研机构的调查显示，公共机构很大部分节能潜力可通过低投入的节能改造和运行管理得以实现，如养成人走灯关的良好习惯、减少耗能设备待机能耗；加强用能设备的日常维护管理，提高能源综合利用效率等。公共机构应优先推行低成本、无成本节能措施。

第二十五条 公共机构应当设置能源管理岗位，实行能源管理岗位责任制。重点用能系统、设备的操作岗位应当配备专业技术人员。

【释义】本条是关于公共机构能源管理岗位和重点用能系统、设备操作岗位的规定。

一、公共机构必须设立能源管理岗位

强调能源管理岗位制度，可以提高能源管理在公共机构行政管理中的地位，健全节能目标责任制度，落实公共机构节能目标和要求。能源管理人员的职责不仅是对本部门的能源使用情况进行计量和统计，还应负有一定的管理职责，能够对本单位的用能进行管理。

针对公共机构能源浪费、能源管理无人负责，缺少能源消费统计数据等问题，本条提出各级公共机构应当设置能源管理岗位，由专人对公共机构能源使用进行专业化管理，将公共机构节能管理落实到人，提高公共机构对能源管理的重视。这里重点强调“因事设岗”，落实岗位责任，不涉及编制问题，各公共机构可以通过内部岗位调整来解决。

二、重点用能系统、设备操作岗位应当配备专业技术人员

重点用能系统、设备操作岗位需要操作人员具有较高的专业和节能操作技能。因此，本条对重点用能系统、设备操作岗位人员的配备提出要求，切实保障“专业化管理”能落实到位。至于专业技术人员的职业资格认定，应当由有关的行政主管部门或者行业自律协会负责组织实施，目前国内有的地方已经开始了探索，如上海新能源行业协会通过资格认证，对合格人员颁发资格证书。

第二十六条 公共机构可以采用合同能源管理方式，委托节能服务机构进行节能诊断、设计、融资、改造和运行管理。

【释义】本条是关于合同能源管理方式的规定。

合同能源管理是 20 世纪 70 年代中期以来在市场经济国家中逐渐兴起的一种节能新机制，实质上是一种以减少的能源费用来支付节能项目全部成本的节能投资方式，这种方式允许用户使用未来的节能收益为工厂和设备升级，降低目前的运行成本。在合同能源管理机制中，节能服务公司（基于合同能源管理机制运作的、以营利为目的的专业化公司）与愿意进行节能改造的用户签订节能服务合同，为用户的节能项目进行投资或融资，向用户提供能源效率审计、节能项目设计、原材料和设备采购、施工、监测、培训、运行管理等一条龙服务，并通过与用户分享项目实施后产生的节能效益来营利和滚动发展。

据测算，2005 年，我国政府机构能源消费量达 8 789 万吨标准煤，约占全国终端能源消费总量的 6.7%，其中电力 1 341 亿千瓦时，如果实施节能改造，国家财政需投入千亿元以上技改资金，这将给国家财政造成巨大压力，因此国家鼓励与支持选择合同能源管理方式开展节能工作。

公共机构采用合同能源管理方式应注意以下几方面问题，一是公共机构应优先选择能力较强、整体节能且是独立的服务机构，合同生效后首先是按要求安装分项计量装置，然后再进行管理降耗与节能改造工作；二是选择单一节能技术时，应首先完善分项计量系统，待分项能耗数据可统计后再与节能服务机构签订合同；三是在签订能源管理合同时，应在条款中约定最低节能量。

第二十七条 公共机构选择物业服务企业，应当考虑其节能管理能力。公共机构与物业服务企业订立物业服务合同，应当载明节能管理的目标和要求。

【释义】本条是关于物业服务企业节能管理能力要求的规定。

在我国，物业服务企业通常只提供保洁、保安、设备运行管理及公共设施修缮等服务。但本条要求公共机构选择物业服务企业时，还要考虑其节能管理能力，并在签订合同时，增加节能管理的目标和要求等内容。即在选择物业企业时，招标文件中应规定物业公司需要完成节能减排的量化指标，物业公司在投标文件中应陈述节能管理具体可操作的措施，承诺每年节能量，在评标方法中根据响应程度予以加减分；物业服务企业在提供物业服务时，从事能源管理的工作人员要具有国家相关部门核发的资格证书，同时，应设置能源管理部门，制定能源管理制度和实施细则，每年提交节能方案，明确节能目标及各项能耗指标，配合能源审计机构进行能源审计工作。公共机构应将节能目标完成情况作为考核物业服务企业一项重要指标。

第二十八条 公共机构实施节能改造，应当进行能源审计和投资收益分析，明确节能指标，并在节能改造后采用计量方式对节能指标进行考核和综合评价。

【释义】本条是关于公共机构实施节能改造的规定。

节能改造是跨行业、跨专业、综合性和技术性较强的一项工作，选择经济合理的技术方案，确保节能效果至关重要。为此，本条规定实施节能改造前后，公共机构应着重做好以下几方面的工作：

（一）节能改造前，需委托专业的节能服务公司或第三方能源审计机构进行综合诊断或专项诊断，避免发生节能设备供应商提供偏袒性或产品导向性的能源审计或诊断报告；

（二）根据能源审计结果或节能改造建议进行经济性评价，投资回收期应控制在合理范围内，一般不超过 4 年。新技术、新产品的应用试点项目可以适当延长；

（三）在节能改造合同中，应明确节能量化目标以及节能目标不能实现的罚则；

（四）节能改造施工前，应根据改造内容安装计量仪表，跟踪记录改造前后的用能数据，以便对改造后的节能量进行比对确认和评价；

（五）节能改造实施后，应从节能量、减排量、室内环境参数及投资回收期等方面对节能效果进行综合评价，并依据评价结果进行节能目标考核，以确定资金支付和相关罚则的执行。

第二十九条 公共机构应当减少空调、计算机、复印机等用电设备的待机能耗，及时关闭用电设备。

【释义】本条是关于公共机构用电设备节能的规定。

待机能耗是指产品在关机或不行使其原始功能时的能源消耗。与产品在使用过程中产生的有效能耗不同，待机能耗基本上是一种能源浪费。空调、计算机、复印机等用电设备都有待机能耗，其中计算机主机的待机能耗最高达 35 瓦/台。国际经济合作组织的一项调查称，各国因待机而消耗的能量约占能耗总数的 3%～13%，我国的待机能耗高于平均水平。以传真机为例，美国环保组织制定的待机能耗标准是不高于 4 瓦，而我国传真机待机能耗的平均水平为 7.41 瓦，其中待机能耗低于 4 瓦的只占 15%，41%的产品待机能耗在 9 瓦以上。随着办公自动化的发展，公共机构办公用电设备逐年增加，待机耗电不容忽视。因此，本条强调在空调、计算机、复印机等用电设备不使用时，应及时关闭电源，以减少待机耗电量。

第三十条 公共机构应当严格执行国家有关空调室内温度控制的规定，充分利用自然通风，改进空调运行管理。

【释义】本条是关于空调系统节能的规定。

一、实行室内空调温度控制

一段时期以来，一些公共机构办公建筑空调系统管理比较粗放，空调温度不尽合理，夏季室温偏低，冬季室温过高，造成能源的极大浪费，也影响了室内舒适度，带来了“空调病”等弊端。合理控制空调温度，科学管理空调的运行，既能提供健康、舒适的室内环境，满足正常工作、学习和生活的需要，又能节约能源，保护环境。

2007 年 6 月 1 日，国务院办公厅印发了《关于严格执行公共建筑空调温度控制标准的通知》，要求除医院等特殊单位以及经批准的用户以外，夏季空调室内温度设置不得低于 26 摄氏度，冬季室内温度设置不得高于 20 摄氏度。新修订的《节约能源法》第三十七条规定使用空调采暖、制冷的公共建筑应当实行室内温度控制制度，本条对《节约能源法》做了衔接性规定。

二、落实空调节能管理措施

本条除了规定严格执行空调温度控制标准外，要求切实落实空调节能管理措施。首先要充分利用自然通风。在过渡季、夏季充分利用自然通风对空调系统节能非常重要。在过渡季节，室外温度和人体舒适温度较为接近，但由于办公建筑内人员、设备散热量较大，室内温度仍高于室外温度，往往需要冷负荷，可通过加强自然通风充分利用室外自然冷源；在夏季，夜晚和清晨的室外温度较低，可在这些时段通过自然通风预冷，从而降低空调能耗。其次要改进空调运行管理。通过设定科学合理的空调运行策略，提高空调能效水平。

第三十一条 公共机构电梯系统应当实行智能化控制，合理设置电梯开启数量和时间，加强运行调节和维护保养。

【释义】本条是关于电梯系统节能的规定。

一、实行智能化控制

公共机构办公建筑一般有多部电梯，传统电梯运行模式往往出现一人叫梯多部响应、空载运行的情况，能源浪费比较严重。采用群控等智能化控制方式，可以实现优化调度，选择最佳派梯模式，从而避免空载，减少等候时间，提高运行效率，降低能源消耗。

二、加强运行管理和维护

公共机构的工作时间和人员流动具有一定规律性，因此本条规定公共机构应当根据工作时间规律，合理设置电梯开启数量和时间，如下班后可停止部分电梯运行，从而减少电耗。同时，要加强运行调节和维护保养，提高能效水平，及时发现电梯运行故障，确保电梯安全运行。

第三十二条 公共机构办公建筑应当充分利用自然采光，使用高效节能照明灯具，优化照明系统设计，改进电路控制方式，推广应用智能调控装置，严格控制建筑物外部泛光照明以及外部装饰用照明。

【释义】本条是关于照明系统节能的规定。

一、充分利用自然采光

近年来，我国许多大型公共建筑采用人工照明取代自然采光，不仅浪费了大量能源，还带来了导致在这种建筑物中的人员出现种种不健康症状。为节约能源，我国鼓励使用太阳能等可再生能源供热、提供生活热水和发电，而将太阳光作为室内采光是利用太阳能最简单、最直接的方式。因此，本条规定公共机构办公建筑应当充分利用自然采光。

二、使用高效照明灯具

我国照明用电占全社会用电总量的 12%。采用高效节能灯代替普通白炽灯，可以节约用电 60%~80%，节电潜力巨大。新修订的《节约能源法》也规定国家支持节能照明器具等节能产品的推广和使用。2007 年 8 月，国务院机关事务管理局组织实施中央国家机关办公区照明灯具节能改造工程，采用高效节能灯替换非节能灯，实现节能灯使用率 100%，每年节电约 1 500 万千瓦时，折合电费约 1 275 万元，节能效果非常显著。因此，本条规定公共机构办公建筑应当使用高效照明节能灯具。

三、改进照明控制方式

目前，公共机构办公建筑的照明系统控制方式还存在两个方面的问题：一是设计不合理，一只开关控制多只灯具，不能实现分区照明；二是公共区域照明采用人工开关控制，存在长明灯现象。因此，本条规定公共机构应优化照明系统设计，改进电路控制方式，推广应用声控、光控、红外感应等智能调控装置，提高控制效率，减少浪费。

四、严格控制装饰性景观照明

外部泛光照明和装饰性景观照明是展示城市夜间景观的一种手段，但一些地方也存在为了单纯的装饰性景观照明浪费大量电力的现象，甚至影响了城市道路、广场等功能照明的正常运行。为此，本条规定公共机构办公建筑应严格控制外部泛光照明以及装饰用照明，一方面要限制使用强力探照灯、大功率泛光灯、大面积霓虹灯等高亮度高能耗灯具；另一方面除重大节日以外，要尽量减少使用或者关闭。

第三十三条 公共机构应当对网络机房、食堂、开水间、锅炉房等部位的用能情况实行重点监测，采取有效措施降低能耗。

【释义】本条是关于重点用能部位节能的规定。

有关统计数据显示，公共机构网络机房、食堂、开水间、锅炉房等重点用能部位设备工作时间长、耗能量大，是公共机构节能的重点，应对其用能情况实行重点监测，安装用能分类与分项计量装置，加强能源信息化管理，掌握重点部位用能情况，分析节能潜力。同时，应加强值班巡视，根据气候、用餐人数、开水供应时间、室内负荷等因素合理运行耗能设备，针对重点部门用能特点，采取技术上可性、经济上合理的节能措施，降低能源消耗。

第三十四条 公共机构的公务用车应当按照标准配备，优先选用低能耗、低污染、使用清洁能源的车辆，并严格执行车辆报废制度。

公共机构应当按照规定用途使用公务用车，制定节能驾驶规范，推行单车能耗核算制度。

公共机构应当积极推进公务用车服务社会化，鼓励工作人员利用公共交通工具、非机动交通工具出行。

【释义】本条是关于公共机构公务用车节能的规定。

公务用车，是指公务活动使用的车辆，既包括一般公务用车，也包括业务用车、执法用车和特种车辆。据财政部有关人士预测，2004 年末全国共有各种公务用车 180 万辆，全年公务用车费用大约为 1 000 亿元③。我国公务用车数量多、费用高，节能潜力巨大，迫切需要加强公共机构公务用车管理，挖掘公务用车节能潜力。公务用车节能应重点抓配备、使用和处置三个环节，同时积极推进公务用车服务社会化，通过利用公共交通工具、非机动交通工具出行减少公务用车用能。

一、公务用车配备环节节能

在配备环节，强调按标准配备，优先选用低能耗、低污染、使用清洁能源的车辆，把好车辆入口关。

《中央办公厅、国务院办公厅关于调整党政机关汽车配备使用标准的通知》（厅字［1999］5 号）规定，部长级和省长级干部配备排气量 3.0 升（含 3.0 升）以下、价格 45 万元以内的轿车，副部长级和副省长级干部使用排气量 3.0 升（含 3.0 升）以下、价格 35 万元以内的轿车，党政机关的其他公务用车一般配备排气量 2.0 升（含 2.0 升）以下、价格 25 万元以内的轿车。该标准主要适用于党政机关，还不能广泛适用于各公共机构，且排气量和价格等核心标准已随经济社会和汽车工业的发展越来越不适应实际需要，亟须重新制定。当前，国管局正会同国家发展改革委、财政部、科技部等部门制定《政府机关公务用车配备和更新管理办法》，将对政府机关公务用车的配备原则、标准、程序及公务用车的更新条件、标准、程序等作进一步规定。

在完善公共机构公务用车配备标准问题上，应当根据环保、节油要求和汽车价格情况，适时出台公共机构公务用车配备标准，推广使用低能耗、低污染、使用清洁能源的经济环保型汽车。其中，低能耗、低污染是指低汽车燃料消耗、低污染物排放，是车辆节能减排的基本要求；清洁能源是指国家鼓励开发和推广应用的清洁燃料、石油替代燃料，主要包括天然气、液化石油气、氢燃料、电动汽车、生物质液体燃料、醇类燃料、二甲醚等，是车辆节能减排的更高目标。

③ 徐辉，李丹. 我国每年公款消费近 9 000 亿元的说法不实. http://finance.people.com.cn/GB/1037/4310475.html。

二、公务用车使用环节节能

在使用环节，强调按照规定用途使用公务用车，制定节能驾驶规范，推行单车能耗核算制度，切实加强使用管理。

按规定用途使用公务用车，是要求公共机构加强日常管理，杜绝公车私用、不合理使用公车现象发生；制定节能驾驶规范和汽车节油手册，规范驾驶员驾驶，是从技术上实现车辆节油；推行单车核算制度，对公务用车油耗和运行费用支出实行单车核算，将节油责任落实到每一辆公务用车，实践证明可以有效减少公务用车油耗和费用开支。以上措施是对各地公务用车使用管理经验的总结，也是做好公共机构公务用车节能的有效手段，应当积极推广。

三、公务用车处置环节节能

在处置环节，强调严格执行车辆报废制度，把好车辆出口关。

按照《报废汽车回收管理办法》第二条规定，报废汽车是指达到国家报废标准，或者虽未达到国家报废标准，但发动机或者底盘严重损坏，经检验不符合国家机动车运行安全技术条件或者国家机动车污染物排放标准的机动车。目前，各级公共机构中存在大量老旧公务用车，不仅运输效率低、安全性能下降，而且不符合现行国家机动车污染物排放标准，存在能耗高、污染重等问题，被称之为“黄标车”。因此，需要通过必要的行政手段对高能耗、高污染的老旧公务用车实行严格的汽车报废，及时更新为低能耗、低污染、使用清洁能源的车辆，提高能源利用效率，提升公共机构节能水平。

此外，公务用车节能不仅需要抓好配备、使用和处置环节，还应当积极推进公务用车服务社会化，鼓励工作人员利用公共交通工具、非机动交通工具出行，从制度层面推进公务用车节能。公务用车服务社会化，就是公共机构的用车服务通过向社会购买获得，公共机构自身不再购买和管理公务用车，这是公务用车管理方式的变革，是用经济手段解决公车管理中高耗能、监管成本过高问题的有效举措，也是下一步公车改革的方向。实践中，公务用车服务社会化主要有以下两种模式：一是实行社会化服务，取消公务用车，按职级和岗位发放交通补贴，所需用车服务由社会上的专业公司提供；二是集中现有公车统一管理，在机关成立半市场的服务公司，有偿为各单位提供服务，实行货币化结算。鼓励工作人员利用公共交通工具、非机动交通工具出行，不仅对控制公共机构车辆能源消费增长有重要的作用，而且对引导和推进全社会利用公共交通工具、非机动交通工具出行起到良好的示范作用，有利于全社会节能。

第五章　监督和保障

本章共八条，是关于公共机构节能监督和保障的规定，主要包括公共机构节能监督检查的实施主体、内容和要求；公共机构违反节能管理行为的法律责任，明确了各个承担法律责任主体在违反本条例规定时相应的处罚措施等。

第三十五条　国务院和县级以上地方各级人民政府管理机关事务工作的机构应当会同有关部门加强对本级公共机构节能的监督检查。监督检查的内容包括：

（一）年度节能目标和实施方案的制定、落实情况；

（二）能源消费计量、监测和统计情况；

（三）能源消耗定额执行情况；

（四）节能管理规章制度建立情况；

（五）能源管理岗位设置以及能源管理岗位责任制落实情况；

（六）用能系统、设备节能运行情况；

（七）开展能源审计情况；

（八）公务用车配备、使用情况。

对于节能规章制度不健全、超过能源消耗定额使用能源情况严重的公共机构，应当进行重点监督检查。

【释义】本条是关于公共机构节能监督检查方面的规定。

一、明确了公共机构节能监督检查的职责和分工

本条明确了国务院和县级以上地方各级人民政府管理机关事务工作的机构是本级公共机构节能监督检查的负责部门，同级有关部门应密切配合。

二、明确了公共机构节能监督检查的主要内容

（一）年度节能目标和实施方案的制定、落实情况

主要包括制度落实、综合节电及照明节电、暖通空调系统节能、节水以及其他节能等方面的节能目标和实施方案的制定和落实情况。重点检查公共机构是否针对上述方面制定了明确的节能目标和实施方案；对于已经实施的计划和方案，评估实施效果；对于没有实施的计划和方案，分析实施过程中的主要障碍或无法实施的原因。

（二）能源消费计量、监测和统计情况

计量和统计是节能的基础工作，本条主要检查公共机构是否按照有关要求开展能耗计量、监测和统计。重点包括：

1．能耗计量体系建设情况，主要检查是否实施了分户、分类、分项计量。

2．建立能耗统计台账和能耗数据监测的情况，主要检查监测报告和记录，是否实施了动态监测。

3．能耗统计分析报告情况，主要检查是否定期汇总统计，并提出统计分析报告。

（三）能源消耗定额执行情况

重点对公共机构执行能源消耗定额情况进行评价，对于未超过能源消耗定额使用能源的，分析原因，总结经验；对于超过能源消耗定额使用能源的，要求其进行强制能源审计，分析原因，并做出书面说明。

（四）节能管理规章制度建立情况

重点检查公共机构是否建立了完善的节能管理规章制度，具体包括节约用电、节水制度、节能考核考评制度、能耗统计方面的制度、公务用车管理制度等规章制度。

（五）能源管理岗位设置以及能源管理岗位责任制落实情况

重点检查公共机构是否落实能源管理岗位责任制度，包括是否设置了能源管理岗位，明确职责和分工，落实责任；是否定期组织培训教育，提升能源管理岗位的节能技能等内容。

（六）用能系统、设备节能运行情况

重点检查供暖系统、空调系统、通风系统、照明系统、炊事系统、给排水系统、办公设备、公务用车等方面，具体内容包括：

1．是否有重点能耗设备清单，并定期监测能耗情况；是否有完善的运行记录；

2．空调、通风系统是否采取节能运行管理措施，包括温度设置、空调清洗等；

3．供暖系统是否采取节能运行管理措施，包括分区控制、气候补偿、水力平衡调试等；

4．照明系统是否采取节能运行管理措施，包括节能光源、照明控制、自然采光、太阳能照明灯；

5．炊事系统是否采取节能运行管理措施；

6．公务用车是否采取节能运行管理措施。

（七）开展能源审计情况

重点检查公共机构是否按要求开展能源审计，并按照能源审计结果进行了整改。

（八）公务用车配备、使用情况

重点检查公务用车配备标准执行情况、编制控制情况、定点加油、定点维修、定点保养等措施的落实情况，以及其他的节能管理措施实施情况。

第三十六条　公共机构应当配合节能监督检查，如实说明有关情况，提供相关资料和数据，不得拒绝、阻碍。

【释义】本条是关于公共机构配合节能监督检查的义务性规定。

节能监督检查是推动公共机构节能工作的重要手段和方法。各级公共机构作为用能主体，应积极配合检查工作，如实说明有关情况，并提供真实、有效、完整的资料和数据，不得以各种理由推诿或者拒绝、阻碍节能监督检查。同时，公共机构应根据监督检查的整改意见和建议进行认真整改，并将整改情况报送本级人民政府管理机关事务工作的机构。

第三十七条　公共机构有下列行为之一的，由本级人民政府管理机关事务工作的机构会同有关部门责令限期改正；逾期不改正的，予以通报，并由有关机关对公共机构负责人依法给予处分：

（一）未制定年度节能目标和实施方案，或者未按照规定将年度节能目标和实施方案备案的；

（二）未实行能源消费计量制度，或者未区分用能种类、用能系统实行能源消费分户、分类、分项计量，并对能源消耗状况进行实时监测的；

（三）未指定专人负责能源消费统计，或者未如实记录能源消费计量原始数据，建立统计台账的；

（四）未按照要求报送上一年度能源消费状况报告的；

（五）超过能源消耗定额使用能源，未向本级人民政府管理机关事务工作的机构作出说明的；

（六）未设立能源管理岗位，或者未在重点用能系统、设备操作岗位配备专业技术人员的；

（七）未按照规定进行能源审计，或者未根据审计结果采取提高能源利用效率的措施的；

（八）拒绝、阻碍节能监督检查的。

【释义】本条是对违反条例行为的处罚性规定。

本条主要规定了八项违反条例行为的法律责任，明确了违反本条例规定时相应的处罚措施。

一、明确了违反本条例的处罚分工和程序

根据节能监督检查结果，或现场核实的社会举报，对于违反条例规定的公共机构，由本级人民政府管理机关事务工作的机构会同有关部门发出责令限期整改通知书，明确整改内容和完成时间。公共机构完成整改后，要向本级人民政府管理机关事务工作的机构报送整改情况说明。对于到期没有完成整改的，本级人民政府管理机关事务工作的机构将对违反规定的公共机构进行通报。对于情节严重的，由组织人事部门根据干部管理权限，对公共机构负责人依法给予处分。

二、明确了处罚的范围

（一）违反《条例》第二章第十、十一、十二、十三条规定，未制定年度节能目标和实施方案，或者未按照规定将年度节能目标和实施方案备案的；

（二）违反《条例》第三章第十四条规定，未实行能源消费计量制度，或者未区分用能种类、用能系统实行能源消费分户、分类、分项计量，并对能源消耗状况进行实时监测的；

（三）违反《条例》第三章第十五条规定，未指定专人负责能源消费统计，或者未如实记录能源消费计量原始数据，建立统计台账的；

（四）违反《条例》第三章第十五条规定，未按照要求报送上一年度能源消费状况报告的；

（五）违反《条例》第三章第十七条规定，超过能源消耗定额使用能源，未向本级人民政府管理机关事务工作的机构作出说明的；

（六）违反《条例》第四章第二十五条规定，未设立能源管理岗位，或者未在重点用能系统、设备操作岗位配备专业技术人员的；

（七）违反《条例》第四章第二十二、二十三条规定，未按照规定进行能源审计，或者未根据审计结果采取提高能源利用效率的措施的；

（八）违反《条例》第五章第三十五、三十六条规定内容，拒绝、阻碍节能监督检查的。

第三十八条 公共机构不执行节能产品、设备政府采购名录，未按照国家有关强制采购或者优先采购的规定采购列入节能产品、设备政府采购名录中的产品、设备，或者采购国家明令淘汰的用能产品、设备的，由政府采购监督管理部门给予警告，可以并处罚款；对直接负责的主管人员和其他直接责任人员依法给予处分，并予通报。

【释义】本条是关于对违反节能采购有关规定行为的处罚规定。

根据《政府采购法》的规定，各级人民政府财政部门是负责政府采购监督管理的部门，依法履行对政府采购活动的监督管理职责。对于未执行优先或强制采购规定的单位，财政部门要及时采取有效措施责令其改正。拒不改正的，属于采购单位责任的，财政部门要给予通报批评，并不得拨付采购资金，对于直接负责的主管人员和其他直接负责人员，由有关部门按照组织人事管理规定依法给予处分；属于政府采购代理机构责任的，财政部门要依法追究相关单位和责任人员的责任，并可以根据情节轻重处以罚款。

第三十九条 负责审批或者核准固定资产投资项目的部门对未通过节能评估和审查的公共机构建设项目予以批准或者核准的，对直接负责的主管人员和其他直接责任人员依法给予处分。

公共机构开工建设未通过节能评估和审查的建设项目的，由有关机关依法责令限期整改；对直接负责的主管人员和其他直接责任人员依法给予处分。

【释义】本条是关于违反固定资产投资项目节能评估和审查制度行为的处罚规定。

如果项目设计不符合强制性节能标准，固定资产投资项目一旦完成，将造成巨大的能源浪费，今后即使改造，也将付出很大的代价。因此，严格执行固定资产投资项目节能评估和审查制度意义重大。本条例第二十条规定，国务院和县级以上地方各级人民政府负责审批或者核准固定资产投资项目的部门，应当严格控制公共机构建设项目的建设规模和标准，统筹兼顾节能投资和效益，对建设项目进行节能评估和审查；未通过节能评估和审查的项目，不得批准或者核准建设。此处的固定资产投资项目包括新建、改建和扩建。本条规定了负责审批或者核准固定资产投资项目的机关的法律责任，以及违反规定的公共机构的法律责任。

一、负责审批或者核准固定资产投资项目的机关的法律责任

对于本条第一款规定的法律责任，承担法律责任的主体是审批或者核准固定资产投资项目的直接负责的主管人员和其他直接负责人员。即在违法行为中负有直接责任的人员，包括违法行为的决策人、事后对单位违法行为予以认可和支持的领导人员、由于疏于管理或放任而对单位违法行为负有不可推卸责任的领导人员，以及其他实施违法行为的人员。违法行为是对未进行或未通过节能评估和审查的项目进行审批或者核准。

二、违反节能评估和审查制度实施建设项目的公共机构的法律责任

对于本条第二款规定的法律责任，承担法律责任的主体是建设固定资产投资项目的公共机构。未通过节能评估和审查的公共机构固定资产投资项目开工建设的，由相关管理部门责令停止建设；已经建成的，责令停止使用。若在限期内经改造达到要求的，可以继续建设或者投入使用。

本条中的处分是指行政处分，包括警告、记过、记大过、降级、撤职、开除，具体按照《中华人民共和国公务员法》和《行政机关公务员处分条例》。

第四十条 公共机构违反规定超标准、超编制购置公务用车或者拒不报废高耗能、高污染车辆的，对直接负责的主管人员和其他直接责任人员依法给予处分，并由本级人民政府管理机关事务工作的机构依照有关规定，对车辆采取收回、拍卖、责令退还等方式处理。

【释义】本条是关于公共机构违反规定购置公务用车和拒不报废车辆的法律责任及车辆处理的规定。

一、公共机构违反规定购置公务用车和拒不报废车辆行为

《中共中央办公厅、国务院办公厅关于党政机关汽车配备和使用管理的规定》（中办发[1994]14 号）、《中共中央办公厅、国务院办公厅关于调整党政机关汽车配备使用标准的通知》（厅字[1999]5 号）等政策文件对党政机关汽车配备标准作了明确规定，本释义第三十四条对此作了详细说明，不再赘述。另外，这些政策文件还确定副部长级和副省长以上干部工作用车、党政机关公务用车实行编制管理，公务用车编制根据机构编制、职能和领导职数，从严掌握，合理确定。在具体操作上，党中央和国务院管理机关事务工作的机构商有关部门后制定中央党政机关的定编标准，负责具体编制数的审批；省、自治区、直辖市政府的有关部门制定本行政区域内党政机关的定编标准，审批具体编制数。《中共中央办公厅、国务院办公厅关于党政机关厉行节约若干问题的通知》（中办发[2009]11 号）重申各级党政机关要严格执行公务用车编制管理规定和配备使用标准。但目前，含党政机关在内的一些公共机构违反规定超标准、超编制配置公务用车问题比较突出，不仅加大了公共机构能耗和运行费用支出，也引起了全社会的广泛关注。

公共机构还存在相当数量的高耗能、高污染车辆，仅 2008 年国管局就更新中央国家机关各单位高耗能、高排放“黄标车”807 辆。这些高耗能、高污染车辆，增加了能源费用支出，污染了大气环境。

二、行为人法律责任

针对上述两种违反《公共机构节能条例》的行为，本条规定了行为人的法律责任，即对直接负责的主管人员和其他直接责任人员，按照《行政机关公务员处分条例》等有关规定，由任免机关或者监察机关按照管理权限给予相应处分，强化公共机构节能责任保障，将公共机构公务用车节能落到实处。

三、车辆处理方式

本条还对违规车辆的处理方式作了明确规定，以保证实现公共机构车辆节能目的。对于违反规定超标准、超编制配置公务用车的，应由本级人民政府管理机关事务工作的机构进行清理收缴，采取回收、公开拍卖等方式进行处置；对于高耗能、高污染的公务用车统一采用强制报废方式进行处置，委托经公开招标确定的汽车解

体厂家收购并进行车辆解体。

另外，对存在占用、借用其他单位车辆的公共机构，应当由本级人民政府管理机关事务工作的机构责令其退还。

第四十一条 公共机构违反规定用能造成能源浪费的，由本级人民政府管理机关事务工作的机构会同有关部门下达节能整改意见书，公共机构应当及时予以落实。

【释义】本条是关于公共机构违反本条例规定造成能源浪费应承担的法律责任的规定。

一、明确了对公共机构违反规定用能行为的整改意见下达形式及程序

各级人民政府管理机关事务工作的机构在进行节能监督管理过程中，对查出的公共机构违反规定造成能源浪费的，将要求其整改。但各级人民政府管理机关事务工作的机构和节能监管对象（公共机构）之间没有直接隶属关系，因此，为保证政令畅通，令行禁止，要会同有关主管部门联合下达节能整改意见书。

各级人民政府管理机关事务工作的机构要同有关部门协商，达成一致意见，以书面形式制作节能整改意见书，并加盖印章。

二、会同有关部门下达整改意见书

根据监管的公共机构性质不同，可分为以下几种情况。

一是涉及专业领域，应会同行业主管部门下达。如根据本条例第十八、十九条的规定，公共机构违反国家有关强制采购或者优先采购的规定，管理机关事务工作的机构应会同政府采购监督管理部门下达节能整改意见书。再如根据本条例第二十条规定，公共机构违反国家有关建筑节能设计、施工、调试、竣工验收等方面的规定和标准，管理机关事务工作的机构应会同建设主管部门下达节能整改意见书。

二是涉及教育、科技、文化、卫生、体育等系统的，应会同该系统主管部门下达。本条例第四条规定："教育、科技、文化、卫生、体育等系统各级主管部门在同级管理机关事务工作的机构指导下，开展本级系统内公共机构节能工作。"因此，对于属于以上系统的公共机构节能整改，应会该系统主管部门下达节能整改意见书。

三是一般公共机构的节能整改，应会同其上一级主管部门下达节能整改意见书。采取联合下达的形式，有利于促使公共机构重视节能整改工作，抓紧落实节能整改意见书的要求。

三、被送达人应当及时落实节能整改意见书的要求

本条规定："公共机构应当及时予以落实。"这条规定属于义务性的规定，义务主体为节能整改意见书的被送达人。节能整改意见书是管理机关事务工作的机构在节

能监督管理过程中，会同有关部门对于公共机构用能方面存在的具体问题和是否需要整改，依据事实和法律作出的结论性的判断和决定，也是代表国家行使节能监管行政职能的体现。节能整改意见书一经送达，就具有法律效力，即对于被送达人具有法律约束力，被送达人必须依据具有法律约束力的节能整改意见书履行自己的义务。

第四十二条 管理机关事务工作的机构的工作人员在公共机构节能监督管理中滥用职权、玩忽职守、徇私舞弊，构成犯罪的，依法追究刑事责任；尚不构成犯罪的，依法给予处分。

【释义】本条是关于管理机关事务工作的机构的工作人员在公共机构节能监督管理活动中对渎职、失职行为应承担的法律责任的规定。

一、执法必严，违法必究

管理机关事务工作的机构作为公共机构节能监督管理部门，应当充分发挥政府推动节能的表率作用，其工作人员是从事节能监督管理工作的国家工作人员，是代表国家执法的人员。这些人员肩负着预防和纠正违法的或者不当的用能行为、推动公共机构节能、保护和鼓励高效合理利用能源行为的职责。这些人员必须坚持原则、忠于职守，秉公执法、依法行政，保障本条例的正确实施。如果这些人员知法犯法，违法犯罪，将会造成十分恶劣的社会影响，不仅会影响节约资源和保护环境的基本国策的贯彻实施，也会损害党和政府的威望和信誉。因此，对管理机关事务工作的机构的工作人员滥用职权、玩忽职守、徇私舞弊等行为必须依法追究法律责任。

二、滥用职权、玩忽职守、徇私舞弊等行为

本条所讲的工作人员滥用职权是指在公共机构节能监督管理活动中，违反法律规定或者超越法定的权限行使职权的行为。玩忽职守是指不履行或者不正确履行法律所规定的职责的行为。徇私舞弊是指为了自己的私情或者牟取私利，故意违反事实或者法律的规定作出枉法处理或者决定的行为。

三、渎职、失职行为应承担的法律责任

根据本条例规定，管理机关事务工作的机构的工作人员在节能监督管理活动中，有滥用职权、玩忽职守、徇私舞弊等行为应承担的法律责任分为两类：

（一）刑事责任。即“构成犯罪的，依法追究刑事责任”。意思是说，是否构成犯罪，属于何种犯罪，如何进行处罚等，均应当依照《中华人民共和国刑法》（1979年7月1日第五届全国人民代表大会第二次会议通过，1997年3月14日第八届全国人民代表大会第五次会议修订）执行。

根据《刑法》第三百九十七条规定：“国家机关工作人员滥用职权或者玩忽职守，致使公共财产、国家和人民利益遭受重大损失的，处三年以下有期徒刑或者拘役；情节特别严重的，处三年以上七年以下有期徒刑。本法另有规定的，依照规定。”“国家机关工作人员徇私舞弊，犯前款罪的，处五年以下有期徒刑或者拘役；情节特别严重的，处五年以上十年以下有期徒刑。本法另有规定的，依照规定。”

根据本条例和《刑法》的上述规定可知，管理机关事务工作的机构的工作人员在节能监督管理活动中，有滥用职权、玩忽职守、徇私舞弊等行为的犯罪应具备以下条件：

一是构成本条规定的犯罪主体只限于管理机关事务工作的机构的工作人员，滥用职权、玩忽职守、徇私舞弊的犯罪是一种渎职罪，即职务上的犯罪，主体只能是国家工作人员。

二是本条规定的犯罪侵害的客体，是国家对管理机关事务工作的机构的工作人员职务的责任要求及正常的节能监督管理活动。执行法律有失公允，行使职权违反规定或行政不作为，工作严重不负责任，往往造成国家利益和人民利益的重大损失。为了推动公共机构节能，提高能源利用效率，促使节能工作抓出实效，对于管理机关事务工作的机构的工作人员滥用职权、玩忽职守、徇私舞弊等行为，应当依法予以惩处。

三是行为人的主观方面，表现为管理机关事务工作的机构的工作人员在公共机构节能监督管理活动中出现的渎职、失职行为，从心理层面上存在主观故意或者严重过失。

四是行为人在客观方面，其一表现为在公共机构节能监督管理活动中，行使职权违反法律规定或者超越法定的权限；其二表现为不履行或者不正确履行职责，以致使公共财产受到严重损失，能源资源遭受严重浪费；其三表现为为了私情或者私利而弄虚作假。

（二）行政处分。即“尚不构成犯罪的，依法给予处分”。根据《行政机关公务员处分条例》（2007 年 4 月 4 日国务院第 173 次常务会议通过）第六条规定，行政处分的种类有六种，分别为：警告、记过、记大过、降级、撤职、开除。其中，警告、记过、记大过为较轻的行政处分，降级、撤职、开除为较重的行政处分。处罚机关可视其情节轻重，给予处分；同时有两种以上需要给予处分的行为的，应当分别确定其处分。

第六章 附 则

第四十三条 本条例自 2008 年 10 月 1 日起施行。

【释义】本条是关于本条例生效时间的规定。

一、关于生效时间

法律生效时间，即法律的时间效力，是指法律从何时起开始生效、到何时终止效力以及法律生效后有无溯及力的问题。

法律生效时间是一部法律产生并在调整社会关系中发挥作用的标志，如果没有生效时间的规定，社会公众将不知所从，法律也难以执行。因此，本条例明确规定了具体生效日期，即 2008 年 10 月 1 日，从该日起产生法律效力。

二、关于溯及力的问题

溯及力，又称溯及既往的效力，是指法律生效以后能否适用于生效以前的行为，如果适用，就表明具有溯及力，如果不能适用，就表明没有溯及力。我国法律的原则是“法不溯及既往”，如果法律条文中对此没有明确规定，一般是没有溯及力的。本条例没有关于有无溯及力问题的规定，就表明本条例没有溯及力，即对其施行以前的事件和行为，不能依据本条例的规定进行处理，只能依据本条例施行以前的相关规定进行处理。

三、有关部门应当做好实施本条例的准备工作

为了确保本条例在正式施行前，各相关部门能够做好组织、思想、业务等方面的充分准备，本条例规定：“本条例自 2008 年 10 月 1 日起施行。”本条例自 2008 年 8 月 1 日公布之日起到 2008 年 10 月 1 日生效之日止，其间，有关部门、地方和公共机构应当做好本条例施行的准备工作。一是建立、健全节能管理机构。本条例规定：“国务院和县级以上地方各级人民政府管理机关事务工作的机构在同级管理节能工作的部门指导下，负责本级公共机构节能的监督管理工作。”但由于各地方情况不同，有的尚未设立管理机关事务工作的专门机构，自本条例公布之后，各地方人民政府应抓紧建立相关机构，完善职能，切实抓好本级公共机构节能监督管理工作。二是制定完善本条例规定的制度。本条例的执行，需要配套的规章制度进行具体化，才

能在生效后真正发挥法律效力。例如：公共机构要抓紧制定相关的节能目标考核评价制度；建立、健全节能管理的规章制度；国务院管理节能工作的部门应会同国务院有关部门制定能源审计办法等。三是制定本条例规定的配套措施。只有配套措施落实到位，节能工作才能抓出实效。例如：公共机构要采取必要的技术手段实行能源消费计量，设置能源管理岗位，实行岗位责任制；相关部门要根据职能分工抓紧制定能源消耗定额及支出标准。四是有关部门应当做好本条例的宣传工作。要在全国范围内的公共机构进行广泛的宣传教育，使各部门、各地方及全体公共机构工作人员都增强节能工作的法制观念，以便更好地在本条例生效后守法、执法。五是各级人民政府管理机关事务工作的机构以及本条例规定的相关主管部门应当重点开展针对本条例的学习和培训，使节能工作的具体监督、管理和执法人员熟悉本条例规定的制度和具体内容，为正式实施创造良好的条件。2008 年 10 月 1 日本条例生效后，一切公共机构和工作人员都要严格遵守本条例，依法行政，照章办事，维护本条例的权威和尊严。

第三部分

相关的法律、法规、行政规章及规范性文件

相关法律及行政法规

中华人民共和国节约能源法

（1997年11月1日第八届全国人民代表大会常务委员会第二十八次会议通过
2007年10月28日第十届全国人民代表大会常务委员会第三十次会议修订）

中华人民共和国主席令

第77号

《中华人民共和国节约能源法》已由中华人民共和国第十届全国人民代表大会常务委员会第三十次会议于2007年10月28日修订通过，现将修订后的《中华人民共和国节约能源法》公布，自2008年4月1日起施行。

中华人民共和国主席　胡锦涛

二〇〇七年十月二十八日

第一章　总 则

第一条　为了推动全社会节约能源，提高能源利用效率，保护和改善环境，促进经济社会全面协调可持续发展，制定本法。

第二条　本法所称能源，是指煤炭、石油、天然气、生物质能和电力、热力以及其他直接或者通过加工、转换而取得有用能的各种资源。

第三条　本法所称节约能源（以下简称节能），是指加强用能管理，采取技术上可行、经济上合理以及环境和社会可以承受的措施，从能源生产到消费的各个环节，降低消耗、减少损失和污染物排放、制止浪费，有效、合理地利用能源。

第四条　节约资源是我国的基本国策。国家实施节约与开发并举、把节约放在首位的能源发展战略。

第五条 国务院和县级以上地方各级人民政府应当将节能工作纳入国民经济和社会发展规划、年度计划，并组织编制和实施节能中长期专项规划、年度节能计划。

国务院和县级以上地方各级人民政府每年向本级人民代表大会或者其常务委员会报告节能工作。

第六条 国家实行节能目标责任制和节能考核评价制度，将节能目标完成情况作为对地方人民政府及其负责人考核评价的内容。

省、自治区、直辖市人民政府每年向国务院报告节能目标责任的履行情况。

第七条 国家实行有利于节能和环境保护的产业政策，限制发展高耗能、高污染行业，发展节能环保型产业。

国务院和省、自治区、直辖市人民政府应当加强节能工作，合理调整产业结构、企业结构、产品结构和能源消费结构，推动企业降低单位产值能耗和单位产品能耗，淘汰落后的生产能力，改进能源的开发、加工、转换、输送、储存和供应，提高能源利用效率。

国家鼓励、支持开发和利用新能源、可再生能源。

第八条 国家鼓励、支持节能科学技术的研究、开发、示范和推广，促进节能技术创新与进步。

国家开展节能宣传和教育，将节能知识纳入国民教育和培训体系，普及节能科学知识，增强全民的节能意识，提倡节约型的消费方式。

第九条 任何单位和个人都应当依法履行节能义务，有权检举浪费能源的行为。

新闻媒体应当宣传节能法律、法规和政策，发挥舆论监督作用。

第十条 国务院管理节能工作的部门主管全国的节能监督管理工作。国务院有关部门在各自的职责范围内负责节能监督管理工作，并接受国务院管理节能工作的部门的指导。

县级以上地方各级人民政府管理节能工作的部门负责本行政区域内的节能监督管理工作。县级以上地方各级人民政府有关部门在各自的职责范围内负责节能监督管理工作，并接受同级管理节能工作的部门的指导。

第二章 节能管理

第十一条 国务院和县级以上地方各级人民政府应当加强对节能工作的领导，部署、协调、监督、检查、推动节能工作。

第十二条 县级以上人民政府管理节能工作的部门和有关部门应当在各自的职责范围内，加强对节能法律、法规和节能标准执行情况的监督检查，依法查处违法用能行为。

履行节能监督管理职责不得向监督管理对象收取费用。

第十三条 国务院标准化主管部门和国务院有关部门依法组织制定并适时修订有关节能的国家标准、行业标准，建立健全节能标准体系。

国务院标准化主管部门会同国务院管理节能工作的部门和国务院有关部门制定强制性的用能产品、设备能源效率标准和生产过程中耗能高的产品的单位产品能耗限额标准。

国家鼓励企业制定严于国家标准、行业标准的企业节能标准。

省、自治区、直辖市制定严于强制性国家标准、行业标准的地方节能标准，由省、自治区、直辖市人民政府报经国务院批准；本法另有规定的除外。

第十四条 建筑节能的国家标准、行业标准由国务院建设主管部门组织制定，并依照法定程序发布。

省、自治区、直辖市人民政府建设主管部门可以根据本地实际情况，制定严于国家标准或者行业标准的地方建筑节能标准，并报国务院标准化主管部门和国务院建设主管部门备案。

第十五条 国家实行固定资产投资项目节能评估和审查制度。不符合强制性节能标准的项目，依法负责项目审批或者核准的机关不得批准或者核准建设；建设单位不得开工建设；已经建成的，不得投入生产、使用。具体办法由国务院管理节能工作的部门会同国务院有关部门制定。

第十六条 国家对落后的耗能过高的用能产品、设备和生产工艺实行淘汰制度。淘汰的用能产品、设备、生产工艺的目录和实施办法，由国务院管理节能工作的部门会同国务院有关部门制定并公布。

生产过程中耗能高的产品的生产单位，应当执行单位产品能耗限额标准。对超过单位产品能耗限额标准用能的生产单位，由管理节能工作的部门按照国务院规定的权限责令限期治理。

对高耗能的特种设备，按照国务院的规定实行节能审查和监管。

第十七条 禁止生产、进口、销售国家明令淘汰或者不符合强制性能源效率标准的用能产品、设备；禁止使用国家明令淘汰的用能设备、生产工艺。

第十八条 国家对家用电器等使用面广、耗能量大的用能产品，实行能源效率标识管理。实行能源效率标识管理的产品目录和实施办法，由国务院管理节能工作的部门会同国务院产品质量监督部门制定并公布。

第十九条 生产者和进口商应当对列入国家能源效率标识管理产品目录的用能产品标注能源效率标识，在产品包装物上或者说明书中予以说明，并按照规定报国务院产品质量监督部门和国务院管理节能工作的部门共同授权的机构备案。

生产者和进口商应当对其标注的能源效率标识及相关信息的准确性负责。禁止销售应当标注而未标注能源效率标识的产品。

禁止伪造、冒用能源效率标识或者利用能源效率标识进行虚假宣传。

第二十条　用能产品的生产者、销售者，可以根据自愿原则，按照国家有关节能产品认证的规定，向经国务院认证认可监督管理部门认可的从事节能产品认证的机构提出节能产品认证申请；经认证合格后，取得节能产品认证证书，可以在用能产品或者其包装物上使用节能产品认证标志。

禁止使用伪造的节能产品认证标志或者冒用节能产品认证标志。

第二十一条　县级以上各级人民政府统计部门应当会同同级有关部门，建立健全能源统计制度，完善能源统计指标体系，改进和规范能源统计方法，确保能源统计数据真实、完整。

国务院统计部门会同国务院管理节能工作的部门，定期向社会公布各省、自治区、直辖市以及主要耗能行业的能源消费和节能情况等信息。

第二十二条　国家鼓励节能服务机构的发展，支持节能服务机构开展节能咨询、设计、评估、检测、审计、认证等服务。

国家支持节能服务机构开展节能知识宣传和节能技术培训，提供节能信息、节能示范和其他公益性节能服务。

第二十三条　国家鼓励行业协会在行业节能规划、节能标准的制定和实施、节能技术推广、能源消费统计、节能宣传培训和信息咨询等方面发挥作用。

第三章　合理使用与节约能源

第一节　一般规定

第二十四条　用能单位应当按照合理用能的原则，加强节能管理，制定并实施节能计划和节能技术措施，降低能源消耗。

第二十五条　用能单位应当建立节能目标责任制，对节能工作取得成绩的集体、个人给予奖励。

第二十六条　用能单位应当定期开展节能教育和岗位节能培训。

第二十七条　用能单位应当加强能源计量管理，按照规定配备和使用经依法检定合格的能源计量器具。

用能单位应当建立能源消费统计和能源利用状况分析制度，对各类能源的消费实行分类计量和统计，并确保能源消费统计数据真实、完整。

第二十八条　能源生产经营单位不得向本单位职工无偿提供能源。任何单位不得对能源消费实行包费制。

第二节　工业节能

第二十九条　国务院和省、自治区、直辖市人民政府推进能源资源优化开发利用和合理配置，推进有利于节能的行业结构调整，优化用能结构和企业布局。

第三十条　国务院管理节能工作的部门会同国务院有关部门制定电力、钢铁、有色金属、建材、石油加工、化工、煤炭等主要耗能行业的节能技术政策，推动企业节能技术改造。

第三十一条　国家鼓励工业企业采用高效、节能的电动机、锅炉、窑炉、风机、泵类等设备，采用热电联产、余热余压利用、洁净煤以及先进的用能监测和控制等技术。

第三十二条　电网企业应当按照国务院有关部门制定的节能发电调度管理的规定，安排清洁、高效和符合规定的热电联产、利用余热余压发电的机组以及其他符合资源综合利用规定的发电机组与电网并网运行，上网电价执行国家有关规定。

第三十三条　禁止新建不符合国家规定的燃煤发电机组、燃油发电机组和燃煤热电机组。

第三节　建筑节能

第三十四条　国务院建设主管部门负责全国建筑节能的监督管理工作。

县级以上地方各级人民政府建设主管部门负责本行政区域内建筑节能的监督管理工作。

县级以上地方各级人民政府建设主管部门会同同级管理节能工作的部门编制本行政区域内的建筑节能规划。建筑节能规划应当包括既有建筑节能改造计划。

第三十五条　建筑工程的建设、设计、施工和监理单位应当遵守建筑节能标准。

不符合建筑节能标准的建筑工程，建设主管部门不得批准开工建设；已经开工建设的，应当责令停止施工、限期改正；已经建成的，不得销售或者使用。

建设主管部门应当加强对在建建筑工程执行建筑节能标准情况的监督检查。

第三十六条　房地产开发企业在销售房屋时，应当向购买人明示所售房屋的节能措施、保温工程保修期等信息，在房屋买卖合同、质量保证书和使用说明书中载明，并对其真实性、准确性负责。

第三十七条　使用空调采暖、制冷的公共建筑应当实行室内温度控制制度。具体办法由国务院建设主管部门制定。

第三十八条　国家采取措施，对实行集中供热的建筑分步骤实行供热分户计量、按照用热量收费的制度。新建建筑或者对既有建筑进行节能改造，应当按照规定安装用热计量装置、室内温度调控装置和供热系统调控装置。具体办法由国务院建设主管部门会同国务院有关部门制定。

第三十九条 县级以上地方各级人民政府有关部门应当加强城市节约用电管理，严格控制公用设施和大型建筑物装饰性景观照明的能耗。

第四十条 国家鼓励在新建建筑和既有建筑节能改造中使用新型墙体材料等节能建筑材料和节能设备，安装和使用太阳能等可再生能源利用系统。

第四节 交通运输节能

第四十一条 国务院有关交通运输主管部门按照各自的职责负责全国交通运输相关领域的节能监督管理工作。

国务院有关交通运输主管部门会同国务院管理节能工作的部门分别制定相关领域的节能规划。

第四十二条 国务院及其有关部门指导、促进各种交通运输方式协调发展和有效衔接，优化交通运输结构，建设节能型综合交通运输体系。

第四十三条 县级以上地方各级人民政府应当优先发展公共交通，加大对公共交通的投入，完善公共交通服务体系，鼓励利用公共交通工具出行；鼓励使用非机动交通工具出行。

第四十四条 国务院有关交通运输主管部门应当加强交通运输组织管理，引导道路、水路、航空运输企业提高运输组织化程度和集约化水平，提高能源利用效率。

第四十五条 国家鼓励开发、生产、使用节能环保型汽车、摩托车、铁路机车车辆、船舶和其他交通运输工具，实行老旧交通运输工具的报废、更新制度。

国家鼓励开发和推广应用交通运输工具使用的清洁燃料、石油替代燃料。

第四十六条 国务院有关部门制定交通运输营运车船的燃料消耗量限值标准；不符合标准的，不得用于营运。

国务院有关交通运输主管部门应当加强对交通运输营运车船燃料消耗检测的监督管理。

第五节 公共机构节能

第四十七条 公共机构应当厉行节约，杜绝浪费，带头使用节能产品、设备，提高能源利用效率。

本法所称公共机构，是指全部或者部分使用财政性资金的国家机关、事业单位和团体组织。

第四十八条 国务院和县级以上地方各级人民政府管理机关事务工作的机构会同同级有关部门制定和组织实施本级公共机构节能规划。公共机构节能规划应当包括公共机构既有建筑节能改造计划。

第四十九条 公共机构应当制定年度节能目标和实施方案，加强能源消费计量和监测管理，向本级人民政府管理机关事务工作的机构报送上年度的能源消费状况报告。

国务院和县级以上地方各级人民政府管理机关事务工作的机构会同同级有关部门按照管理权限，制定本级公共机构的能源消耗定额，财政部门根据该定额制定能源消耗支出标准。

第五十条 公共机构应当加强本单位用能系统管理，保证用能系统的运行符合国家相关标准。

公共机构应当按照规定进行能源审计，并根据能源审计结果采取提高能源利用效率的措施。

第五十一条 公共机构采购用能产品、设备，应当优先采购列入节能产品、设备政府采购名录中的产品、设备。禁止采购国家明令淘汰的用能产品、设备。

节能产品、设备政府采购名录由省级以上人民政府的政府采购监督管理部门会同同级有关部门制定并公布。

第六节 重点用能单位节能

第五十二条 国家加强对重点用能单位的节能管理。

下列用能单位为重点用能单位：

（一）年综合能源消费总量一万吨标准煤以上的用能单位；

（二）国务院有关部门或者省、自治区、直辖市人民政府管理节能工作的部门指定的年综合能源消费总量五千吨以上不满一万吨标准煤的用能单位。

重点用能单位节能管理办法，由国务院管理节能工作的部门会同国务院有关部门制定。

第五十三条 重点用能单位应当每年向管理节能工作的部门报送上年度的能源利用状况报告。能源利用状况包括能源消费情况、能源利用效率、节能目标完成情况和节能效益分析、节能措施等内容。

第五十四条 管理节能工作的部门应当对重点用能单位报送的能源利用状况报告进行审查。对节能管理制度不健全、节能措施不落实、能源利用效率低的重点用能单位，管理节能工作的部门应当开展现场调查，组织实施用能设备能源效率检测，责令实施能源审计，并提出书面整改要求，限期整改。

第五十五条 重点用能单位应当设立能源管理岗位，在具有节能专业知识、实际经验以及中级以上技术职称的人员中聘任能源管理负责人，并报管理节能工作的部门和有关部门备案。

能源管理负责人负责组织对本单位用能状况进行分析、评价，组织编写本单位能源利用状况报告，提出本单位节能工作的改进措施并组织实施。

能源管理负责人应当接受节能培训。

第四章　节能技术进步

第五十六条　国务院管理节能工作的部门会同国务院科技主管部门发布节能技术政策大纲，指导节能技术研究、开发和推广应用。

第五十七条　县级以上各级人民政府应当把节能技术研究开发作为政府科技投入的重点领域，支持科研单位和企业开展节能技术应用研究，制定节能标准，开发节能共性和关键技术，促进节能技术创新与成果转化。

第五十八条　国务院管理节能工作的部门会同国务院有关部门制定并公布节能技术、节能产品的推广目录，引导用能单位和个人使用先进的节能技术、节能产品。

国务院管理节能工作的部门会同国务院有关部门组织实施重大节能科研项目、节能示范项目、重点节能工程。

第五十九条　县级以上各级人民政府应当按照因地制宜、多能互补、综合利用、讲求效益的原则，加强农业和农村节能工作，增加对农业和农村节能技术、节能产品推广应用的资金投入。

农业、科技等有关主管部门应当支持、推广在农业生产、农产品加工储运等方面应用节能技术和节能产品，鼓励更新和淘汰高耗能的农业机械和渔业船舶。

国家鼓励、支持在农村大力发展沼气，推广生物质能、太阳能和风能等可再生能源利用技术，按照科学规划、有序开发的原则发展小型水力发电，推广节能型的农村住宅和炉灶等，鼓励利用非耕地种植能源植物，大力发展薪炭林等能源林。

第五章　激励措施

第六十条　中央财政和省级地方财政安排节能专项资金，支持节能技术研究开发、节能技术和产品的示范与推广、重点节能工程的实施、节能宣传培训、信息服务和表彰奖励等。

第六十一条　国家对生产、使用列入本法第五十八条规定的推广目录的需要支持的节能技术、节能产品，实行税收优惠等扶持政策。

国家通过财政补贴支持节能照明器具等节能产品的推广和使用。

第六十二条　国家实行有利于节约能源资源的税收政策，健全能源矿产资源有偿使用制度，促进能源资源的节约及其开采利用水平的提高。

第六十三条 国家运用税收等政策，鼓励先进节能技术、设备的进口，控制在生产过程中耗能高、污染重的产品的出口。

第六十四条 政府采购监督管理部门会同有关部门制定节能产品、设备政府采购名录，应当优先列入取得节能产品认证证书的产品、设备。

第六十五条 国家引导金融机构增加对节能项目的信贷支持，为符合条件的节能技术研究开发、节能产品生产以及节能技术改造等项目提供优惠贷款。

国家推动和引导社会有关方面加大对节能的资金投入，加快节能技术改造。

第六十六条 国家实行有利于节能的价格政策，引导用能单位和个人节能。

国家运用财税、价格等政策，支持推广电力需求侧管理、合同能源管理、节能自愿协议等节能办法。

国家实行峰谷分时电价、季节性电价、可中断负荷电价制度，鼓励电力用户合理调整用电负荷；对钢铁、有色金属、建材、化工和其他主要耗能行业的企业，分淘汰、限制、允许和鼓励类实行差别电价政策。

第六十七条 各级人民政府对在节能管理、节能科学技术研究和推广应用中有显著成绩以及检举严重浪费能源行为的单位和个人，给予表彰和奖励。

第六章　法律责任

第六十八条 负责审批或者核准固定资产投资项目的机关违反本法规定，对不符合强制性节能标准的项目予以批准或者核准建设的，对直接负责的主管人员和其他直接责任人员依法给予处分。

固定资产投资项目建设单位开工建设不符合强制性节能标准的项目或者将该项目投入生产、使用的，由管理节能工作的部门责令停止建设或者停止生产、使用，限期改造；不能改造或者逾期不改造的生产性项目，由管理节能工作的部门报请本级人民政府按照国务院规定的权限责令关闭。

第六十九条 生产、进口、销售国家明令淘汰的用能产品、设备的，使用伪造的节能产品认证标志或者冒用节能产品认证标志的，依照《中华人民共和国产品质量法》的规定处罚。

第七十条 生产、进口、销售不符合强制性能源效率标准的用能产品、设备的，由产品质量监督部门责令停止生产、进口、销售，没收违法生产、进口、销售的用能产品、设备和违法所得，并处违法所得一倍以上五倍以下罚款；情节严重的，由工商行政管理部门吊销营业执照。

第七十一条 使用国家明令淘汰的用能设备或者生产工艺的，由管理节能工作的部门责令停止使用，没收国家明令淘汰的用能设备；情节严重的，可以由管理节能工作的部门提出意见，报请本级人民政府按照国务院规定的权限责令停业整顿或者关闭。

第七十二条　生产单位超过单位产品能耗限额标准用能，情节严重，经限期治理逾期不治理或者没有达到治理要求的，可以由管理节能工作的部门提出意见，报请本级人民政府按照国务院规定的权限责令停业整顿或者关闭。

第七十三条　违反本法规定，应当标注能源效率标识而未标注的，由产品质量监督部门责令改正，处三万元以上五万元以下罚款。

违反本法规定，未办理能源效率标识备案，或者使用的能源效率标识不符合规定的，由产品质量监督部门责令限期改正；逾期不改正的，处一万元以上三万元以下罚款。

伪造、冒用能源效率标识或者利用能源效率标识进行虚假宣传的，由产品质量监督部门责令改正，处五万元以上十万元以下罚款；情节严重的，由工商行政管理部门吊销营业执照。

第七十四条　用能单位未按照规定配备、使用能源计量器具的，由产品质量监督部门责令限期改正；逾期不改正的，处一万元以上五万元以下罚款。

第七十五条　瞒报、伪造、篡改能源统计资料或者编造虚假能源统计数据的，依照《中华人民共和国统计法》的规定处罚。

第七十六条　从事节能咨询、设计、评估、检测、审计、认证等服务的机构提供虚假信息的，由管理节能工作的部门责令改正，没收违法所得，并处五万元以上十万元以下罚款。

第七十七条　违反本法规定，无偿向本单位职工提供能源或者对能源消费实行包费制的，由管理节能工作的部门责令限期改正；逾期不改正的，处五万元以上二十万元以下罚款。

第七十八条　电网企业未按照本法规定安排符合规定的热电联产和利用余热余压发电的机组与电网并网运行，或者未执行国家有关上网电价规定的，由国家电力监管机构责令改正；造成发电企业经济损失的，依法承担赔偿责任。

第七十九条　建设单位违反建筑节能标准的，由建设主管部门责令改正，处二十万元以上五十万元以下罚款。

设计单位、施工单位、监理单位违反建筑节能标准的，由建设主管部门责令改正，处十万元以上五十万元以下罚款；情节严重的，由颁发资质证书的部门降低资质等级或者吊销资质证书；造成损失的，依法承担赔偿责任。

第八十条　房地产开发企业违反本法规定，在销售房屋时未向购买人明示所售房屋的节能措施、保温工程保修期等信息的，由建设主管部门责令限期改正，逾期不改正的，处三万元以上五万元以下罚款；对以上信息作虚假宣传的，由建设主管部门责令改正，处五万元以上二十万元以下罚款。

第八十一条 公共机构采购用能产品、设备，未优先采购列入节能产品、设备政府采购名录中的产品、设备，或者采购国家明令淘汰的用能产品、设备的，由政府采购监督管理部门给予警告，可以并处罚款；对直接负责的主管人员和其他直接责任人员依法给予处分，并予通报。

第八十二条 重点用能单位未按照本法规定报送能源利用状况报告或者报告内容不实的，由管理节能工作的部门责令限期改正；逾期不改正的，处一万元以上五万元以下罚款。

第八十三条 重点用能单位无正当理由拒不落实本法第五十四条规定的整改要求或者整改没有达到要求的，由管理节能工作的部门处十万元以上三十万元以下罚款。

第八十四条 重点用能单位未按照本法规定设立能源管理岗位，聘任能源管理负责人，并报管理节能工作的部门和有关部门备案的，由管理节能工作的部门责令改正；拒不改正的，处一万元以上三万元以下罚款。

第八十五条 违反本法规定，构成犯罪的，依法追究刑事责任。

第八十六条 国家工作人员在节能管理工作中滥用职权、玩忽职守、徇私舞弊，构成犯罪的，依法追究刑事责任；尚不构成犯罪的，依法给予处分。

第七章 附则

第八十七条 本法自2008年4月1日起施行。

中华人民共和国可再生能源法

（2005年2月28日第十届全国人民代表大会常务委员会第十四次会议通过
2005年2月28日中华人民共和国主席令第33号公布
自2006年1月1日起施行）

中华人民共和国主席令

第33号

《中华人民共和国可再生能源法》已由中华人民共和国第十届全国人民代表大会常务委员会第十四次会议于2005年2月28日通过，现予公布，自2006年1月1日起施行。

中华人民共和国主席　胡锦涛

二〇〇五年二月二十八日

第一章　总　则

第一条　为了促进可再生能源的开发利用，增加能源供应，改善能源结构，保障能源安全，保护环境，实现经济社会的可持续发展，制定本法。

第二条　本法所称可再生能源，是指风能、太阳能、水能、生物质能、地热能、海洋能等非化石能源。

水力发电对本法的适用，由国务院能源主管部门规定，报国务院批准。

通过低效率炉灶直接燃烧方式利用秸秆、薪柴、粪便等，不适用本法。

第三条　本法适用于中华人民共和国领域和管辖的其他海域。

第四条　国家将可再生能源的开发利用列为能源发展的优先领域，通过制定可再生能源开发利用总量目标和采取相应措施，推动可再生能源市场的建立和发展。

国家鼓励各种所有制经济主体参与可再生能源的开发利用，依法保护可再生能源开发利用者的合法权益。

第五条 国务院能源主管部门对全国可再生能源的开发利用实施统一管理。国务院有关部门在各自的职责范围内负责有关的可再生能源开发利用管理工作。

县级以上地方人民政府管理能源工作的部门负责本行政区域内可再生能源开发利用的管理工作。县级以上地方人民政府有关部门在各自的职责范围内负责有关的可再生能源开发利用管理工作。

第二章 资源调查与发展规划

第六条 国务院能源主管部门负责组织和协调全国可再生能源资源的调查，并会同国务院有关部门组织制定资源调查的技术规范。

国务院有关部门在各自的职责范围内负责相关可再生能源资源的调查，调查结果报国务院能源主管部门汇总。

可再生能源资源的调查结果应当公布；但是，国家规定需要保密的内容除外。

第七条 国务院能源主管部门根据全国能源需求与可再生能源资源实际状况，制定全国可再生能源开发利用中长期总量目标，报国务院批准后执行，并予公布。

国务院能源主管部门根据前款规定的总量目标和省、自治区、直辖市经济发展与可再生能源资源实际状况，会同省、自治区、直辖市人民政府确定各行政区域可再生能源开发利用中长期目标，并予公布。

第八条 国务院能源主管部门根据全国可再生能源开发利用中长期总量目标，会同国务院有关部门，编制全国可再生能源开发利用规划，报国务院批准后实施。

省、自治区、直辖市人民政府管理能源工作的部门根据本行政区域可再生能源开发利用中长期目标，会同本级人民政府有关部门编制本行政区域可再生能源开发利用规划，报本级人民政府批准后实施。

经批准的规划应当公布；但是，国家规定需要保密的内容除外。

经批准的规划需要修改的，须经原批准机关批准。

第九条 编制可再生能源开发利用规划，应当征求有关单位、专家和公众的意见，进行科学论证。

第三章 产业指导与技术支持

第十条 国务院能源主管部门根据全国可再生能源开发利用规划，制定、公布可再生能源产业发展指导目录。

第十一条　国务院标准化行政主管部门应当制定、公布国家可再生能源电力的并网技术标准和其他需要在全国范围内统一技术要求的有关可再生能源技术和产品的国家标准。

对前款规定的国家标准中未作规定的技术要求，国务院有关部门可以制定相关的行业标准，并报国务院标准化行政主管部门备案。

第十二条　国家将可再生能源开发利用的科学技术研究和产业化发展列为科技发展与高技术产业发展的优先领域，纳入国家科技发展规划和高技术产业发展规划，并安排资金支持可再生能源开发利用的科学技术研究、应用示范和产业化发展，促进可再生能源开发利用的技术进步，降低可再生能源产品的生产成本，提高产品质量。

国务院教育行政部门应当将可再生能源知识和技术纳入普通教育、职业教育课程。

第四章　推广与应用

第十三条　国家鼓励和支持可再生能源并网发电。

建设可再生能源并网发电项目，应当依照法律和国务院的规定取得行政许可或者报送备案。

建设应当取得行政许可的可再生能源并网发电项目，有多人申请同一项目许可的，应当依法通过招标确定被许可人。

第十四条　电网企业应当与依法取得行政许可或者报送备案的可再生能源发电企业签订并网协议，全额收购其电网覆盖范围内可再生能源并网发电项目的上网电量，并为可再生能源发电提供上网服务。

第十五条　国家扶持在电网未覆盖的地区建设可再生能源独立电力系统，为当地生产和生活提供电力服务。

第十六条　国家鼓励清洁、高效地开发利用生物质燃料，鼓励发展能源作物。

利用生物质资源生产的燃气和热力，符合城市燃气管网、热力管网的入网技术标准的，经营燃气管网、热力管网的企业应当接收其入网。

国家鼓励生产和利用生物液体燃料。石油销售企业应当按照国务院能源主管部门或者省级人民政府的规定，将符合国家标准的生物液体燃料纳入其燃料销售体系。

第十七条　国家鼓励单位和个人安装和使用太阳能热水系统、太阳能供热采暖和制冷系统、太阳能光伏发电系统等太阳能利用系统。

国务院建设行政主管部门会同国务院有关部门制定太阳能利用系统与建筑结合

的技术经济政策和技术规范。

房地产开发企业应当根据前款规定的技术规范，在建筑物的设计和施工中，为太阳能利用提供必备条件。

对已建成的建筑物，住户可以在不影响其质量与安全的前提下安装符合技术规范和产品标准的太阳能利用系统；但是，当事人另有约定的除外。

第十八条 国家鼓励和支持农村地区的可再生能源开发利用。

县级以上地方人民政府管理能源工作的部门会同有关部门，根据当地经济社会发展、生态保护和卫生综合治理需要等实际情况，制定农村地区可再生能源发展规划，因地制宜地推广应用沼气等生物质资源转化、户用太阳能、小型风能、小型水能等技术。

县级以上人民政府应当对农村地区的可再生能源利用项目提供财政支持。

第五章 价格管理与费用分摊

第十九条 可再生能源发电项目的上网电价，由国务院价格主管部门根据不同类型可再生能源发电的特点和不同地区的情况，按照有利于促进可再生能源开发利用和经济合理的原则确定，并根据可再生能源开发利用技术的发展适时调整。上网电价应当公布。

依照本法第十三条第三款规定实行招标的可再生能源发电项目的上网电价，按照中标确定的价格执行；但是，不得高于依照前款规定确定的同类可再生能源发电项目的上网电价水平。

第二十条 电网企业依照本法第十九条规定确定的上网电价收购可再生能源电量所发生的费用，高于按照常规能源发电平均上网电价计算所发生费用之间的差额，附加在销售电价中分摊。具体办法由国务院价格主管部门制定。

第二十一条 电网企业为收购可再生能源电量而支付的合理的接网费用以及其他合理的相关费用，可以计入电网企业输电成本，并从销售电价中回收。

第二十二条 国家投资或者补贴建设的公共可再生能源独立电力系统的销售电价，执行同一地区分类销售电价，其合理的运行和管理费用超出销售电价的部分，依照本法第二十条规定的办法分摊。

第二十三条 进入城市管网的可再生能源热力和燃气的价格，按照有利于促进可再生能源开发利用和经济合理的原则，根据价格管理权限确定。

第六章 经济激励与监督措施

第二十四条 国家财政设立可再生能源发展专项资金，用于支持以下活动：

（一）可再生能源开发利用的科学技术研究、标准制定和示范工程；

（二）农村、牧区生活用能的可再生能源利用项目；

（三）偏远地区和海岛可再生能源独立电力系统建设；

（四）可再生能源的资源勘查、评价和相关信息系统建设；

（五）促进可再生能源开发利用设备的本地化生产。

第二十五条 对列入国家可再生能源产业发展指导目录、符合信贷条件的可再生能源开发利用项目，金融机构可以提供有财政贴息的优惠贷款。

第二十六条 国家对列入可再生能源产业发展指导目录的项目给予税收优惠。具体办法由国务院规定。

第二十七条 电力企业应当真实、完整地记载和保存可再生能源发电的有关资料，并接受电力监管机构的检查和监督。

电力监管机构进行检查时，应当依照规定的程序进行，并为被检查单位保守商业秘密和其他秘密。

第七章 法律责任

第二十八条 国务院能源主管部门和县级以上地方人民政府管理能源工作的部门和其他有关部门在可再生能源开发利用监督管理工作中，违反本法规定，有下列行为之一的，由本级人民政府或者上级人民政府有关部门责令改正，对负有责任的主管人员和其他直接责任人员依法给予行政处分；构成犯罪的，依法追究刑事责任：

（一）不依法作出行政许可决定的；

（二）发现违法行为不予查处的；

（三）有不依法履行监督管理职责的其他行为的。

第二十九条 违反本法第十四条规定，电网企业未全额收购可再生能源电量，造成可再生能源发电企业经济损失的，应当承担赔偿责任，并由国家电力监管机构责令限期改正；拒不改正的，处以可再生能源发电企业经济损失额一倍以下的罚款。

第三十条 违反本法第十六条第二款规定，经营燃气管网、热力管网的企业不准许符合入网技术标准的燃气、热力入网，造成燃气、热力生产企业经济损失的，应当承担赔偿责任，并由省级人民政府管理能源工作的部门责令限期改正；拒不改正的，处以燃气、热力生产企业经济损失额一倍以下的罚款。

第三十一条 违反本法第十六条第三款规定，石油销售企业未按照规定将符合国家标准的生物液体燃料纳入其燃料销售体系，造成生物液体燃料生产企业经济损失的，应当承担赔偿责任，并由国务院能源主管部门或者省级人民政府管理能源工作的部门责令限期改正；拒不改正的，处以生物液体燃料生产企业经济损失额一倍以下的罚款。

第八章 附 则

第三十二条 本法中下列用语的含义：

（一）生物质能，是指利用自然界的植物、粪便以及城乡有机废物转化成的能源。

（二）可再生能源独立电力系统，是指不与电网连接的单独运行的可再生能源电力系统。

（三）能源作物，是指经专门种植，用以提供能源原料的草本和木本植物。

（四）生物液体燃料，是指利用生物质资源生产的甲醇、乙醇和生物柴油等液体燃料。

第三十三条 本法自2006年1月1日起施行。

中华人民共和国政府采购法（节录）

（2002 年 6 月 29 日第九届全国人民代表大会常务委员会第二十八次会议通过
2002 年 6 月 29 日中华人民共和国主席令第 68 号公布
自 2003 年 1 月 1 日起施行）

……

第七条　政府采购实行集中采购和分散采购相结合。集中采购的范围由省级以上人民政府公布的集中采购目录确定。

属于中央预算的政府采购项目，其集中采购目录由国务院确定并公布；属于地方预算的政府采购项目，其集中采购目录由省、自治区、直辖市人民政府或者其授权的机构确定并公布。

纳入集中采购目录的政府采购项目，应当实行集中采购。

第八条　政府采购限额标准，属于中央预算的政府采购项目，由国务院确定并公布；属于地方预算的政府采购项目，由省、自治区、直辖市人民政府或者其授权的机构确定并公布。

第九条　政府采购应当有助于实现国家的经济和社会发展政策目标，包括保护环境，扶持不发达地区和少数民族地区，促进中小企业发展等。

第十条　政府采购应当采购本国货物、工程和服务。但有下列情形之一的除外：

（一）需要采购的货物、工程或者服务在中国境内无法获取或者无法以合理的商业条件获取的；

（二）为在中国境外使用而进行采购的；

（三）其他法律、行政法规另有规定的。

前款所称本国货物、工程和服务的界定，依照国务院有关规定执行。

第十一条　政府采购的信息应当在政府采购监督管理部门指定的媒体上及时向社会公开发布，但涉及商业秘密的除外。

……

第二十六条　政府采购采用以下方式：

（一）公开招标；
（二）邀请招标；
（三）竞争性谈判；
（四）单一来源采购；
（五）询价；
（六）国务院政府采购监督管理部门认定的其他采购方式。
公开招标应作为政府采购的主要采购方式。

第二十七条　采购人采购货物或者服务应当采用公开招标方式的，其具体数额标准，属于中央预算的政府采购项目，由国务院规定；属于地方预算的政府采购项目，由省、自治区、直辖市人民政府规定；因特殊情况需要采用公开招标以外的采购方式的，应当在采购活动开始前获得设区的市、自治州以上人民政府采购监督管理部门的批准。

第二十八条　采购人不得将应当以公开招标方式采购的货物或者服务化整为零或者以其他任何方式规避公开招标采购。

第二十九条　符合下列情形之一的货物或者服务，可以依照本法采用邀请招标方式采购：
（一）具有特殊性，只能从有限范围的供应商处采购的；
（二）采用公开招标方式的费用占政府采购项目总价值的比例过大的。

第三十条　符合下列情形之一的货物或者服务，可以依照本法采用竞争性谈判方式采购：
（一）招标后没有供应商投标或者没有合格标的或者重新招标未能成立的；
（二）技术复杂或者性质特殊，不能确定详细规格或者具体要求的；
（三）采用招标所需时间不能满足用户紧急需要的；
（四）不能事先计算出价格总额的。

第三十一条　符合下列情形之一的货物或者服务，可以依照本法采用单一来源方式采购：
（一）只能从唯一供应商处采购的；
（二）发生了不可预见的紧急情况不能从其他供应商处采购的；
（三）必须保证原有采购项目一致性或者服务配套的要求，需要继续从原供应商处添购，且添购资金总额不超过原合同采购金额百分之十的。

第三十二条　采购的货物规格、标准统一、现货货源充足且价格变化幅度小的政府采购项目，可以依照本法采用询价方式采购。

民用建筑节能条例

中华人民共和国国务院令

第 530 号

《民用建筑节能条例》已经 2008 年 7 月 23 日国务院第 18 次常务会议通过。现予公布，自 2008 年 10 月 1 日起施行。

总理　温家宝

二〇〇八年八月一日

第一章　总　则

第一条　为了加强民用建筑节能管理，降低民用建筑使用过程中的能源消耗，提高能源利用效率，制定本条例。

第二条　本条例所称民用建筑节能，是指在保证民用建筑使用功能和室内热环境质量的前提下，降低其使用过程中能源消耗的活动。

本条例所称民用建筑，是指居住建筑、国家机关办公建筑和商业、服务业、教育、卫生等其他公共建筑。

第三条　各级人民政府应当加强对民用建筑节能工作的领导，积极培育民用建筑节能服务市场，健全民用建筑节能服务体系，推动民用建筑节能技术的开发应用，做好民用建筑节能知识的宣传教育工作。

第四条　国家鼓励和扶持在新建建筑和既有建筑节能改造中采用太阳能、地热能等可再生能源。

在具备太阳能利用条件的地区，有关地方人民政府及其部门应当采取有效措施，鼓励和扶持单位、个人安装使用太阳能热水系统、照明系统、供热系统、采暖制冷系统等太阳能利用系统。

第五条 国务院建设主管部门负责全国民用建筑节能的监督管理工作。县级以上地方人民政府建设主管部门负责本行政区域民用建筑节能的监督管理工作。

县级以上人民政府有关部门应当依照本条例的规定以及本级人民政府规定的职责分工，负责民用建筑节能的有关工作。

第六条 国务院建设主管部门应当在国家节能中长期专项规划指导下，编制全国民用建筑节能规划，并与相关规划相衔接。

县级以上地方人民政府建设主管部门应当组织编制本行政区域的民用建筑节能规划，报本级人民政府批准后实施。

第七条 国家建立健全民用建筑节能标准体系。国家民用建筑节能标准由国务院建设主管部门负责组织制定，并依照法定程序发布。

国家鼓励制定、采用优于国家民用建筑节能标准的地方民用建筑节能标准。

第八条 县级以上人民政府应当安排民用建筑节能资金，用于支持民用建筑节能的科学技术研究和标准制定、既有建筑围护结构和供热系统的节能改造、可再生能源的应用，以及民用建筑节能示范工程、节能项目的推广。

政府引导金融机构对既有建筑节能改造、可再生能源的应用，以及民用建筑节能示范工程等项目提供支持。

民用建筑节能项目依法享受税收优惠。

第九条 国家积极推进供热体制改革，完善供热价格形成机制，鼓励发展集中供热，逐步实行按照用热量收费制度。

第十条 对在民用建筑节能工作中做出显著成绩的单位和个人，按照国家有关规定给予表彰和奖励。

第二章 新建建筑节能

第十一条 国家推广使用民用建筑节能的新技术、新工艺、新材料和新设备，限制使用或者禁止使用能源消耗高的技术、工艺、材料和设备。国务院节能工作主管部门、建设主管部门应当制定、公布并及时更新推广使用、限制使用、禁止使用目录。

国家限制进口或者禁止进口能源消耗高的技术、材料和设备。

建设单位、设计单位、施工单位不得在建筑活动中使用列入禁止使用目录的技术、工艺、材料和设备。

第十二条 编制城市详细规划、镇详细规划，应当按照民用建筑节能的要求，确定建筑的布局、形状和朝向。

城乡规划主管部门依法对民用建筑进行规划审查，应当就设计方案是否符合民用建筑节能强制性标准征求同级建设主管部门的意见；建设主管部门应当自收到征求意见材料之日起 10 日内提出意见。征求意见时间不计算在规划许可的期限内。

对不符合民用建筑节能强制性标准的，不得颁发建设工程规划许可证。

第十三条　施工图设计文件审查机构应当按照民用建筑节能强制性标准对施工图设计文件进行审查；经审查不符合民用建筑节能强制性标准的，县级以上地方人民政府建设主管部门不得颁发施工许可证。

第十四条　建设单位不得明示或者暗示设计单位、施工单位违反民用建筑节能强制性标准进行设计、施工，不得明示或者暗示施工单位使用不符合施工图设计文件要求的墙体材料、保温材料、门窗、采暖制冷系统和照明设备。

按照合同约定由建设单位采购墙体材料、保温材料、门窗、采暖制冷系统和照明设备的，建设单位应当保证其符合施工图设计文件要求。

第十五条　设计单位、施工单位、工程监理单位及其注册执业人员，应当按照民用建筑节能强制性标准进行设计、施工、监理。

第十六条　施工单位应当对进入施工现场的墙体材料、保温材料、门窗、采暖制冷系统和照明设备进行查验；不符合施工图设计文件要求的，不得使用。

工程监理单位发现施工单位不按照民用建筑节能强制性标准施工的，应当要求施工单位改正；施工单位拒不改正的，工程监理单位应当及时报告建设单位，并向有关主管部门报告。

墙体、屋面的保温工程施工时，监理工程师应当按照工程监理规范的要求，采取旁站、巡视和平行检验等形式实施监理。

未经监理工程师签字，墙体材料、保温材料、门窗、采暖制冷系统和照明设备不得在建筑上使用或者安装，施工单位不得进行下一道工序的施工。

第十七条　建设单位组织竣工验收，应当对民用建筑是否符合民用建筑节能强制性标准进行查验；对不符合民用建筑节能强制性标准的，不得出具竣工验收合格报告。

第十八条　实行集中供热的建筑应当安装供热系统调控装置、用热计量装置和室内温度调控装置；公共建筑还应当安装用电分项计量装置。居住建筑安装的用热计量装置应当满足分户计量的要求。

计量装置应当依法检定合格。

第十九条　建筑的公共走廊、楼梯等部位，应当安装、使用节能灯具和电气控制装置。

第二十条　对具备可再生能源利用条件的建筑，建设单位应当选择合适的可再生能源，用于采暖、制冷、照明和热水供应等；设计单位应当按照有关可再生能源利用的标准进行设计。

建设可再生能源利用设施，应当与建筑主体工程同步设计、同步施工、同步验收。

第二十一条 国家机关办公建筑和大型公共建筑的所有权人应当对建筑的能源利用效率进行测评和标识，并按照国家有关规定将测评结果予以公示，接受社会监督。

国家机关办公建筑应当安装、使用节能设备。

本条例所称大型公共建筑，是指单体建筑面积2万平方米以上的公共建筑。

第二十二条 房地产开发企业销售商品房，应当向购买人明示所售商品房的能源消耗指标、节能措施和保护要求、保温工程保修期等信息，并在商品房买卖合同和住宅质量保证书、住宅使用说明书中载明。

第二十三条 在正常使用条件下，保温工程的最低保修期限为 5 年。保温工程的保修期，自竣工验收合格之日起计算。

保温工程在保修范围和保修期内发生质量问题的，施工单位应当履行保修义务，并对造成的损失依法承担赔偿责任。

第三章 既有建筑节能

第二十四条 既有建筑节能改造应当根据当地经济、社会发展水平和地理气候条件等实际情况，有计划、分步骤地实施分类改造。

本条例所称既有建筑节能改造，是指对不符合民用建筑节能强制性标准的既有建筑的围护结构、供热系统、采暖制冷系统、照明设备和热水供应设施等实施节能改造的活动。

第二十五条 县级以上地方人民政府建设主管部门应当对本行政区域内既有建筑的建设年代、结构形式、用能系统、能源消耗指标、寿命周期等组织调查统计和分析，制定既有建筑节能改造计划，明确节能改造的目标、范围和要求，报本级人民政府批准后组织实施。

中央国家机关既有建筑的节能改造，由有关管理机关事务工作的机构制定节能改造计划，并组织实施。

第二十六条 国家机关办公建筑、政府投资和以政府投资为主的公共建筑的节能改造，应当制定节能改造方案，经充分论证，并按照国家有关规定办理相关审批手续方可进行。

各级人民政府及其有关部门、单位不得违反国家有关规定和标准，以节能改造的名义对前款规定的既有建筑进行扩建、改建。

第二十七条　居住建筑和本条例第二十六条规定以外的其他公共建筑不符合民用建筑节能强制性标准的，在尊重建筑所有权人意愿的基础上，可以结合扩建、改建，逐步实施节能改造。

第二十八条　实施既有建筑节能改造，应当符合民用建筑节能强制性标准，优先采用遮阳、改善通风等低成本改造措施。

既有建筑围护结构的改造和供热系统的改造，应当同步进行。

第二十九条　对实行集中供热的建筑进行节能改造，应当安装供热系统调控装置和用热计量装置；对公共建筑进行节能改造，还应当安装室内温度调控装置和用电分项计量装置。

第三十条　国家机关办公建筑的节能改造费用，由县级以上人民政府纳入本级财政预算。

居住建筑和教育、科学、文化、卫生、体育等公益事业使用的公共建筑节能改造费用，由政府、建筑所有权人共同负担。

国家鼓励社会资金投资既有建筑节能改造。

第四章　建筑用能系统运行节能

第三十一条　建筑所有权人或者使用权人应当保证建筑用能系统的正常运行，不得人为损坏建筑围护结构和用能系统。

国家机关办公建筑和大型公共建筑的所有权人或者使用权人应当建立健全民用建筑节能管理制度和操作规程，对建筑用能系统进行监测、维护，并定期将分项用电量报县级以上地方人民政府建设主管部门。

第三十二条　县级以上地方人民政府节能工作主管部门应当会同同级建设主管部门确定本行政区域内公共建筑重点用电单位及其年度用电限额。

县级以上地方人民政府建设主管部门应当对本行政区域内国家机关办公建筑和公共建筑用电情况进行调查统计和评价分析。国家机关办公建筑和大型公共建筑采暖、制冷、照明的能源消耗情况应当依照法律、行政法规和国家其他有关规定向社会公布。

国家机关办公建筑和公共建筑的所有权人或者使用权人应当对县级以上地方人民政府建设主管部门的调查统计工作予以配合。

第三十三条　供热单位应当建立健全相关制度，加强对专业技术人员的教育和培训。

供热单位应当改进技术装备，实施计量管理，并对供热系统进行监测、维护，提高供热系统的效率，保证供热系统的运行符合民用建筑节能强制性标准。

第三十四条 县级以上地方人民政府建设主管部门应当对本行政区域内供热单位的能源消耗情况进行调查统计和分析，并制定供热单位能源消耗指标；对超过能源消耗指标的，应当要求供热单位制定相应的改进措施，并监督实施。

第五章 法律责任

第三十五条 违反本条例规定，县级以上人民政府有关部门有下列行为之一的，对负有责任的主管人员和其他直接责任人员依法给予处分；构成犯罪的，依法追究刑事责任：

（一）对设计方案不符合民用建筑节能强制性标准的民用建筑项目颁发建设工程规划许可证的；

（二）对不符合民用建筑节能强制性标准的设计方案出具合格意见的；

（三）对施工图设计文件不符合民用建筑节能强制性标准的民用建筑项目颁发施工许可证的；

（四）不依法履行监督管理职责的其他行为。

第三十六条 违反本条例规定，各级人民政府及其有关部门、单位违反国家有关规定和标准，以节能改造的名义对既有建筑进行扩建、改建的，对负有责任的主管人员和其他直接责任人员，依法给予处分。

第三十七条 违反本条例规定，建设单位有下列行为之一的，由县级以上地方人民政府建设主管部门责令改正，处20万元以上50万元以下的罚款：

（一）明示或者暗示设计单位、施工单位违反民用建筑节能强制性标准进行设计、施工的；

（二）明示或者暗示施工单位使用不符合施工图设计文件要求的墙体材料、保温材料、门窗、采暖制冷系统和照明设备的；

（三）采购不符合施工图设计文件要求的墙体材料、保温材料、门窗、采暖制冷系统和照明设备的；

（四）使用列入禁止使用目录的技术、工艺、材料和设备的。

第三十八条 违反本条例规定，建设单位对不符合民用建筑节能强制性标准的民用建筑项目出具竣工验收合格报告的，由县级以上地方人民政府建设主管部门责令改正，处民用建筑项目合同价款 2%以上 4%以下的罚款；造成损失的，依法承担赔偿责任。

第三十九条 违反本条例规定，设计单位未按照民用建筑节能强制性标准进行设计，或者使用列入禁止使用目录的技术、工艺、材料和设备的，由县级以上地方人民政府建设主管部门责令改正，处 10 万元以上 30 万元以下的罚款；情节严重的，由颁发资质证书的部门责令停业整顿，降低资质等级或者吊销资质证书；造成损失的，依法承担赔偿责任。

第四十条 违反本条例规定，施工单位未按照民用建筑节能强制性标准进行施工的，由县级以上地方人民政府建设主管部门责令改正，处民用建筑项目合同价款 2%以上 4%以下的罚款；情节严重的，由颁发资质证书的部门责令停业整顿，降低资质等级或者吊销资质证书；造成损失的，依法承担赔偿责任。

第四十一条 违反本条例规定，施工单位有下列行为之一的，由县级以上地方人民政府建设主管部门责令改正，处 10 万元以上 20 万元以下的罚款；情节严重的，由颁发资质证书的部门责令停业整顿，降低资质等级或者吊销资质证书；造成损失的，依法承担赔偿责任：

（一）未对进入施工现场的墙体材料、保温材料、门窗、采暖制冷系统和照明设备进行查验的；

（二）使用不符合施工图设计文件要求的墙体材料、保温材料、门窗、采暖制冷系统和照明设备的；

（三）使用列入禁止使用目录的技术、工艺、材料和设备的。

第四十二条 违反本条例规定，工程监理单位有下列行为之一的，由县级以上地方人民政府建设主管部门责令限期改正；逾期未改正的，处 10 万元以上 30 万元以下的罚款；情节严重的，由颁发资质证书的部门责令停业整顿，降低资质等级或者吊销资质证书；造成损失的，依法承担赔偿责任：

（一）未按照民用建筑节能强制性标准实施监理的；

（二）墙体、屋面的保温工程施工时，未采取旁站、巡视和平行检验等形式实施监理的。

对不符合施工图设计文件要求的墙体材料、保温材料、门窗、采暖制冷系统和照明设备，按照符合施工图设计文件要求签字的，依照《建设工程质量管理条例》第六十七条的规定处罚。

第四十三条 违反本条例规定，房地产开发企业销售商品房，未向购买人明示所售商品房的能源消耗指标、节能措施和保护要求、保温工程保修期等信息，或者向购买人明示的所售商品房能源消耗指标与实际能源消耗不符的，依法承担民事责任；由县级以上地方人民政府建设主管部门责令限期改正；逾期未改正的，处交付使用的房屋销售总额 2%以下的罚款；情节严重的，由颁发资质证书的部门降低资质等级或者吊销资质证书。

第四十四条 违反本条例规定，注册执业人员未执行民用建筑节能强制性标准的，由县级以上人民政府建设主管部门责令停止执业 3 个月以上 1 年以下；情节严重的，由颁发资格证书的部门吊销执业资格证书，5 年内不予注册。

第六章　附　则

第四十五条　本条例自 2008 年 10 月 1 日起施行。

相关行政规章及规范性文件

综合类

国务院关于做好建设节约型社会近期重点工作的通知

国发［2005］21号

各省、自治区、直辖市人民政府，国务院各部委、各直属机构：

改革开放以来，特别是中央提出加快两个根本性转变以来，我国推进经济增长方式转变取得了积极进展，资源节约与综合利用取得一定成效。但总体上看，粗放型的经济增长方式尚未得到根本转变，与国际先进水平相比，仍存在资源消耗高、浪费大、环境污染严重等问题，随着经济的快速增长和人口的不断增加，我国淡水、土地、能源、矿产等资源不足的矛盾更加突出，环境压力日益增大。“十一五”是我国全面建设小康社会、加快推进社会主义现代化的关键时期，必须统筹协调经济社会发展与人口、资源、环境的关系，进一步转变经济增长方式，加快建设节约型社会，在生产、建设、流通、消费各领域节约资源，提高资源利用效率，减少损失浪费，以尽可能少的资源消耗，创造尽可能大的经济社会效益。

建设节约型社会的指导思想是，以邓小平理论和“三个代表”重要思想为指导，认真贯彻党的十六大和十六届三中、四中全会精神，树立和落实以人为本、全面协调可持续的科学发展观，坚持资源开发与节约并重，把节约放在首位的方针，紧紧围绕实现经济增长方式的根本性转变，以提高资源利用效率为核心，以节能、节水、节材、节地、资源综合利用和发展循环经济为重点，加快结构调整，推进技术进步，加强法制建设，完善政策措施，强化节约意识，尽快建立健全促进节约型社会建设的体制和机制，逐步形成节约型的增长方式和消费模式，以资源的高效和循环利用，促进经济社会可持续发展。为此，现就做好今明两年建设节约型社会重点工作通知如下：

一、加快建设节约型社会的重点工作

（一）大力推进能源节约。

1．落实《节能中长期专项规划》提出的十大重点节能工程。研究提出《十大重点节能工程实施方案》，明确主要目标、重点内容、保障措施、实施主体，以及分年度实施计划、国家支持的重点。2005 年启动节约和替代石油、热电联产、余热利用、建筑节能、政府机构节能、绿色照明、节能监测和技术服务体系建设等 7 项工程。

2．抓好重点耗能行业和企业节能。突出抓好钢铁、有色、煤炭、电力、石油石化、化工、建材等重点耗能行业和年耗能万吨标准煤以上企业节能，国家重点抓好 1 000 家高耗能企业，提出节能降耗目标和措施，加强跟踪和指导。

3．推进交通运输和农业机械节能。加快淘汰老旧汽车、船舶和落后农业机械。加快发展电气化铁路，实现以电代油。研究提出优先发展公共交通系统的具体措施。开发和推广清洁燃料汽车、节能农业机械。推动《乘用车燃料消耗量限值》国家标准的实施，从源头控制高耗油汽车的发展。按照国务院批准实施的试点工作方案，稳步推进车用乙醇汽油推广工作。

4．推动新建住宅和公共建筑节能。抓紧出台《关于新建居住建筑严格执行节能设计标准的通知》。贯彻实施《关于发展节能省地型住宅和公共建筑的指导意见》和《公共建筑节能设计标准》，新建建筑严格实施节能 50%的设计标准，推动北京、天津等少数大城市率先实施节能 65%的标准。深化北方地区供热体制改革，推动既有建筑节能改造。开展建筑节能关键技术和可再生能源建筑工程应用技术研发、集成和城市级工程示范，启动低能耗、超低能耗和绿色建筑示范工程。

5．引导商业和民用节能。推行空调、冰箱等产品强制性产品能效标识管理，扩大节能产品认证，促进高效节能产品的研发和推广，加快淘汰落后产品。在公用设施、宾馆商厦、居民住宅中推广采用高效节电照明产品。严格执行公共建筑夏季空调室内温度最低标准，在全社会倡导夏季用电高峰期间室内空调温度提高 1～2 摄氏度。在农村大力发展户用沼气和大中型畜禽养殖场沼气工程，推广省柴节煤灶。

6．开发利用可再生能源。推进大型水电、风电基地建设；在西部电网未覆盖地区发展小水电和太阳能发电，在东部沿海地区和有居民的海岛大力推进海洋可再生能源开发利用；在农村地区推广风能、太阳能利用。组织生物质能资源调查及生物质能技术示范和推广；研究制定可再生能源配额、价格管理等配套规章和实施措施。大力推进能源林基地建设和开发利用。

7．强化电力需求侧管理。落实电力需求侧管理及迎峰度夏工作的部署，加强以节电和提高用电效率为核心的需求侧管理，完善配套法规，制定有效的激励政策，推广典型经验，指导各地加大推行力度。

8．加快节能技术服务体系建设。推行合同能源管理和节能投资担保机制，为企业实施节能改造提供诊断、设计、融资、改造、运行、管理一条龙服务。

（二）深入开展节约用水。

1．推动节水型社会建设。认真研究提出关于开展节水型社会建设的指导性文件，适时召开全国节水型社会建设工作会议。继续开展全国节水型社会建设试点工作，重点抓好南水北调东中线受水区和宁夏节水型社会建设示范区建设。研究提出水资源宏观分配指标和微观取水定额指标，推进国家水权制度建设。

2．推进城市节水工作。积极开展节水产品研发，加大节水设备和器具的推广力度，指导各地加快供水管网改造，降低管网漏失率。推动公共建筑、生活小区、住宅节水和中水回用设施建设。推进污水处理及再生利用，加快城市供水和污水处理市场的改革。

3．推进农业节水。继续推进农业节水灌溉，推广农业节水灌溉设备应用，大力推进大中型灌区节水改造，积极开展农业末级渠系节水改造试点。在丘陵、山区和干旱地区积极开展雨水集蓄利用，支持农村水窖建设，推广旱作农业技术，发展旱作节水农业，扩大节水作物品种和种植面积。开展农村、集镇生态卫生旱厕试点。

4．推进节水技术改造和海水利用。推进高耗水行业节水技术改造、矿井水资源化利用。推进沿海缺水城市海水淡化和海水直接利用。

5．加强地下水资源管理。严格控制超采、滥采地下水。防治水污染，缓解水质性缺水。

（三）积极推进原材料节约。

1．加强重点行业原材料消耗管理。严格设计规范、生产规程、施工工艺等技术标准和材料消耗核算制度，推行产品生态设计和使用再生材料，减少损失浪费，提高原材料利用率。

2．延长材料使用寿命和节约木材。鼓励生产高强度和耐腐蚀金属材料，提高材料强度和使用寿命。加强木材节约代用，抓紧研究提出《关于加快推进木材节约和代用工作的意见》。

3．研究实施节约包装材料的政策措施。重点研究禁止过度包装的政策措施，2005年针对社会反映强烈的月饼等过度包装和搭售问题，从市场价格入手出台规范性意见。落实发展散装水泥的政策措施，从使用环节入手，进一步加大散装水泥推广力度。

（四）强化节约和集约利用土地。

1．实行严格的土地保护制度。修订和完善建设用地定额指标，完善土地使用市场准入制度。推进土地复垦。

2．开展农村集体建设用地整理试点。指导村镇按集约利用土地原则做好规划和建设，促进农村建设用地的节约集约利用。启动“沃土工程”，加强耕地质量建设，提高耕地集约利用水平。

3．研究提出节约集约用地的政策措施。重点研究提出城市建设节约利用和集约利用土地的政策措施，以及交通基础设施建设集约利用土地的意见。

4．进一步限制毁田烧砖。认真实施《国务院办公厅关于进一步推进墙体材料革新和推广节能建筑的通知》（国办发［2005］33 号），推动第二批城市禁止使用实心黏土砖。有关部门要适时联合召开“全国推进墙体材料革新和推广节能建筑工作电视电话会议”。

（五）加强资源综合利用。

1．推进废物综合利用。要以煤矿瓦斯利用为重点，推进共伴生矿产资源的综合开发利用。以粉煤灰、煤矸石、尾矿和冶金、化工废渣及有机废水综合利用为重点，推进工业废物综合利用。

2．做好再生资源回收利用工作。以再生金属、废旧轮胎、废旧家电及电子产品回收利用为重点，推进再生资源回收利用。推进生活垃圾和污泥资源化利用。

3．开展秸秆综合利用，推行农资节约。推广机械化秸秆还田技术以及秸秆气化、固化成型、发电、养畜技术。研究提出农户秸秆综合利用补偿政策，开展秸秆和粪便还田的农田保育示范工程。推广节肥、节药技术，提高化肥、农药利用率。鼓励并推广农膜回收利用。

二、加快节约资源的体制机制和法制建设

（一）加强规划指导和推进产业结构调整。把加快建设节约型社会作为编制国民经济和社会发展“十一五”规划及各类专项规划、区域规划和城市发展规划的重要指导原则。编制《节水型社会建设“十一五”规划》、《海水利用专项规划》、《全国节水灌溉规划》、《全国旱作节水农业发展规划》、《资源综合利用规划》、《可再生能源中长期发展规划》、《农村沼气工程建设规划》、《保护性耕作示范工程建设规划》。加快出台《产业结构调整暂行规定》和《产业结构调整指导目录》，明确鼓励类、限制类和淘汰类产业项目，促进有利于资源节约的产业项目发展，淘汰技术水平低、消耗大、污染严重的产业。

（二）健全节约资源的法律法规。抓紧制定和修订促进资源有效利用的法律法规。配合全国人大财经委研究提出《中华人民共和国节约能源法》修订建议，重点研究建立严格的节能管理制度、明确激励政策、规范执法主体、加大惩戒力度等。配合全国人大环资委研究提出《中华人民共和国循环经济促进法》。修订《取水许可制度实施办法》，起草《节约用水管理条例》。抓紧出台废旧家电回收处理管理条例，完善回收体系，建立生产者责任制。加强石油节约、建筑节能、墙体材料革新、包装

物和废旧轮胎回收等资源节约与综合利用法律法规建设，做好相关立法工作。

（三）完善资源节约标准。编制《2005—2007 年资源节约与综合利用标准发展计划》。制定风机、水泵、变压器、电动机等工业用能产品和家用电器、办公设备强制性能效标准，完善主要耗能行业节能设计规范。研究制定《轻型商用车燃料消耗量限值标准》。制定《绿色建筑技术导则》、《绿色建筑评价标准》、《建筑节能工程施工验收规范》。修订节水型城市考核标准和雨水利用标准，完善重点用水行业取水定额标准。加大农业节水灌溉设备国家标准的制修订和实施力度。制定和实施新的土地使用标准，建立土地集约利用评价和考核标准，完善村镇规划标准。研究提出重要矿产资源开发和综合利用行业标准，制定《矿山企业尾矿利用技术规范》。

（四）理顺资源性产品价格。加快资源性产品价格的市场化改革进程，逐步建立能够体现资源稀缺程度的价格形成机制。落实全国水价改革与节水工作电视电话会议精神，推进阶梯式水价制度和超计划、超定额用水加价收费方式。逐步推进农业水价改革试点，依法全面整顿农业供水末级渠系的水价秩序，取消水费计收中的搭车收费，制止截留挪用。加大实施峰谷分时、丰枯和季节性电价力度，扩大执行范围。对高耗能行业中国家淘汰类和限制类项目，继续实行差别电价。研究制定建立煤热价格联动机制的指导意见。改革天然气价格形成机制，理顺天然气与其他产品的比价关系。运用价格机制调控土地，提高土地使用效率。

（五）完善有利于节约资源的财税政策。研究制定鼓励生产、使用节能节水产品的税收政策，以及鼓励发展节能省地型建筑的经济政策。研究制定鼓励低油耗、小排量车辆的财税政策。调整高耗能产品进出口政策。积极研究财税体制改革，适时开征燃油税，完善消费税税制。加大公共财政对政府节约资源管理和政府机构节能改造的支持力度。逐步扩大节能、节水产品实施政府采购的范围。完善资源综合利用和废旧物资回收利用的税收优惠政策。在理顺现有收费和资金来源渠道的基础上，研究建立和完善资源开发与生态补偿机制。

（六）推进节约资源科学技术进步。国家科技计划继续加大对节约资源和循环经济关键技术的攻关力度，组织开发和示范有重大推广意义的共伴生矿产资源综合利用技术、节约和替代技术、能量梯级利用技术、废物综合利用技术、循环经济发展中延长产业链和相关产业链接技术、雨洪收集和苦咸水综合利用技术、高效节水灌溉技术和旱作节水农业技术、可回收利用材料和回收拆解技术、流程工业能源综合利用技术、重大机电产品节能降耗技术、绿色再制造技术以及可再生能源开发利用技术等，努力取得关键技术的重大突破。在中央预算内投资（含国债项目资金）中继续支持一批资源节约和循环经济重大项目，包括重大技术示范项目、重大资源节约技术开发和产业化项目等。贯彻实施《中国节水技术政策大纲》，修订《中国节能技术政策大纲》，编制重点行业发展循环经济先进适用技术目录。加大新技术、新产品、新材料推广应用力度。

（七）建立资源节约监督管理制度。建立高耗能、高耗水落后工艺、技术和设备强制淘汰制度。完善重点耗能产品和新建建筑市场准入制度，对达不到最低能效标准的产品，禁止生产、进口和销售；对公共建筑和民用建筑达不到建筑节能设计规范要求的，不准施工、验收备案、销售和使用；对矿山尾矿中资源品位严重超标的，要采取强制回收措施。在 2004 年有关部门联合开展资源节约专项检查的基础上，组织各地节能监察（监测）中心对年耗能万吨标准煤以上重点企业开展节能监督检查。对北方采暖地区、夏热冬冷和夏热冬暖地区建筑节能标准执行情况分别组织一次规模较大的专项检查。针对 2005 年 3 月 1 日起施行的强制性能效标识管理和 7 月 1 日起施行的《乘用车燃料消耗量限值》国家标准，组织全国性的国家监督抽查活动。继续开展禁止使用实心黏土砖专项检查。对检查中发现的各种浪费资源的做法和行为，要严肃查处。研究建立循环经济评价指标体系及相关统计制度。加强和完善能源、水资源以及节能、节水统计工作。

三、加强对资源节约工作的领导和协调

（一）切实加强组织领导。国家发展改革委、教育部、科技部、财政部、国土资源部、建设部、铁道部、交通部、水利部、农业部、商务部、国资委、税务总局、质检总局、环保总局、统计局、林业局、法制办、国管局、电监会、海洋局等有关部门要根据确定的建设节约型社会近期重点工作，按照职责分工，尽快制定具体政策措施，积极做好资源节约工作。为了加强各有关部门间的协调配合，由国家发展改革委负责做好组织协调，牵头建立由有关部门参加的部门协调机制，加强指导、协调和监督检查。组织实施资源节约的主要工作在地方，地方各级人民政府特别是省级人民政府要对本地区资源节约工作负责，切实加强对这项工作的组织领导，并建立相应协调机制，明确相关部门的责任和分工，大力推进资源节约工作。各地区、各部门在推进建设节约型社会工作中，要注重发挥人民团体和行业协会的作用。

（二）政府机构要带头节约。各级政府部门要从自身做起，带头厉行节约，在推动建设节约型社会中发挥表率作用。要制定《推动政府机构节能的实施意见》，建立政府机构能耗统计体系，明确能耗、水耗定额，重点抓好政府建筑物和采暖、空调、照明系统节能改造以及公务车节能。落实《节能产品政府采购实施意见》，推行政府机构节能采购，优先采购节能（节水）产品和节约办公用品，降低费用支出。各级政府在认真做好机关节约工作的同时，更要抓好全社会的节约工作。为此，要抓紧建立科学的政府绩效评估体系，进一步健全干部考核机制，将资源节约责任和实际效果纳入各级政府目标责任制和干部考核体系中。

（三）组织开展创建节约型社会活动。要研究制定《创建节约型社会实施方案》，

在“十一五”期间创建一批节约型城市、节约型政府机构、节约型企业、节约型社区，发挥示范作用，并探索出一条符合我国国情的资源节约的路子。要及时总结和推广节约型社会建设中的经验和典型。在冶金、有色、煤炭、电力、化工、建材、造纸、酿造等重点行业，在矿产资源综合利用、生物质能综合利用、废旧家电、废旧轮胎、废纸回收利用、绿色再制造等重点领域和产业园区及城市组织开展循环经济试点。通过试点探索发展循环经济的有效模式，确定发展循环经济的重大技术领域和重大项目领域，完善再生资源回收利用体系，提出按循环经济发展理念规划、建设、改造产业园区和建设节约型城市的思路。

（四）努力营造建设节约型社会的良好氛围。建设节约型社会涉及各行各业和千家万户，需要动员全社会的力量积极参与。2005 年要围绕“大力发展循环经济，加快建设节约型社会”这一主题，继续开展“资源节约行”活动。要组织新闻媒体采访，集中宣传节约资源的先进典型，揭露和曝光浪费资源、严重污染环境的行为和现象。要在工矿企业职工中开展“我为节约作贡献”活动，在中小学校开展“珍惜资源、从我做起”活动，在宾馆开展“争创绿色饭店”活动，在社区开展“创建绿色社区”活动，在中央国家机关开展“做节约表率”活动，在全国质量月开展“降废减损兴质量”活动。要认真组织好全国节能宣传周、全国城市节水宣传周以及世界水日、土地日、环境日等宣传活动，开展节水型社会建设公益广告和征文活动。同时，要加强建设节约型社会的研讨和交流，2005 年底在北京举办建设节约型社会展览会，择时组织开展节能节水和资源综合利用先进典型推广现场会及技术交流会。

各地区、各部门要从战略和全局的高度，充分认识建设节约型社会的重要意义，按照国务院的统一部署和建设节约型社会的各项工作安排，结合本地区、本部门实际，抓紧制订具体实施方案，精心组织，认真抓好落实，切实抓出成效。

二〇〇五年六月二十七日

国务院关于加强节能工作的决定

国发［2006］28号

各省、自治区、直辖市人民政府，国务院各部委、各直属机构：

为深入贯彻科学发展观，落实节约资源基本国策，调动社会各方面力量进一步加强节能工作，加快建设节约型社会，实现“十一五”规划纲要提出的节能目标，促进经济社会发展切实转入全面协调可持续发展的轨道，特作如下决定。

一、充分认识加强节能工作的重要性和紧迫性

（一）必须把节能摆在更加突出的战略位置。我国人口众多，能源资源相对不足，人均拥有量远低于世界平均水平。由于我国正处在工业化和城镇化加快发展阶段，能源消耗强度较高，消费规模不断扩大，特别是高投入、高消耗、高污染的粗放型经济增长方式，加剧了能源供求矛盾和环境污染状况。能源问题已经成为制约经济和社会发展的重要因素，要从战略和全局的高度，充分认识做好能源工作的重要性，高度重视能源安全，实现能源的可持续发展。解决我国能源问题，根本出路是坚持开发与节约并举、节约优先的方针，大力推进节能降耗，提高能源利用效率。节能是缓解能源约束，减轻环境压力，保障经济安全，实现全面建设小康社会目标和可持续发展的必然选择，体现了科学发展观的本质要求，是一项长期的战略任务，必须摆在更加突出的战略位置。

（二）必须把节能工作作为当前的紧迫任务。近几年，由于经济增长方式转变滞后、高耗能行业增长过快，单位国内生产总值能耗上升，特别是今年上半年，能源消耗增长仍然快于经济增长，节能工作面临更大压力，形势十分严峻。各地区、各部门要充分认识加强节能工作的紧迫性，增强忧患意识和危机意识，增强历史责任感和使命感。要把节能工作作为当前的一项紧迫任务，列入各级政府重要议事日程，切实下大力气，采取强有力措施，确保实现“十一五”能源节约的目标，促进国民经济又快又好地发展。

二、用科学发展观统领节能工作

（三）指导思想。以邓小平理论和“三个代表”重要思想为指导，全面贯彻科学发展观，落实节约资源基本国策，以提高能源利用效率为核心，以转变经济增长方式、调整经济结构、加快技术进步为根本，强化全社会的节能意识，建立严格的管理制度，实行有效的激励政策，充分发挥市场配置资源的基础性作用，调动市场主体节能的自觉性，加快构建节约型的生产方式和消费模式，以能源的高效利用促进经济社会可持续发展。

（四）基本原则。坚持节能与发展相互促进，节能是为了更好地发展，实现科学发展必须节能；坚持开发与节约并举，节能优先，效率为本；坚持把节能作为转变经济增长方式的主攻方向，从根本上改变高耗能、高污染的粗放型经济增长方式；坚持发挥市场机制作用与实施政府宏观调控相结合，努力营造有利于节能的体制环境、政策环境和市场环境；坚持源头控制与存量挖潜、依法管理与政策激励、突出重点与全面推进相结合。

（五）主要目标。到“十一五”期末，万元国内生产总值（按 2005 年价格计算）能耗下降到 0.98 吨标准煤，比“十五”期末降低 20%左右，平均年节能率为 4.4%。重点行业主要产品单位能耗总体达到或接近本世纪初国际先进水平。初步建立起与社会主义市场经济体制相适应的比较完善的节能法规和标准体系、政策保障体系、技术支撑体系、监督管理体系，形成市场主体自觉节能的机制。

三、加快构建节能型产业体系

（六）大力调整产业结构。各地区和有关部门要认真落实《国务院关于发布实施〈促进产业结构调整暂行规定〉的决定》（国发［2005］40 号）要求，推动产业结构优化升级，促进经济增长由主要依靠工业带动和数量扩张带动，向三次产业协同带动和优化升级带动转变，立足节约能源推动发展。合理规划产业和地区布局，避免由于决策失误造成能源浪费。

（七）推动服务业加快发展。充分发挥服务业能耗低、污染少的优势，努力提高服务业在国民经济中的比重。要以专业化分工和提高社会效率为重点，积极发展生产服务业；以满足人们需求和方便群众生活为中心，提升生活服务业。大中城市要优先发展服务业，有条件的大中城市要逐步形成以服务经济为主的产业结构。

（八）积极调整工业结构。严格控制新开工高耗能项目，把能耗标准作为项目核准和备案的强制性门槛，遏制高耗能行业过快增长。对企业搬迁改造严格能耗准入管理。加快淘汰落后生产能力、工艺、技术和设备，不按期淘汰的企业，地方各级人民政府及有关部门要依法责令其停产或予以关闭，依法吊销排污许可证和停止供电，属实行生产许可证管理的，依法吊销生产许可证。积极推进企业联合重组，提高产业集中度和规模效益。

（九）优化用能结构。大力发展高效清洁能源。逐步减少原煤直接使用，提高煤炭用于发电的比重，发展煤炭气化和液化，提高转换效率。引导企业和居民合理用电。大力发展风能、太阳能、生物质能、地热能、水能等可再生能源和替代能源。

四、着力抓好重点领域节能

（十）强化工业节能。突出抓好钢铁、有色金属、煤炭、电力、石油石化、化工、建材等重点耗能行业和年耗能 1 万吨标准煤以上企业的节能工作，组织实施千家企业节能行动，推动企业积极调整产品结构，加快节能技术改造，降低能源消耗。

（十一）推进建筑节能。大力发展节能省地型建筑，推动新建住宅和公共建筑严格实施节能 50%的设计标准，直辖市及有条件的地区要率先实施节能 65%的标准。推动既有建筑的节能改造。大力发展新型墙体材料。

（十二）加强交通运输节能。积极推进节能型综合交通运输体系建设，加快发展铁路和内河运输，优先发展公共交通和轨道交通，加快淘汰老旧铁路机车、汽车、船舶，鼓励发展节能环保型交通工具，开发和推广车用代用燃料和清洁燃料汽车。

（十三）引导商业和民用节能。在公用设施、宾馆商厦、写字楼、居民住宅中推广采用高效节能办公设备、家用电器、照明产品等。

（十四）抓好农村节能。加快淘汰和更新高耗能落后农业机械和渔船装备，加快农业提水排灌机电设施更新改造，大力发展农村户用沼气和大中型畜禽养殖场沼气工程，推广省柴节煤灶，因地制宜发展小水电、风能、太阳能以及农作物秸秆气化集中供气系统。

（十五）推动政府机构节能。各级政府部门和领导干部要从自身做起、厉行节约，在节能工作中发挥表率作用。重点抓好政府机构建筑物和采暖、空调、照明系统节能改造以及办公设备节能，采取措施大力推动政府节能采购，稳步推进公务车改革。

五、大力推进节能技术进步

（十六）加快先进节能技术、产品研发和推广应用。各级人民政府要把节能作为政府科技投入、推进高技术产业化的重点领域，支持科研单位和企业开发高效节能工艺、技术和产品，优先支持拥有自主知识产权的节能共性和关键技术示范，增强自主创新能力，解决技术瓶颈。采取多种方式加快高效节能产品的推广应用。有条件的地方可对达到超前性国家能效标准、经过认证的节能产品给予适当的财政支持，引导消费者使用。落实产品质量国家免检制度，鼓励高效节能产品生产企业做大做强。有关部门要制定和发布节能技术政策，组织行业共性技术的推广。

（十七）全面实施重点节能工程。有关部门和地方人民政府及有关单位要认真组织落实“十一五”规划纲要提出的燃煤工业锅炉（窑炉）改造、区域热电联产、余热余压利用、节约和替代石油、电机系统节能、能量系统优化、建筑节能、绿色照明、政府机构节能以及节能监测和技术服务体系建设等十大重点节能工程。发展改革委要督促各地区、各有关部门和有关单位抓紧落实相关政策措施，确保工程配套资金到位，同时要会同有关部门切实做好重点工程、重大项目实施情况的监督检查。

（十八）培育节能服务体系。有关部门要抓紧研究制定加快节能服务体系建设的指导意见，促进各级各类节能技术服务机构转换机制、创新模式、拓宽领域，增强服务能力，提高服务水平。加快推行合同能源管理，推进企业节能技术改造。

（十九）加强国际交流与合作。积极引进国外先进节能技术和管理经验，广泛开展与国际组织、金融机构及有关国家和地区在节能领域的合作。

六、加大节能监督管理力度

（二十）健全节能法律法规和标准体系。抓紧做好修订《中华人民共和国节约能源法》的有关工作，进一步严格节能管理制度，明确节能执法主体，强化政策激励，加大惩戒力度。研究制订有关节能的配套法规。加快组织制定和完善主要耗能行业能耗准入标准、节能设计规范，制定和完善主要工业耗能设备、机动车、建筑、家用电器、照明产品等能效标准以及公共建筑用能设备运行标准。各地区要研究制定本地区主要耗能产品和大型公共建筑单位能耗限额。

（二十一）加强规划指导。各地区、各有关部门要根据“十一五”规划纲要，把实现能耗降低的约束性目标作为本地区、本部门“十一五”规划和有关专项规划的重要内容，明确目标、任务和政策措施，认真制定和实施本地区和行业的节能规划。

（二十二）建立节能目标责任制和评价考核体系。发展改革委要将“十一五”规划纲要确定的单位国内生产总值能耗降低目标分解落实到各省、自治区、直辖市，省级人民政府要将目标逐级分解落实到各市、县以及重点耗能企业，实行严格的目标责任制。统计局、发展改革委等部门每年要定期公布各地区能源消耗情况；省级人民政府要建立本地区能耗公报制度。要将能耗指标纳入各地经济社会发展综合评价和年度考核体系，作为地方各级人民政府领导班子和领导干部任期内贯彻落实科学发展观的重要考核内容，作为国有大中型企业负责人经营业绩的重要考核内容，实行节能工作问责制。发展改革委要会同有关部门抓紧制定实施办法。

（二十三）建立固定资产投资项目节能评估和审查制度。有关部门和地方人民政府要对固定资产投资项目（含新建、改建、扩建项目）进行节能评估和审查。对未进行节能审查或未能通过节能审查的项目一律不得审批、核准，从源头杜绝能源的浪费。对擅自批准项目建设的，要依法依规追究直接责任人的责任。发展改革委要会同有关部门制定固定资产投资项目节能评估和审查的具体办法。

（二十四）强化重点耗能企业节能管理。重点耗能企业要建立严格的节能管理制度和有效的激励机制，进一步调动广大职工节能降耗的积极性。要强化基础工作，配备专职人员，将节能降耗的目标和责任落实到车间、班组和个人，并加强监督检查。有关部门和地方各级人民政府要加强对重点耗能企业节能情况的跟踪、指导和监督，定期公布重点企业能源利用状况。其中，对实施千家企业节能行动的高耗能企业，发展改革委要与各相关省级人民政府和有关中央企业签订节能目标责任书，强化节能目标责任和考核。

（二十五）完善能效标识和节能产品认证制度。加快实施强制性能效标识制度，扩大能效标识在家用电器、电动机、汽车和建筑上的应用，不断提高能效标识的社会认知度，引导社会消费行为，促进企业加快高效节能产品的研发。推动自愿性节能产品认证，规范认证行为，扩展认证范围，推动建立国际协调互认。

（二十六）加强电力需求侧和电力调度管理。充分发挥电力需求侧管理的综合优势，优化城市、企业用电方案，推广应用高效节能技术，推进能效电厂建设，提高电能使用效率。改进发电调度规则，优先安排清洁能源发电，对燃煤火电机组进行优化调度，限制能耗高、污染重的低效机组发电，实现电力节能、环保和经济调度。

（二十七）控制室内空调温度。所有公共建筑内的单位，包括国家机关、社会团体、企事业组织和个体工商户，除特定用途外，夏季室内空调温度设置不低于 26 摄氏度，冬季室内空调温度设置不高于 20 摄氏度。有关部门要据此修订完善公共建筑室内温度有关标准，并加强监督检查。

（二十八）加大节能监督检查力度。有关部门和地方各级人民政府要加大节能工作的监督检查力度，重点检查高耗能企业及公共设施的用能情况、固定资产投资项目节能评估和审查情况、禁止淘汰设备异地再用情况，以及产品能效标准和标识、建筑节能设计标准、行业设计规范执行等情况。达不到建筑节能标准的建筑物不准开工建设和销售。严禁生产、销售和使用国家明令淘汰的高耗能产品。要严厉打击报废机动车和船舶等违法交易活动。节能主管部门和质量技术监督部门要加大监督检查和处罚力度，对违法行为要公开曝光。

七、建立健全节能保障机制

（二十九）深化能源价格改革。加强和改进电价管理，建立成本约束机制；完善电力分时电价办法，引导用户合理用电、节约用电；扩大差别电价实施范围，抑制高耗能产业盲目扩张，促进结构调整。落实石油综合配套调价方案，理顺国内成品油价格。继续推进天然气价格改革，建立天然气与可替代能源的价格挂钩和动态调整机制。全面推进煤炭价格市场化改革。研究制定能耗超限额加价的政策。

（三十）加大政府对节能的支持力度。各级人民政府要对节能技术与产品推广、示范试点、宣传培训、信息服务和表彰奖励等工作给予支持，所需节能经费纳入各级人民政府财政预算。“十一五”期间，国家每年安排一定的资金，用于支持节能重大项目、示范项目及高效节能产品的推广。

（三十一）实行节能税收优惠政策。发展改革委要会同有关部门抓紧制定《节能产品目录》，对生产和使用列入《节能产品目录》的产品，财政部、税务总局要会同有关部门抓紧研究提出具体的税收优惠政策，报国务院审批。严格实施控制高耗能、高污染、资源性产品出口的政策措施。研究建立促进能源节约的燃油税收制度，以及控制高耗能加工贸易和抑制不合理能源消费的有关税收政策。抓紧研究并适时实施不同种类能源矿产资源计税方法改革方案。根据资源条件和市场变化情况，适当提高有关资源税征收标准。

（三十二）拓宽节能融资渠道。各类金融机构要切实加大对节能项目的信贷支持力度，推动和引导社会各方面加强对节能的资金投入。要鼓励企业通过市场直接融资，加快进行节能降耗技术改造。

（三十三）推进城镇供热体制改革。加快城镇供热商品化、货币化，将采暖补贴由“暗补”变“明补”，加强供热计量，推进按用热量计量收费制度。完善供热价格形成机制，有关部门要抓紧研究制定建筑供热采暖按热量收费的政策，培育有利于节能的供热市场。

（三十四）实行节能奖励制度。各地区、各部门对在节能管理、节能科学技术研究和推广工作中做出显著成绩的单位及个人要给予表彰和奖励。能源生产经营单位和用能单位要制定科学合理的节能奖励办法，结合本单位的实际情况，对节能工作中作出贡献的集体、个人给予表彰和奖励，节能奖励计入工资总额。

八、加强节能管理队伍建设和基础工作

（三十五）加强节能管理队伍建设。各级人民政府要加强节能管理队伍建设，充实节能管理力量，完善节能监督体系，强化对本行政区域内节能工作的监督管理和日常监察（监测）工作，依法开展节能执法和监察（监测）。在整合现有相关机构的基础上，组建国家节能中心，开展政策研究、固定资产投资项目节能评估、技术推广、宣传培训、信息咨询、国际交流与合作等工作。

（三十六）加强能源统计和计量管理。各级人民政府要为统计部门依法行使节能统计调查、统计执法和数据发布等提供必要的工作保障。各级统计部门要切实加强能源统计，充实必要的人员，完善统计制度，改进统计方法，建立能够反映各地区能耗水平、节能目标责任和评价考核制度的节能统计体系。要强化对单位国内（地区）生产总值能耗指标的审核，确保统计数据准确、及时。各级质量技术监督部门

要督促企业合理配备能源计量器具，加强能源计量管理。

（三十七）加大节能宣传、教育和培训力度。新闻出版、广播影视、文化等部门和有关社会团体要组织开展形式多样的节能宣传活动，广泛宣传我国的能源形势和节能的重要意义，弘扬节能先进典型，曝光浪费行为，引导合理消费。教育部门要将节能知识纳入基础教育、高等教育、职业教育培训体系。各级工会、共青团组织要重视和加强对广大职工特别是青年职工的节能教育，广泛开展节能合理化建议活动。有关行业协会要协助政府做好行业节能管理、技术推广、宣传培训、信息咨询和行业统计等工作。各级科协组织要围绕节能开展系列科普活动。要认真组织开展一年一度的全国节能宣传周活动，加强经常性的节能宣传和培训。要动员全社会节能，在全社会倡导健康、文明、节俭、适度的消费理念，用节约型的消费理念引导消费方式的变革。要大力倡导节约风尚，使节能成为每个公民的良好习惯和自觉行动。

九、加强组织领导

（三十八）切实加强节能工作的组织领导。各省、自治区、直辖市人民政府和各有关部门要按照本决定的精神，努力抓好落实。省级人民政府要对本地区节能工作负总责，把节能工作纳入政府重要议事日程，主要领导要亲自抓，并建立相应的协调机制，明确相关部门的责任和分工，确保责任到位、措施到位、投入到位。省级人民政府、国务院有关部门要在本决定下发后 2 个月内提出本地区、本行业节能工作实施方案报国务院；中央企业要在本决定下发后 2 个月内提出本企业节能工作实施方案，由国资委汇总报国务院。发展改革委要会同有关部门，加强指导和协调，认真监督检查本决定的贯彻执行情况，并向国务院报告。

二〇〇六年八月六日

国务院关于印发节能减排综合性工作方案的通知

国发［2007］15号

各省、自治区、直辖市人民政府，国务院各部委、各直属机构：

国务院同意发展改革委员会同有关部门制定的《节能减排综合性工作方案》（以下简称《方案》），现印发给你们，请结合本地区、本部门实际，认真贯彻执行。

一、充分认识节能减排工作的重要性和紧迫性

《中华人民共和国国民经济和社会发展第十一个五年规划纲要》提出了“十一五”期间单位国内生产总值能耗降低20%左右，主要污染物排放总量减少10%的约束性指标。这是贯彻落实科学发展观，构建社会主义和谐社会的重大举措；是建设资源节约型、环境友好型社会的必然选择；是推进经济结构调整，转变增长方式的必由之路；是提高人民生活质量，维护中华民族长远利益的必然要求。

当前，实现节能减排目标面临的形势十分严峻。去年以来，全国上下加强了节能减排工作，国务院发布了加强节能工作的决定，制定了促进节能减排的一系列政策措施，各地区、各部门相继做出了工作部署，节能减排工作取得了积极进展。但是，去年全国没有实现年初确定的节能降耗和污染减排的目标，加大了“十一五”后四年节能减排工作的难度。更为严峻的是，今年一季度，工业特别是高耗能、高污染行业增长过快，占全国工业能耗和二氧化硫排放近70%的电力、钢铁、有色、建材、石油加工、化工等六大行业增长20.6%，同比加快6.6个百分点。与此同时，各方面工作仍存在认识不到位、责任不明确、措施不配套、政策不完善、投入不落实、协调不得力等问题。这种状况如不及时扭转，不仅今年节能减排工作难以取得明显进展，“十一五”节能减排的总体目标也将难以实现。

我国经济快速增长，各项建设取得巨大成就，但也付出了巨大的资源和环境代价，经济发展与资源环境的矛盾日趋尖锐，群众对环境污染问题反应强烈。这种状

况与经济结构不合理、增长方式粗放直接相关。不加快调整经济结构、转变增长方式，资源支撑不住，环境容纳不下，社会承受不起，经济发展难以为继。只有坚持节约发展、清洁发展、安全发展，才能实现经济又好又快发展。同时，温室气体排放引起全球气候变暖，备受国际社会广泛关注。进一步加强节能减排工作，也是应对全球气候变化的迫切需要，是我们应该承担的责任。

各地区、各部门要充分认识节能减排的重要性和紧迫性，真正把思想和行动统一到中央关于节能减排的决策和部署上来。要把节能减排任务完成情况作为检验科学发展观是否落实的重要标准，作为检验经济发展是否"好"的重要标准，正确处理经济增长速度与节能减排的关系，真正把节能减排作为硬任务，使经济增长建立在节约能源资源和保护环境的基础上。要采取果断措施，集中力量，迎难而上，扎扎实实地开展工作，力争通过今明两年的努力，实现节能减排任务完成进度与"十一五"规划实施进度保持同步，为实现"十一五"节能减排目标打下坚实基础。

二、狠抓节能减排责任落实和执法监管

发挥政府主导作用。各级人民政府要充分认识到节能减排约束性指标是强化政府责任的指标，实现这个目标是政府对人民的庄严承诺，必须通过合理配置公共资源，有效运用经济、法律和行政手段，确保实现。当务之急，是要建立健全节能减排工作责任制和问责制，一级抓一级，层层抓落实，形成强有力的工作格局。地方各级人民政府对本行政区域节能减排负总责，政府主要领导是第一责任人。要在科学测算的基础上，把节能减排各项工作目标和任务逐级分解到各市（地）、县和重点企业。要强化政策措施的执行力，加强对节能减排工作进展情况的考核和监督，国务院有关部门定期公布各地节能减排指标完成情况，进行统一考核。要把节能减排作为当前宏观调控重点，作为调整经济结构，转变增长方式的突破口和重要抓手，坚决遏制高耗能、高污染产业过快增长，坚决压缩城市形象工程和党政机关办公楼等楼堂馆所建设规模，切实保证节能减排、保障民生等工作所需资金投入。要把节能减排指标完成情况纳入各地经济社会发展综合评价体系，作为政府领导干部综合考核评价和企业负责人业绩考核的重要内容，实行"一票否决"制。要加大执法和处罚力度，公开严肃查处一批严重违反国家节能管理和环境保护法律法规的典型案件，依法追究有关人员和领导者的责任，起到警醒教育作用，形成强大声势。省级人民政府每年要向国务院报告节能减排目标责任的履行情况。国务院每年向全国人民代表大会报告节能减排的进展情况，在"十一五"期末报告五年两个指标的总体完成情况。地方各级人民政府每年也要向同级人民代表大会报告节能减排工作，自觉接受监督。

强化企业主体责任。企业必须严格遵守节能和环保法律法规及标准，落实目标

责任，强化管理措施，自觉节能减排。对重点用能单位加强经常监督，凡与政府有关部门签订节能减排目标责任书的企业，必须确保完成目标；对没有完成节能减排任务的企业，强制实行能源审计和清洁生产审核。坚持"谁污染、谁治理"，对未按规定建设和运行污染减排设施的企业和单位，公开通报，限期整改，对恶意排污的行为实行重罚，追究领导和直接责任人员的责任，构成犯罪的依法移送司法机关。同时，要加强机关单位、公民等各类社会主体的责任，促使公民自觉履行节能和环保义务，形成以政府为主导、企业为主体、全社会共同推进的节能减排工作格局。

三、建立强有力的节能减排领导协调机制

为加强对节能减排工作的组织领导，国务院成立节能减排工作领导小组，温家宝总理任组长，曾培炎副总理任副组长，有关部门主要负责同志为领导小组成员。领导小组的主要任务是，部署节能减排工作，协调解决工作中的重大问题。领导小组办公室设在发展改革委，负责承担领导小组的日常工作，其中有关污染减排方面的工作由环保总局负责。地方各级人民政府也要切实加强对本地区节能减排工作的组织领导。

国务院有关部门要切实履行职责，密切协调配合，尽快制定相关配套政策措施和落实意见。各省级人民政府要立即部署本地区推进节能减排的工作，明确相关部门的责任、分工和进度要求。各地区、各部门和中央企业要在 2007 年 6 月 30 日前，提出本地区、本部门和本企业贯彻落实的具体方案报领导小组办公室汇总后报国务院。领导小组办公室要会同有关部门加强对节能减排工作的指导协调和监督检查，重大情况及时向国务院报告。

二〇〇七年五月二十三日

附件 1

节能减排综合性工作方案

一、进一步明确实现节能减排的目标任务和总体要求

（一）主要目标。到 2010 年，万元国内生产总值能耗由 2005 年的 1.22 吨标准煤下降到 1 吨标准煤以下，降低 20%左右；单位工业增加值用水量降低 30%。“十一五”期间，主要污染物排放总量减少 10%，到 2010 年，二氧化硫排放量由 2005 年的 2 549 万吨减少到 2 295 万吨，化学需氧量（COD）由 1 414 万吨减少到 1 273 万吨；全国设市城市污水处理率不低于 70%，工业固体废物综合利用率达到 60%以上。

（二）总体要求。以邓小平理论和“三个代表”重要思想为指导，全面贯彻落实科学发展观，加快建设资源节约型、环境友好型社会，把节能减排作为调整经济结构、转变增长方式的突破口和重要抓手，作为宏观调控的重要目标，综合运用经济、法律和必要的行政手段，控制增量、调整存量，依靠科技、加大投入，健全法制、完善政策，落实责任、强化监管，加强宣传、提高意识，突出重点、强力推进，动员全社会力量，扎实做好节能降耗和污染减排工作，确保实现节能减排约束性指标，推动经济社会又好又快发展。

二、控制增量，调整和优化结构

（三）控制高耗能、高污染行业过快增长。严格控制新建高耗能、高污染项目。严把土地、信贷两个闸门，提高节能环保市场准入门槛。抓紧建立新开工项目管理的部门联动机制和项目审批问责制，严格执行项目开工建设“六项必要条件”（必须符合产业政策和市场准入标准、项目审批核准或备案程序、用地预审、环境影响评价审批、节能评估审查以及信贷、安全和城市规划等规定和要求）。实行新开工项目报告和公开制度。建立高耗能、高污染行业新上项目与地方节能减排指标完成进度挂钩、与淘汰落后产能相结合的机制。落实限制高耗能、高污染产品出口的各项政策。继续运用调整出口退税、加征出口关税、削减出口配额、将部分产品列入加工贸易禁止类目录等措施，控制高耗能、高污染产品出口。加大差别电价实施力度，提高高耗能、高污染产品差别电价标准。组织对高耗能、高污染行业节能减排工作专项检查，清理和纠正各地在电价、地价、税费等方面对高耗能、高污染行业的优惠政策。

（四）加快淘汰落后生产能力。加大淘汰电力、钢铁、建材、电解铝、铁合金、电石、焦炭、煤炭、平板玻璃等行业落后产能的力度。“十一五”期间实现节能 1.18 亿吨标准煤，减排二氧化硫 240 万吨；今年实现节能 3 150 万吨标准煤，减排二氧化硫 40 万吨。加大造纸、酒精、味精、柠檬酸等行业落后生产能力淘汰力度，“十一五”期间实现减排化学需氧量（COD）138 万吨，今年实现减排 COD 62 万吨（详见附表）。制订淘汰落后产能分地区、分年度的具体工作方案，并认真组织实施。对不按期淘汰的企业，地方各级人民政府要依法予以关停，有关部门依法吊销生产许可证和排污许可证并予以公布，电力供应企业依法停止供电。对没有完成淘汰落后产能任务的地区，严格控制国家安排投资的项目，实行项目“区域限批”。国务院有关部门每年向社会公告淘汰落后产能的企业名单和各地执行情况。建立落后产能退出机制，有条件的地方要安排资金支持淘汰落后产能，中央财政通过增加转移支付，对经济欠发达地区给予适当补助和奖励。

（五）完善促进产业结构调整的政策措施。进一步落实促进产业结构调整暂行规定。修订《产业结构调整指导目录》，鼓励发展低能耗、低污染的先进生产能力。根据不同行业情况，适当提高建设项目在土地、环保、节能、技术、安全等方面的准入标准。尽快修订颁布《外商投资产业指导目录》，鼓励外商投资节能环保领域，严格限制高耗能、高污染外资项目，促进外商投资产业结构升级。调整《加工贸易禁止类商品目录》，提高加工贸易准入门槛，促进加工贸易转型升级。

（六）积极推进能源结构调整。大力发展可再生能源，抓紧制订出台可再生能源中长期规划，推进风能、太阳能、地热能、水电、沼气、生物质能利用以及可再生能源与建筑一体化的科研、开发和建设，加强资源调查评价。稳步发展替代能源，制订发展替代能源中长期规划，组织实施生物燃料乙醇及车用乙醇汽油发展专项规划，启动非粮生物燃料乙醇试点项目。实施生物化工、生物质能固体成型燃料等一批具有突破性带动作用的示范项目。抓紧开展生物柴油基础性研究和前期准备工作。推进煤炭直接和间接液化、煤基醇醚和烯烃代油大型台套示范工程和技术储备。大力推进煤炭洗选加工等清洁高效利用。

（七）促进服务业和高技术产业加快发展。落实《国务院关于加快发展服务业的若干意见》，抓紧制定实施配套政策措施，分解落实任务，完善组织协调机制。着力做强高技术产业，落实高技术产业发展“十一五”规划，完善促进高技术产业发展的政策措施。提高服务业和高技术产业在国民经济中的比重和水平。

三、加大投入，全面实施重点工程

（八）加快实施十大重点节能工程。着力抓好十大重点节能工程，“十一五”期间形成 2.4 亿吨标准煤的节能能力。今年形成 5 000 万吨标准煤节能能力，重点是：

实施钢铁、有色、石油石化、化工、建材等重点耗能行业余热余压利用、节约和替代石油、电机系统节能、能量系统优化，以及工业锅炉（窑炉）改造项目共 745 个；加快核准建设和改造采暖供热为主的热电联产和工业热电联产机组 1 630 万千瓦；组织实施低能耗、绿色建筑示范项目 30 个，推动北方采暖区既有居住建筑供热计量及节能改造 1.5 亿平方米，开展大型公共建筑节能运行管理与改造示范，启动 200 个可再生能源在建筑中规模化应用示范推广项目；推广高效照明产品 5 000 万只，中央国家机关率先更换节能灯。

（九）加快水污染治理工程建设。“十一五”期间新增城市污水日处理能力 4 500 万吨、再生水日利用能力 680 万吨，形成 COD 削减能力 300 万吨；今年设市城市新增污水日处理能力 1 200 万吨，再生水日利用能力 100 万吨，形成 COD 削减能力 60 万吨。加大工业废水治理力度，“十一五”形成 COD 削减能力 140 万吨。加快城市污水处理配套管网建设和改造。严格饮用水水源保护，加大污染防治力度。

（十）推动燃煤电厂二氧化硫治理。“十一五”期间投运脱硫机组 3.55 亿千瓦。其中，新建燃煤电厂同步投运脱硫机组 1.88 亿千瓦；现有燃煤电厂投运脱硫机组 1.67 亿千瓦，形成削减二氧化硫能力 590 万吨。今年现有燃煤电厂投运脱硫设施 3 500 万千瓦，形成削减二氧化硫能力 123 万吨。

（十一）多渠道筹措节能减排资金。十大重点节能工程所需资金主要靠企业自筹、金融机构贷款和社会资金投入，各级人民政府安排必要的引导资金予以支持。城市污水处理设施和配套管网建设的责任主体是地方政府，在实行城市污水处理费最低收费标准的前提下，国家对重点建设项目给予必要的支持。按照“谁污染、谁治理，谁投资、谁受益”的原则，促使企业承担污染治理责任，各级人民政府对重点流域内的工业废水治理项目给予必要的支持。

四、创新模式，加快发展循环经济

（十二）深化循环经济试点。认真总结循环经济第一批试点经验，启动第二批试点，支持一批重点项目建设。深入推进浙江、青岛等地废旧家电回收处理试点。继续推进汽车零部件和机械设备再制造试点。推动重点矿山和矿业城市资源节约和循环利用。组织编制钢铁、有色、煤炭、电力、化工、建材、制糖等重点行业循环经济推进计划。加快制订循环经济评价指标体系。

（十三）实施水资源节约利用。加快实施重点行业节水改造及矿井水利用重点项目。“十一五”期间实现重点行业节水 31 亿立方米，新增海水淡化能力 90 万立方米/日，新增矿井水利用量 26 亿立方米；今年实现重点行业节水 10 亿立方米，新增海水淡化能力 7 万立方米/日，新增矿井水利用量 5 亿立方米。在城市强制推广使用节水器具。

（十四）推进资源综合利用。落实《“十一五”资源综合利用指导意见》，推进共伴生矿产资源综合开发利用和煤层气、煤矸石、大宗工业废弃物、秸秆等农业废弃物综合利用。“十一五”期间建设煤矸石综合利用电厂 2 000 万千瓦，今年开工建设 500 万千瓦。推进再生资源回收体系建设试点。加强资源综合利用认定。推动新型墙体材料和利废建材产业化示范。修订发布新型墙体材料目录和专项基金管理办法。推进第二批城市禁止使用实心黏土砖，确保 2008 年底前 256 个城市完成“禁实”目标。

（十五）促进垃圾资源化利用。县级以上城市（含县城）要建立健全垃圾收集系统，全面推进城市生活垃圾分类体系建设，充分回收垃圾中的废旧资源，鼓励垃圾焚烧发电和供热、填埋气体发电，积极推进城乡垃圾无害化处理，实现垃圾减量化、资源化和无害化。

（十六）全面推进清洁生产。组织编制《工业清洁生产审核指南编制通则》，制订和发布重点行业清洁生产标准和评价指标体系。加大实施清洁生产审核力度。合理使用农药、肥料，减少农村面源污染。

五、依靠科技，加快技术开发和推广

（十七）加快节能减排技术研发。在国家重点基础研究发展计划、国家科技支撑计划和国家高技术发展计划等科技专项计划中，安排一批节能减排重大技术项目，攻克一批节能减排关键和共性技术。加快节能减排技术支撑平台建设，组建一批国家工程实验室和国家重点实验室。优化节能减排技术创新与转化的政策环境，加强资源环境高技术领域创新团队和研发基地建设，推动建立以企业为主体、产学研相结合的节能减排技术创新与成果转化体系。

（十八）加快节能减排技术产业化示范和推广。实施一批节能减排重点行业共性、关键技术及重大技术装备产业化示范项目和循环经济高技术产业化重大专项。落实节能、节水技术政策大纲，在钢铁、有色、煤炭、电力、石油石化、化工、建材、纺织、造纸、建筑等重点行业，推广一批潜力大、应用面广的重大节能减排技术。加强节电、节油农业机械和农产品加工设备及农业节水、节肥、节药技术推广。鼓励企业加大节能减排技术改造和技术创新投入，增强自主创新能力。

（十九）加快建立节能技术服务体系。制订出台《关于加快发展节能服务产业的指导意见》，促进节能服务产业发展。培育节能服务市场，加快推行合同能源管理，重点支持专业化节能服务公司为企业以及党政机关办公楼、公共设施和学校实施节能改造提供诊断、设计、融资、改造、运行管理一条龙服务。

（二十）推进环保产业健康发展。制订出台《加快环保产业发展的意见》，积极推进环境服务产业发展，研究提出推进污染治理市场化的政策措施，鼓励排污单位委托专业化公司承担污染治理或设施运营。

（二十一）加强国际交流合作。广泛开展节能减排国际科技合作，与有关国际组织和国家建立节能环保合作机制，积极引进国外先进节能环保技术和管理经验，不断拓宽节能环保国际合作的领域和范围。

六、强化责任，加强节能减排管理

（二十二）建立政府节能减排工作问责制。将节能减排指标完成情况纳入各地经济社会发展综合评价体系，作为政府领导干部综合考核评价和企业负责人业绩考核的重要内容，实行问责制和“一票否决”制。有关部门要抓紧制订具体的评价考核实施办法。

（二十三）建立和完善节能减排指标体系、监测体系和考核体系。对全部耗能单位和污染源进行调查摸底。建立健全涵盖全社会的能源生产、流通、消费、区域间流入流出及利用效率的统计指标体系和调查体系，实施全国和地区单位 GDP 能耗指标季度核算制度。建立并完善年耗能万吨标准煤以上企业能耗统计数据网上直报系统。加强能源统计巡查，对能源统计数据进行监测。制订并实施主要污染物排放统计和监测办法，改进统计方法，完善统计和监测制度。建立并完善污染物排放数据网上直报系统和减排措施调度制度，对国家监控重点污染源实施联网在线自动监控，构建污染物排放三级立体监测体系，向社会公告重点监控企业年度污染物排放数据。继续做好单位 GDP 能耗、主要污染物排放量和工业增加值用水量指标公报工作。

（二十四）建立健全项目节能评估审查和环境影响评价制度。加快建立项目节能评估和审查制度，组织编制《固定资产投资项目节能评估和审查指南》，加强对地方开展“能评”工作的指导和监督。把总量指标作为环评审批的前置性条件。上收部分高耗能、高污染行业环评审批权限。对超过总量指标、重点项目未达到目标责任要求的地区，暂停环评审批新增污染物排放的建设项目。强化环评审批向上级备案制度和向社会公布制度。加强“三同时”管理，严把项目验收关。对建设项目未经验收擅自投运、久拖不验、超期试生产等违法行为，严格依法进行处罚。

（二十五）强化重点企业节能减排管理。“十一五”期间全国千家重点耗能企业实现节能 1 亿吨标准煤，今年实现节能 2 000 万吨标准煤。加强对重点企业节能减排工作的检查和指导，进一步落实目标责任，完善节能减排计量和统计，组织开展节能减排设备检测，编制节能减排规划。重点耗能企业建立能源管理师制度。实行重点耗能企业能源审计和能源利用状况报告及公告制度，对未完成节能目标责任任务的企业，强制实行能源审计。今年要启动重点企业与国际国内同行业能耗先进水平对标活动，推动企业加大结构调整和技术改造力度，提高节能管理水平。中央企业全面推进创建资源节约型企业活动，推广典型经验和做法。

（二十六）加强节能环保发电调度和电力需求侧管理。制定并尽快实施有利于节能减排的发电调度办法，优先安排清洁、高效机组和资源综合利用发电，限制能耗高、污染重的低效机组发电。今年上半年启动试点，取得成效后向全国推广，力争节能 2 000 万吨标准煤，“十一五”期间形成 6 000 万吨标准煤的节能能力。研究推行发电权交易，逐年削减小火电机组发电上网小时数，实行按边际成本上网竞价。抓紧制定电力需求侧管理办法，规范有序用电，开展能效电厂试点，研究制定配套政策，建立长效机制。

（二十七）严格建筑节能管理。大力推广节能省地环保型建筑。强化新建建筑执行能耗限额标准全过程监督管理，实施建筑能效专项测评，对达不到标准的建筑，不得办理开工和竣工验收备案手续，不准销售使用；从 2008 年起，所有新建商品房销售时在买卖合同等文件中要载明耗能量、节能措施等信息。建立并完善大型公共建筑节能运行监管体系。深化供热体制改革，实行供热计量收费。今年着力抓好新建建筑施工阶段执行能耗限额标准的监管工作，北方地区地级以上城市完成采暖费补贴“暗补”变“明补”改革，在 25 个示范省市建立大型公共建筑能耗统计、能源审计、能效公示、能耗定额制度，实现节能 1 250 万吨标准煤。

（二十八）强化交通运输节能减排管理。优先发展城市公共交通，加快城市快速公交和轨道交通建设。控制高耗油、高污染机动车发展，严格执行乘用车、轻型商用车燃料消耗量限值标准，建立汽车产品燃料消耗量申报和公示制度；严格实施国家第三阶段机动车污染物排放标准和船舶污染物排放标准，有条件的地方要适当提高排放标准，继续实行财政补贴政策，加快老旧汽车报废更新。公布实施新能源汽车生产准入管理规则，推进替代能源汽车产业化。运用先进科技手段提高运输组织管理水平，促进各种运输方式的协调和有效衔接。

（二十九）加大实施能效标识和节能节水产品认证管理力度。加快实施强制性能效标识制度，扩大能效标识应用范围，今年发布《实行能效标识产品目录（第三批）》。加强对能效标识的监督管理，强化社会监督、举报和投诉处理机制，开展专项市场监督检查和抽查，严厉查处违法违规行为。推动节能、节水和环境标志产品认证，规范认证行为，扩展认证范围，在家用电器、照明等产品领域建立有效的国际协调互认制度。

（三十）加强节能环保管理能力建设。建立健全节能监管监察体制，整合现有资源，加快建立地方各级节能监察中心，抓紧组建国家节能中心。建立健全国家监察、地方监管、单位负责的污染减排监管体制。积极研究完善环保管理体制机制问题。加快各级环境监测和监察机构标准化、信息化体系建设。扩大国家重点监控污染企业实行环境监督员制度试点。加强节能监察、节能技术服务中心及环境监测站、环保监察机构、城市排水监测站的条件建设，适时更新监测设备和仪器，开展人员培训。加强节能减排统计能力建设，充实统计力量，适当加大投入。充分发挥行业协会、学会在节能减排工作中的作用。

七、健全法制，加大监督检查执法力度

（三十一）健全法律法规。加快完善节能减排法律法规体系，提高处罚标准，切实解决“违法成本低、守法成本高”的问题。积极推动节约能源法、循环经济法、水污染防治法、大气污染防治法等法律的制定及修订工作。加快民用建筑节能、废旧家用电器回收处理管理、固定资产投资项目节能评估和审查管理、环保设施运营监督管理、排污许可、畜禽养殖污染防治、城市排水和污水管理、电网调度管理等方面行政法规的制定及修订工作。抓紧完成节能监察管理、重点用能单位节能管理、节约用电管理、二氧化硫排污交易管理等方面行政规章的制定及修订工作。积极开展节约用水、废旧轮胎回收利用、包装物回收利用和汽车零部件再制造等方面立法准备工作。

（三十二）完善节能和环保标准。研究制订高耗能产品能耗限额强制性国家标准，各地区抓紧研究制订本地区主要耗能产品和大型公共建筑能耗限额标准。今年要组织制订粗钢、水泥、烧碱、火电、铝等22项高耗能产品能耗限额强制性国家标准（包括高耗电产品电耗限额标准）以及轻型商用车等 5 项交通工具燃料消耗量限值标准，制（修）订 36 项节水、节材、废弃产品回收与再利用等标准。组织制（修）订电力变压器、静电复印机、变频空调、商用冰柜、家用电冰箱等终端用能产品（设备）能效标准。制订重点耗能企业节能标准体系编制通则，指导和规范企业节能工作。

（三十三）加强烟气脱硫设施运行监管。燃煤电厂必须安装在线自动监控装置，建立脱硫设施运行台账，加强设施日常运行监管。2007 年底前，所有燃煤脱硫机组要与省级电网公司完成在线自动监控系统联网。对未按规定和要求运行脱硫设施的电厂要扣减脱硫电价，加大执法监管和处罚力度，并向社会公布。完善烟气脱硫技术规范，开展烟气脱硫工程后评估。组织开展烟气脱硫特许经营试点。

（三十四）强化城市污水处理厂和垃圾处理设施运行管理和监督。实行城市污水处理厂运行评估制度，将评估结果作为核拨污水处理费的重要依据。对列入国家重点环境监控的城市污水处理厂的运行情况及污染物排放信息实行向环保、建设和水行政主管部门季报制度，限期安装在线自动监控系统，并与环保和建设部门联网。对未按规定和要求运行污水处理厂和垃圾处理设施的城市公开通报，限期整改。对城市污水处理设施建设严重滞后、不落实收费政策、污水处理厂建成后一年内实际处理水量达不到设计能力 60%的，以及已建成污水处理设施但无故不运行的地区，暂缓审批该地区项目环评，暂缓下达有关项目的国家建设资金。

（三十五）严格节能减排执法监督检查。国务院有关部门和地方人民政府每年都

要组织开展节能减排专项检查和监察行动，严肃查处各类违法违规行为。加强对重点耗能企业和污染源的日常监督检查，对违反节能环保法律法规的单位公开曝光，依法查处，对重点案件挂牌督办。强化上市公司节能环保核查工作。开设节能环保违法行为和事件举报电话和网站，充分发挥社会公众监督作用。建立节能环保执法责任追究制度，对行政不作为、执法不力、徇私枉法、权钱交易等行为，依法追究有关主管部门和执法机构负责人的责任。

八、完善政策，形成激励和约束机制

（三十六）积极稳妥推进资源性产品价格改革。理顺煤炭价格成本构成机制。推进成品油、天然气价格改革。完善电力峰谷分时电价办法，降低小火电价格，实施有利于烟气脱硫的电价政策。鼓励可再生能源发电以及利用余热余压、煤矸石和城市垃圾发电，实行相应的电价政策。合理调整各类用水价格，加快推行阶梯式水价、超计划超定额用水加价制度，对国家产业政策明确的限制类、淘汰类高耗水企业实施惩罚性水价，制定支持再生水、海水淡化水、微咸水、矿井水、雨水开发利用的价格政策，加大水资源费征收力度。按照补偿治理成本原则，提高排污单位排污费征收标准，将二氧化硫排污费由目前的每千克 0.63 元分三年提高到每千克 1.26 元；各地根据实际情况提高 COD 排污费标准，国务院有关部门批准后实施。加强排污费征收管理，杜绝“协议收费”和“定额收费”。全面开征城市污水处理费并提高收费标准，吨水平均收费标准原则上不低于 0.8 元。提高垃圾处理收费标准，改进征收方式。

（三十七）完善促进节能减排的财政政策。各级人民政府在财政预算中安排一定资金，采用补助、奖励等方式，支持节能减排重点工程、高效节能产品和节能新机制推广、节能管理能力建设及污染减排监管体系建设等。进一步加大财政基本建设投资向节能环保项目的倾斜力度。健全矿产资源有偿使用制度，改进和完善资源开发生态补偿机制。开展跨流域生态补偿试点工作。继续加强和改进新型墙体材料专项基金和散装水泥专项资金征收管理。研究建立高能耗农业机械和渔船更新报废经济补偿制度。

（三十八）制定和完善鼓励节能减排的税收政策。抓紧制定节能、节水、资源综合利用和环保产品（设备、技术）目录及相应税收优惠政策。实行节能环保项目减免企业所得税及节能环保专用设备投资抵免企业所得税政策。对节能减排设备投资给予增值税进项税抵扣。完善对废旧物资、资源综合利用产品增值税优惠政策；对企业综合利用资源，生产符合国家产业政策规定的产品取得的收入，在计征企业所得税时实行减计收入的政策。实施鼓励节能环保型车船、节能省地环保型建筑和既有建筑节能改造的税收优惠政策。抓紧出台资源税改革方案，改进计征方式，提高税负水平。适时出台燃油税。研究开征环境税。研究促进新能源发展的税收政策。实行鼓励先进节能环保技术设备进口的税收优惠政策。

（三十九）加强节能环保领域金融服务。鼓励和引导金融机构加大对循环经济、环境保护及节能减排技术改造项目的信贷支持，优先为符合条件的节能减排项目、循环经济项目提供直接融资服务。研究建立环境污染责任保险制度。在国际金融组织和外国政府优惠贷款安排中进一步突出对节能减排项目的支持。环保部门与金融部门建立环境信息通报制度，将企业环境违法信息纳入人民银行企业征信系统。

九、加强宣传，提高全民节约意识

（四十）将节能减排宣传纳入重大主题宣传活动。每年制订节能减排宣传方案，主要新闻媒体在重要版面、重要时段进行系列报道，刊播节能减排公益性广告，广泛宣传节能减排的重要性、紧迫性以及国家采取的政策措施，宣传节能减排取得的阶段性成效，大力弘扬“节约光荣，浪费可耻”的社会风尚，提高全社会的节约环保意识。加强对外宣传，让国际社会了解中国在节能降耗、污染减排和应对全球气候变化等方面采取的重大举措及取得的成效，营造良好的国际舆论氛围。

（四十一）广泛深入持久开展节能减排宣传。组织好每年一度的全国节能宣传周、全国城市节水宣传周及世界环境日、地球日、水日宣传活动。组织企事业单位、机关、学校、社区等开展经常性的节能环保宣传，广泛开展节能环保科普宣传活动，把节约资源和保护环境观念渗透在各级各类学校的教育教学中，从小培养儿童的节约和环保意识。选择若干节能先进企业、机关、商厦、社区等，作为节能宣传教育基地，面向全社会开放。

（四十二）表彰奖励一批节能减排先进单位和个人。各级人民政府对在节能降耗和污染减排工作中作出突出贡献的单位和个人予以表彰和奖励。组织媒体宣传节能先进典型，揭露和曝光浪费能源资源、严重污染环境的反面典型。

十、政府带头，发挥节能表率作用

（四十三）政府机构率先垂范。建设崇尚节约、厉行节约、合理消费的机关文化。建立科学的政府机构节能目标责任和评价考核制度，制订并实施政府机构能耗定额标准，积极推进能源计量和监测，实施能耗公布制度，实行节奖超罚。教育、科学、文化、卫生、体育等系统，制订和实施适应本系统特点的节约能源资源工作方案。

（四十四）抓好政府机构办公设施和设备节能。各级政府机构分期分批完成政府办公楼空调系统低成本改造；开展办公区和住宅区供热节能技术改造和供热计量改造；全面开展食堂燃气灶具改造，“十一五”时期实现食堂节气 20%；凡新建或改造的办公建筑必须采用节能材料及围护结构；及时淘汰高耗能设备，合理配置并高效利用办公设施、设备。在中央国家机关开展政府机构办公区和住宅区节能改造示范项目。推动公务车节油，推广实行一车一卡定点加油制度。

（四十五）加强政府机构节能和绿色采购。认真落实《节能产品政府采购实施意见》和《环境标志产品政府采购实施意见》，进一步完善政府采购节能和环境标志产品清单制度，不断扩大节能和环境标志产品政府采购范围。对空调机、计算机、打印机、显示器、复印机等办公设备和照明产品、用水器具，由同等优先采购改为强制采购高效节能、节水、环境标志产品。建立节能和环境标志产品政府采购评审体系和监督制度，保证节能和绿色采购工作落到实处。

附件2

“十一五”时期淘汰落后生产能力一览表

行业	内容	单位	“十一五”时期	2007年
电力	实施“上大压小”关停小火电机组	万千瓦	5 000	1 000
炼铁	300立方米以下高炉	万吨	10 000	3 000
炼钢	年产20万吨及以下的小转炉、小电炉	万吨	5 500	3 500
电解铝	小型预焙槽	万吨	65	10
铁合金	6 300千伏安以下矿热炉	万吨	400	120
电石	6 300千伏安以下炉型电石产能	万吨	200	50
焦炭	炭化室高度4.3米以下的小机焦	万吨	8 000	1 000
水泥	等量替代机立窑水泥熟料	万吨	25 000	5 000
玻璃	落后平板玻璃	万重量箱	3 000	600
造纸	年产3.4万吨以下草浆生产装置、年产1.7万吨以下化学制浆生产线、排放不达标的年产1万吨以下以废纸为原料的纸厂	万吨	650	230
酒精	落后酒精生产工艺及年产3万吨以下企业（废糖蜜制酒精除外）	万吨	160	40
味精	年产3万吨以下味精生产企业	万吨	20	5
柠檬酸	环保不达标柠檬酸生产企业	万吨	8	2

国务院批转《节能减排统计监测及考核实施方案和办法》的通知

国发［2007］36号

各省、自治区、直辖市人民政府，国务院各部委、各直属机构：

国务院同意发展改革委、统计局和环保总局分别会同有关部门制订的《单位GDP能耗统计指标体系实施方案》、《单位GDP能耗监测体系实施方案》、《单位GDP能耗考核体系实施方案》（以下简称“三个方案”）和《主要污染物总量减排统计办法》、《主要污染物总量减排监测办法》、《主要污染物总量减排考核办法》（以下简称“三个办法”），现转发给你们，请结合本地区、本部门实际，认真贯彻执行。

一、充分认识建立节能减排统计、监测和考核体系的重要性和紧迫性。到2010年，单位GDP能耗降低20%左右、主要污染物排放总量减少10%，是国家纲要提出的重要约束性指标。建立科学、完整、统一的节能减排统计、监测和考核体系（以下简称“三个体系”），并将能耗降低和污染减排完成情况纳入各地经济社会发展综合评价体系，作为政府领导干部综合考核评价和企业负责人业绩考核的重要内容，实行严格的问责制，是强化政府和企业责任，确保实现“十一五”节能减排目标的重要基础和制度保障。各地区、各部门要从深入贯彻落实科学发展观，加快转变经济发展方式，促进国民经济又好又快发展的高度，充分认识建立“三个体系”的重要性和紧迫性，按照“三个方案”和“三个办法”的要求，全面扎实推进“三个体系”的建设。

二、切实做好节能减排统计、监测和考核各项工作。要逐步建立和完善国家节能减排统计制度，按规定做好各项能源和污染物指标统计、监测，按时报送数据。要对节能减排各项数据进行质量控制，加强统计执法检查和巡查，确保各项数据的真实、准确。严肃查处节能减排考核工作中的弄虚作假行为，严禁随意修改统计数据，杜绝谎报、瞒报，确保考核工作的客观性、公正性和严肃性。要严格节能减排考核工作纪律，对列入考核范围的节能减排指标，未经统计局和环保总局审定，不得自行公布和使用。要对各地和重点企业能耗及主要污染物减排目标完成情况、“三个体系”建设情况以及节能减排措施落实情况进行考核，严格执行问责制。

三、加强领导，密切协作，形成全社会共同参与节能减排的工作合力。各地区、各有关部门要把“三个体系”建设摆上重要议事日程，明确任务、落实责任，周密部署、科学组织，尽快建立并发挥“三个体系”的作用。地方各级人民政府要对本地区“三个体系”建设负总责，加强基础能力建设，保证资金、人员到位和各项措施落实，加强本地区节能减排目标责任的评价考核和监督核查工作。国务院各有关部门要根据职能分工，认真履行职责，密切协作配合，抓紧制定配套政策。发展改革委、统计局和环保总局要加强指导和监督，跟踪掌握动态，协调解决工作中出现的问题。要充分调动有关协会和企业的积极性，明确责任义务，加强监督检查。要广泛宣传动员，充分发挥舆论监督作用，努力营造全社会关注、支持、参与、监督节能减排工作的良好氛围。

二〇〇七年十一月十七日

附件 1

单位 GDP 能耗统计指标体系实施方案

统计局　发展改革委　能源办

一、总体思路和工作要求

（一）总体思路。根据各级能源消费总量的核算方法，从能源供应统计和消费统计两个方面建立健全能源统计调查制度。以普查为基础，根据国民经济各行业的能耗特点，建立健全以全面调查、抽样调查、重点调查等各种调查方法相结合的能源统计调查体系。

（二）工作要求。要逐步建立和完善国家能源统计制度，各地区要建立适合本地能源统计核算和节能降耗工作需要的地方能源统计制度，各级政府部门、协会、能源产品生产经营企业也要尽快建立有关能源统计制度，做好各项能源指标统计。各有关部门要加强能源统计业务建设，充分利用现代化信息技术，加快建立安全、灵活、高效的能源数据采集、传输、加工、存储和使用等一体化的能源统计信息系统。

各社会用能单位要从仪器仪表配置、商品检验、原始记录和统计台账等基础工作入手，全面加强能源利用的计量、记录和统计，依法履行统计义务，如实提供统计资料。

二、建立健全能源生产统计

（一）进一步完善现有规模以上工业企业能源产品产量统计制度，增加能源核算所需要能源产品的中小类统计目录。

（二）建立规模以下工业企业煤炭、电力等产品产量统计制度。

调查内容：煤炭生产量、销售量、库存量；发电量。

调查范围：规模以下（年销售收入 500 万元以下）的煤炭生产企业和电力企业。煤炭产品产量调查的范围按照安全监管总局核定的颁发煤炭生产许可证的规模以下煤炭生产企业名单确定。

调查频率：季报，2007 年下半年正式实施。

调查方式：统计局组织全面调查。

三、建立健全能源流通统计

以能源省际流入与流出统计为重点，建立健全能源流通统计。

（一）煤炭。将现有煤炭省际流入与流出统计范围由重点煤矿扩大到全部煤炭生产和流通企业。

调查内容：分地区煤炭销售量。

调查范围：全部煤炭生产、流通企业。

调查频率：季报，2007 年年报正式实施。

调查方式：中国煤炭运销协会组织全面调查。

（二）原油。原油省际流入与流出量可根据现有海关统计和工业企业能源统计报表中有关指标计算取得。具体方法是：

原油产地：本地区原油净流出量（正数）或净流入量（负数）=原油产量＋进口量－出口量－工业企业原油购进量

非原油产地：本地区原油净流出量（正数）或净流入量（负数）=进口量－工业企业原油购进量

原油产量从工业企业月度生产统计报表取得，工业企业原油购进量从工业企业季度能源消费统计报表取得，进口量、出口量数据从海关进出口统计取得。

（三）成品油。成品油省际流入与流出量通过建立“批发与零售企业能源商品购进、销售与库存”统计制度取得。

1. 在经商务部批准的经营成品油批发业务的企业范围内，建立成品油购进、销售、库存统计制度。

调查内容：成品油购进量、购自省外，销售量、售于省外、售于批发零售企业，库存量。

调查范围：经商务部批准的经营成品油批发业务的全部企业。

调查频率：季报，2007年年报正式实施。

调查方式：统计局组织全面调查。

2. 在经国家有关部门批准的成品油零售企业范围内，建立成品油销售、库存统计调查制度。

调查内容：成品油销售量、库存量。

调查范围：经国家有关部门批准的成品油零售企业。

调查频率：季报，2007年年报正式实施。

调查方式：统计局组织全面调查。

（四）天然气。省际天然气流入与流出量分别由三大石油公司天然气管理机构提供。

（五）电力。电力的省际间输配数量，由中国电力企业联合会提供。

（六）其他能源品种。洗煤、焦炭、其他焦化产品、液化石油气、炼厂干气、其他石油制品、液化天然气等产品地区间流入与流出调查，采用与原油相同的方法进行核算，即利用海关进出口资料和工业企业能源消费统计报表中的有关指标计算取得。具体核算方法：

其他能源品种本地净流出量（正数）或净流入量（负数）=本地生产量＋进口量－出口量－工业企业购进量

四、建立健全能源消费统计

通过建立健全能源消费统计，反映能源消费结构，为市（地）、县（市）进行能源核算提供基本数据支持，对能源供应统计无法取得的资料以能源消费统计予以补充。近期重点加强各级能源消费数据核算基础，建立分地区能源消费核算制度和评估制度。

（一）完善现有规模以上工业企业能源购进、消费、库存、加工转换统计调查制度，增加可再生能源、低热值燃料、工业废料等调查目录，增加余热余能回收利用统计指标。

（二）建立规模以下工业企业和个体工业能源消费统计制度。规模以下工业企业、个体工业能源消费占全部工业能源消费的10%左右，这部分企业生产工艺、设备比较落后，能耗高，调查其能源消费对于指导淘汰落后产能工作、反映节能减排成果具有重要意义。

调查内容：煤炭、焦炭、天然气、汽油、柴油、燃料油、电力等消费量。

调查范围：规模以下工业企业和个体工业。

调查频率：季报，2007 年年报正式实施。

调查方式：统计局组织抽样调查。

（三）建立农林牧渔业生产单位能源消费调查制度。

调查内容：煤炭、汽油、柴油、燃料油、电力等消费量。

调查范围：从事农林牧渔生产经营活动的法人单位。

调查频率：年报，2007 年年报正式实施。

调查方式：统计局组织重点调查。

（四）健全建筑业能源消费统计。建筑业能源消费总量占全部能源消费的比重为1.5%左右，拟采取普查年份全面调查、非普查年份根据有关资料进行推算的方法，取得建筑业能源消费数据。

（五）建立健全第三产业能源消费统计调查制度。第三产业涉及范围广泛，单位数量众多，需要针对不同行业、不同经营类型企业的能源消费特点，采取不同的调查方法，进行统计调查。耗能较大的餐饮业分规模建立全面调查或重点调查统计制度；交通运输行业按照不同运输方式建立相应的调查制度。第三产业的其他行业能源消费，电力约占 90%，由中国电力企业联合会通过健全社会用电量统计，提供能耗核算所需的资料。

1. 餐饮业。餐饮业单位数量多、分布面广、能源消费品种较多、调查难度大，将其分为限额以上和限额以下两部分进行调查。对限额以上餐饮企业（从业人员 40 人以上，年营业额 200 万元以上）实行全面调查，全面建立煤炭、煤气、天然气、液化石油气、电力等能源消费量统计调查制度。对限额以下餐饮企业实行重点调查，取得样本企业单位营业额和能源消费量数据，按照限额以下餐饮业营业额资料推算其全部能源消费量。

调查内容：煤炭、煤气、天然气、液化石油气、电力消费量。

调查范围：限额以上企业，限额以下企业。

调查频率：季报，2007 年年报正式实施。

调查方式：统计局在限额以上和以下企业分别组织全面调查和重点调查。

2. 交通运输业。按照不同运输方式建立能源消费统计调查制度。

（1）铁路、航空、管道运输业。

调查内容：煤炭、煤气、汽油、煤油、柴油、燃料油、天然气、液化石油气、电力消费量等。

调查范围：铁路、航空、管道运输企业。

调查频率：季报，2007 年年报正式实施。

调查方式：铁道部、地方铁路协会、民航总局、三大石油公司管道运输部门组织全面调查。

（2）公路、水上运输和港口。

公路、水上运输和港口是指从事公路（包括城市公交）、水上营业性运输和港口装卸业务的企业（包括个体专业运输户），不包括社会车辆和私人家庭车辆的交通运输活动。运输企业管理分散、流动性强，需要对不同性质的运输企业采取不同的调查方式。在从事营业性公路、水上运输的重点企业和港口范围内，建立统一、规范的能源消费统计调查制度，并在工作规范化以后逐步将调查范围扩大到全部专业运输企业。对从事公路、水上运输的个体专业运输户实施典型调查，按照单车（单船）年均收入耗油量或单位客货周转量耗油量、交通运输管理部门登记的车（船）数量，推算其能源消费总量。

调查内容：汽油、柴油、燃料油消费量等。

调查频率：年报，2007年年报正式实施。

调查方式：统计局组织对重点专业运输企业和港口全面调查，对从事公路、水上运输的个体专业运输户典型调查。

（六）建立健全居民生活用能统计制度。

1. 城镇居民生活用能。

调查内容：煤炭、汽油、柴油、城市煤气、天然气、液化石油气、电力消费量。

调查范围：与现有城镇住户调查范围相同。

调查频率：季报，2007年年报正式实施。

调查方式：统计局组织抽样调查。

2. 农村居民生活用能。

调查内容：煤炭、汽油、柴油、天然气、液化石油气、电力消费量等。

调查范围：与现有农村住户调查范围相同。

调查频率：季报，2007年年报正式实施。

调查方式：统计局组织抽样调查。

（七）建立健全主要建筑物能耗统计制度。针对饭店、宾馆、商厦、写字楼、机关、学校、医院等单位的大型建筑物，由建设部会同统计局研究建立相应的统计制度。

（八）建立健全能源利用效率统计制度。能源利用效率统计主要是指单位产品能耗、单位业务量能耗统计。目前在年耗能1万吨标准煤以上的工业企业范围内建立了25种重点耗能产品，108项单位产品能耗统计调查制度。在此基础上，逐步扩大统计范围，由年耗能1万吨标准煤以上工业企业逐步扩大到规模以上工业企业，逐步增加耗能产品的统计品种。

（九）完善新能源、可再生能源统计制度。新能源、可再生能源主要是指核能、生物质能、水能、风能、太阳能、地热等。目前，除核电、水电有规范的统计制度外，其他能源的利用因数量较少，缺乏统一的统计计量标准，统计制度尚不健全。要在抓紧制定统计标准的同时，积极探索和研究建立相关统计指标和统计调查制度，尽快将新能源、可再生能源的利用完整地纳入正常能源统计调查体系。

有关能源统计制度、调查表、核算方案等，由统计局另行印发。

附件 2

单位 GDP 能耗监测体系实施方案

统计局　发展改革委　能源办

一、总体思路和工作要求

（一）总体思路。在建立健全能耗统计指标体系的基础上，通过对各项能耗指标的数据质量实施全面监测，评估各地、各重点企业能耗数据质量，客观、公正、科学地评价节能降耗工作进展，全面、真实地反映全国、各地区以及重点耗能企业的节能降耗进展情况和取得的成效。

（二）工作要求。在加强能耗各项指标统计的同时，对能耗指标的数据质量进行监测，确保各项能耗指标的真实、准确。要深入研究能耗指标与有关经济指标的关系，科学设置监测指标体系。要抓紧制订科学、统一的能耗指标与 GDP 核算方案，从核算基础、核算方法、工作机制等方面对单位 GDP 能耗及其他监测指标的核算进行严格规范，不断完善主要监测指标核算的体制和机制。各地要结合实际，制定严格的数据质量评估办法，切实保障数据质量。节能降耗指标及其数据质量分别由上一级统计部门认定并实施监测。千家重点耗能企业主要由统计局和节能减排办负责监测，地方各级人民政府也要对本地区重点耗能企业进行监测。各级统计部门从 2008 年起，建立统一、科学的季度、年度能源消费总量和单位 GDP 能耗核算制度，制定能反映各地工作特点的能耗数据质量评估办法。

二、对节能降耗进展情况进行监测

（一）对全国以及各地区节能降耗进展情况的监测。

监测指标：单位 GDP 能耗，单位工业增加值能耗，单位 GDP 电耗及其降低率；单位产品能耗，重点耗能产品产量及其增长速度；重点耗能行业产值及其增长速度等。

（二）对主要耗能行业节能降耗进展情况的监测。

主要耗能行业包括：煤炭、钢铁、有色、建材、石油、化工、火力发电、造纸、纺织等。

监测指标：单位增加值能耗，单位产品能耗。

（三）对重点耗能企业的监测。

重点耗能企业为年耗能 1 万吨标准煤以上的企业。

监测指标：单位产品能耗，能源加工转换效率，节能降耗投资等。

（四）对资源循环利用状况和“十一五”期间十大重点节能工程的建设情况的监测。

监测指标：资源循环利用指标；十大重点节能工程的节能量。

三、对地区单位 GDP 能耗及其降低率数据质量的监测

（一）对 GDP 的监测。

第一组：地区 GDP 总量的逆向指标，用于检验 GDP 总量是否正常。

1. 地区财政收入占 GDP 的比重。

2. 地区各项税收占第二和第三产业增加值之和的比重。

3. 地区城乡居民储蓄存款增加额占 GDP 的比重。

第二组：与地区 GDP 增长速度相关的指标，用于检验现价 GDP 增长速度是否正常。

1. 地区各项税收增长速度。

2. 地区各项贷款增长速度。

3. 地区城镇居民家庭人均可支配收入增长速度。

4. 地区农村居民家庭人均纯收入增长速度。

第三组：与地区第三产业增加值相关的指标，用于检验第三产业增加值是否正常。

1. 地区第三产业税收占全部税收的比重。

2. 地区第三产业税收收入增长速度。

（二）对能源消费总量的监测。

1. 电力消费占终端能源消费的比重，用以监测终端能源消费量是否正常。

2. 规模以上工业能源消费占地区能源消费总量的比重，用以监测地区能源消费总量是否正常。

3. 火力发电、供热、煤炭洗选、煤制品加工、炼油、炼焦、制气等加工转换效率，用以监测涉及计算各种能源消费量的相关系数是否正常。

4. 三次产业、行业能源消费增长速度、工业增加值增长速度，用以监测各次产业、行业能源消费量增长速度与增加值增长速度是否相衔接。

5. 主要产品产量、单位产品能耗，用以监测重点耗能产品能源消费情况。

有关数据评估办法、核算制度等，由统计局另行印发。

附件 3

单位 GDP 能耗考核体系实施方案

发展改革委

一、总体思路

按照目标明确，责任落实，措施到位，奖惩分明，一级抓一级，一级考核一级的要求，建立健全节能目标责任评价、考核和奖惩制度，强化政府和企业责任，发挥节能政策指挥棒作用，确保实现“十一五”节能目标。

二、考核对象、内容和方法

（一）考核对象。各省（区、市）人民政府（以下简称省级人民政府）和千家重点耗能企业。

（二）考核内容。主要包括节能目标完成情况和落实节能措施情况。

（三）考核方法。采用量化办法，相应设置节能目标完成指标和节能措施落实指标，满分为 100 分。节能目标完成指标为定量考核指标，以各地区依据《国务院关于“十一五”期间各地区单位生产总值能源消耗降低指标计划的批复》（国函［2006］94 号，以下简称《批复》）制定的年度节能目标、各重点耗能企业签订节能目标责任书确定的年度节能目标为基准，分别依据国家统计局核定的地区能耗指标和省级节能主管部门认可的企业节能指标，计算目标完成率进行评分，满分为 40 分，超额完成指标的适当加分。节能措施落实指标为定性考核指标，是对各地区、各重点耗能企业落实节能措施情况进行评分，满分为 60 分。

（四）考核结果。分为超额完成（95 分以上）、完成（80～94 分）、基本完成（60～

80 分）、未完成（60 分以下） 四个等级。未完成节能目标的，均为未完成等级。具体考核计分方法见附件。

三、考核程序

（一）各省级人民政府要按照《批复》要求，确定年度节能目标，于当年 3 月底前报国务院节能减排工作领导小组办公室（以下简称节能减排办）备案。

（二）每年 3 月底前，各省级人民政府将上年度本地区节能工作进展情况和节能目标完成情况自查报告报国务院，同时抄送发展改革委、节能减排办。发展改革委会同监察部、人事部、国资委、质检总局、统计局、能源办等部门组成评价考核工作组，通过现场核查和重点抽查等方式，对各地区节能工作及节能目标完成情况进行评价考核和监督核查，形成综合评价考核报告，于每年 5 月底前报国务院。对各地区节能目标责任的评价考核结果经国务院审定后，由发展改革委向社会公告。

（三）对千家重点耗能企业的节能目标责任评价考核按属地原则由省级节能主管部门负责组织实施。企业应于每年 1 月底前，向所在地省级节能主管部门提交上年度节能目标完成情况和节能工作进展情况自查报告，同时抄报国家发展改革委。省级节能主管部门组织以社会各界专家为主的评估组，对企业节能目标完成情况进行评估核查，并于每年 3 月底前将综合评价报告报送省级人民政府和国家发展改革委。千家重点耗能企业节能情况评价考核结果由国家发展改革委审核汇总后，向社会公告。

四、奖惩措施

（一）对各地区节能目标责任评价考核结果经国务院审定后，交由干部主管部门依照《体现科学发展观要求的地方党政领导班子和领导干部综合考核评价试行办法》等规定，作为对省级人民政府领导班子和领导干部综合考核评价的重要依据，实行问责制和“一票否决”制。

（二）对考核等级为完成和超额完成的省级人民政府，结合全国节能表彰活动进行表彰奖励。对考核等级为未完成的省级人民政府，领导干部不得参加年度评奖、授予荣誉称号等，国家暂停对该地区新建高耗能项目的核准和审批。

（三）考核等级为未完成的省级人民政府，应在评价考核结果公告后一个月内，向国务院做出书面报告，提出限期整改工作措施，并抄送发展改革委。整改不到位的，由监察部门依据有关规定追究该地区有关责任人员的责任。

（四）对评价考核结果为超额完成和完成等级的企业，由国家发展改革委和省级人民政府予以通报表扬，并结合全国节能表彰活动进行表彰奖励。对评价考核结果为未完成等级的企业，予以通报批评，一律不得参加年度评奖、授予荣誉称号，不给予国家免检等扶优措施，对其新建高耗能投资项目和新增工业用地暂停核准和审批。考核结果为未完成等级的企业，应在评价考核结果公告后一个月内提出整改措施报所在地省级人民政府，限期整改。对千家企业中的国有独资、国有控股企业的考核评价结果，由各级国有资产监管机构作为对企业负责人业绩考核的重要依据，实行"一票否决"制。

（五）对在节能考核工作中瞒报、谎报情况的地区，予以通报批评；对直接责任人员依法追究责任。

省级人民政府节能目标责任评价考核计分表

考核指标	序号	考核内容	分值	评分标准
节能目标（40分）	1	万元GDP能耗降低率	40	完成年度计划目标得40分，完成目标的90%得36分，完成80%得32分，完成70%得28分，完成60%得24分，完成50%得20分，完成50%以下不得分。每超额完成10%加3分，最多加9分。本指标为否决性指标，只要未达到年度计划确定的目标值即为未完成等级
节能措施（60分）	2	节能工作组织和领导情况	2	1. 建立本地区的单位GDP能耗统计、监测、考核体系，1分； 2. 建立节能工作协调机制，明确职责分工，定期召开会议，研究重大问题，1分
	3	节能目标分解和落实情况	3	1. 节能目标逐级分解，1分； 2. 开展节能目标完成情况检查和考核，1分； 3. 定期公布能耗指标，1分
	4	调整和优化产业结构情况	20	1. 第三产业增加值占地区生产总值比重上升，4分； 2. 高技术产业增加值占地区工业增加值比重上升，4分； 3. 制定和实施固定资产投资项目节能评估和审查办法，4分； 4. 完成当年淘汰落后生产能力目标，8分
	5	节能投入和重点工程实施情况	10	1. 建立节能专项资金并足额落实，3分； 2. 节能专项资金占财政收入比重逐年增加，4分； 3. 组织实施重点节能工程，3分

考核指标	序号	考核内容	分值	评分标准
节能措施（60分）	6	节能技术开发和推广情况	9	1. 把节能技术研发列入年度科技计划，2分； 2. 节能技术研发资金占财政收入比重逐年增长，3分； 3. 实施节能技术示范项目，2分； 4. 组织推广节能产品、技术和节能服务机制，2分
	7	重点企业和行业节能工作管理情况	8	1. 完成重点耗能企业（含千家企业）当年节能目标，3分； 2. 实施年度节能监测计划，1分； 3. 新建建筑节能强制性标准执行率完成年度目标得4分，完成80%得2分，不足70%的不得分
	8	法律、法规执行情况	3	1. 出台和完善节约能源法配套法规等，1分； 2. 开展节能执法监督检查等，1分； 3. 执行高耗能产品能耗限额标准，1分
	9	节能基础工作落实情况	5	1. 加强节能监察队伍、机构能力建设，1分； 2. 完善能源统计制度并充实能源统计力量，1分； 3. 按要求配备能源计量器具，1分； 4. 开展节能宣传和培训工作，1分； 5. 实施节能奖励制度，1分
小计			100	

注：1. 年度计划节能目标以各地区根据《批复》制定的分年度目标为准；上年度未完成的节能目标，须分摊到以后年度。

2. 2010年节能目标以《批复》中的目标为准。

千家重点耗能企业节能目标责任评价考核计分表

考核指标	序号	考核内容	分值	评分标准
节能目标（40分）	1	节能量	40	完成年度计划目标得40分，完成目标的90%得35分、完成80%得30分、完成70%得25分、完成60%得20分、完成50%得15分、完成50%以下不得分。每超额完成10%加2分，最多加6分。本指标为否决性指标，只要未达到目标值即为未完成等级
节能措施（60分）	2	节能工作组织和领导情况	5	1. 建立由企业主要负责人为组长的节能工作领导小组并定期研究部署企业节能工作，3分； 2. 设立或指定节能管理专门机构并提供工作保障，2分
	3	节能目标分解和落实情况	10	1. 按年度将节能目标分解到车间、班组或个人，3分； 2. 对节能目标落实情况进行考评，3分； 3. 实施节能奖惩制度，4分

考核指标	序号	考核内容	分值	评分标准
节能措施（60分）	4	节能技术进步和节能技改实施情况	25	1. 主要产品单耗或综合能耗水平在千家企业同行业中，位居前20%的得10分，位居前50%的得5分，位居后50%的不得分； 2. 安排节能研发专项资金并逐年增加，4分； 3. 实施并完成年度节能技改计划，4分； 4. 按规定淘汰落后耗能工艺、设备和产品，7分
	5	节能法律法规执行情况	10	1. 贯彻执行节约能源法及配套法律法规及地方性法规与政府规章，2分； 2. 执行高耗能产品能耗限额标准，4分； 3. 实施主要耗能设备能耗定额管理制度，2分； 4. 新、改、扩建项目按节能设计规范和用能标准建设，2分
	6	节能管理工作执行情况	10	1. 实行能源审计或监测，并落实改进措施，2分； 2. 设立能源统计岗位，建立能源统计台账，按时保质报送能源统计报表，3分； 3. 依法依规配备能源计量器具，并定期进行检定、校准，3分； 4. 节能宣传和节能技术培训工作，2分
小计			100	

注：1. 节能目标以企业根据节能目标责任书制定的年度目标为准；上年度未完成的节能目标，须分摊到以后年度。

2. 2010年节能目标以节能目标责任书中签订的目标为准。

附件4

主要污染物总量减排统计办法

环保总局

第一条　为确保“十一五”主要污染物排放量数据准确、及时、可靠，按照《中华人民共和国环境保护法》、《中华人民共和国统计法》及其实施细则、《国务院关于印发节能减排综合性工作方案的通知》（国发［2007］15号）、《国务院关于落实科学发展观加强环境保护的决定》（国发［2005］39号）、《环境统计管理办法》等，制定本办法。

第二条　本办法所称主要污染物排放量，是指《国民经济和社会发展第十一个五年规划纲要》确定实施排放总量控制的两项污染物，即化学需氧量（COD）和二氧化硫（SO_2）。环境统计污染物排放量包括工业源和生活源污染物排放量，COD 和 SO_2 排放量的考核是基于工业源和生活源污染物排放量的总和。

第三条 主要污染物排放量统计制度包括年报和季报。年报主要统计年度污染物排放及治理情况，报告期为 1—12 月。季报主要统计季度主要污染物排放及治理情况，为总量减排统计和国家宏观经济运行分析提供环境数据支持，报告期为 1 个季度，每个季度结束后 15 日内将上季度数据上报国务院环境保护主管部门。为提高年报时效性，各省级政府环境保护主管部门于次年 1 月 31 日前上报年报快报数据。

第四条 统计调查按照属地原则进行，即由县级政府环境保护主管部门负责完成，省、市（地）级环境保护监测部门的监测数据应及时反馈给县级政府环境保护主管部门。工业源污染物排放量根据重点调查单位发表调查和非重点调查单位比率估算；生活源污染物排放量根据城镇常住人口数（或非农业人口数，以 2005 年口径为准）、燃料煤消耗量等社会统计数据测算。工业源和生活源污染物排放量数据审核、汇总后上报上级政府环境保护主管部门，并逐级审核、上报至国务院环境保护主管部门。

第五条 本办法所称的年报重点调查单位，是指主要污染物排放量占各地区（以县级为基本单位）排污总量（指该地区排污申报登记中全部工业企业的排污量，或者将上年环境统计数据库进行动态调整）85%以上的工业企业单位。重点调查单位的筛选工作应在排污申报登记数据变化的基础上逐年进行。筛选出的重点调查单位应与上年的重点调查单位对照比较，分析增、减单位情况并进行适当调整，以保证重点调查数据能够反映排污情况的总体趋势。

季报制度中的国控重点污染源按照国务院环境保护主管部门公布名单执行，每年动态调整。

第六条 重点调查单位污染物排放量可采用监测数据法、物料衡算法、排放系数法进行统计。

监测数据法：重点调查单位（“十五”期间约 8 万家）原则上都应采用监测数据法计算排污量。重点调查单位统计范围每年动态调整一次，纳入新增企业（不论试生产还是已通过验收，凡造成事实排污超过 1 个月以上的企业均应纳入统计范围）。对当年关停企业按其当年实际排污天数计算排污量。

物料衡算法：物料衡算法主要适用于火电厂二氧化硫排放量的测算，测算公式如下：燃料燃烧二氧化硫排放量=燃料煤消费量×含硫率×0.8×2×（1－脱硫率）

排放系数法：排放系数法主要适用于化学原料及化学品制造、造纸、金属冶炼、纺织等行业排污量的估算。

以上三种方法中优先使用监测数据法计算排放量。若无监测数据（或监测频次不足），可根据上述适用范围，火电厂选用物料衡算法，钢铁、化工、造纸、建材、有色金属、纺织等行业企业选用排放系数法。监测数据法计算所得的排放量数据必须与物料衡算法或排放系数法计算所得的排放量数据相互对照验证，对两种方法得出的排放量差距较大的，须分析原因。对无法解释的，按“取大数”的原则得到污染物的排放量数据。

第七条 非重点调查单位污染物排放量，以非重点调查单位的排污总量作为估算的对比基数，采取“比率估算”的方法，即按重点调查单位总排污量变化的趋势（指与上年相比，排污量增加或减少的比率），等比或将比率略做调整，估算出非重点调查单位的污染物排放量。

第八条 生活源 COD 排放量计算公式为：

生活源 COD 排放量＝城镇常住人口数×城镇生活 COD 产生系数×365－城镇污水处理厂去除的生活 COD

其中，城镇生活 COD 产生系数优先采用各地区的 COD 产生系数或实测数据并予以说明；没有符合本地实际排放情况的系数，则统一采用国家推荐的 COD 产生系数，全国平均取值为 75 克/（人·日），北方城市平均值为 65 克/（人·日），北方特大城市为 70 克/（人·日），北方其他城市为 60 克/（人·日），南方城市平均值为 90 克/（人·日）。

生活源 SO_2 排放量计算公式为：

生活源 SO_2 排放量＝生活及其他煤炭消费量×含硫率×0.8×2

第九条 环境统计数据质量控制主要由《环境统计管理办法》、《环境统计技术规定》、《全国环境统计数据审核办法》等系列文件组成。各地在数据上报前，由当地环境、统计、发展改革等部门组成联合会审小组，根据本地区经济发展趋势和环境污染状况，联合对数据质量进行审核。

重点源的环境统计数据由企业负责填报，各级政府环境保护主管部门负责审核，如发现问题要求企业改正，并重新填报。各级政府环境保护主管部门对本级环境统计数据负责，上级政府环境保护主管部门对下级政府环境保护主管部门上报的统计数据进行审核。下级政府环境保护主管部门应按照上级政府环境保护主管部门审核结果认真复核重点调查单位报表填报数据，并重新评估非重点调查单位污染物排放量。

第十条 按照排放强度法对统计数据进行核算（详见附件）。

第十一条 在排放强度法中使用 GDP 核算各地 COD 排放量时，用监测与监察系数对计算结果进行校正；在排放强度法中使用耗煤量核算各地 SO_2 排放量时，用监察系数对 SO_2 排放量计算结果进行校正。校正方法和校正系数由国务院环境保护主管部门根据年度监测与监察情况另行确定（详见附件）。

第十二条 各省级政府环境保护主管部门按照本办法要求对年报快报数据进行

核算，核算结果与核算的主要参数一并上报国务院环境保护主管部门。国务院环境保护主管部门进行初步复核后，将核算结果通报各地。各地应根据实际情况并按照国务院环境保护主管部门最终核定数据，对年报数据进行校核。

第十三条 本办法自发布之日起施行。

附

统计数据的核算与校正

一、COD 核算与校正

核算方法：

工业 COD 排放量＝上年工业 COD 排放量＋新增工业 COD 排放量－新增工业 COD 削减量

其中：

新增工业 COD 排放量＝2005 年排放强度×上年 GDP×扣除低 COD 排放行业贡献率后的 GDP 增长率

2005 年排放强度＝2005 年工业 COD 排放量/2005 年 GDP

扣除低 COD 排放行业贡献率后的 GDP 增长率＝［1－（低 COD 排放行业工业增加值的增量/GDP 的增量）］×GDP 增长率

上述增量和增长率均指当年与上年相比。

低 COD 排放行业包括电力业（火力发电）、黑色金属冶炼业（钢铁）、非金属矿物制品业（建材）、有色金属冶炼业、电器机械及器材制造业、仪器仪表及文化办公用品机械制造业和通讯计算机及其他电子设备制造业七个行业。情况特殊的个别省份可以根据情况适当调整。

生活 COD 排放量＝上年生活 COD 排放量+当年城镇人口增长的 COD 排放量－当年新增生活 COD 削减量

校正方法：

在排放强度法中使用 GDP 核算各地 COD 排放量时，用监测与监察系数对计算结果进行校正：

计算用 GDP 增长率＝当年 GDP 增长率－监测与监察系数

监测与监察达标率＝监测达标企业数/监测企业数×0.5＋监察达标企业数/监察企业数×0.5

其中，监测与监察达标率为 100%的，监测与监察系数取值为 2%，90%及以上的取 1.8%，80%及以上的取 1.6%，70%及以上的取 1.4%，60%及以上的取 1.2%，50%

及以上的取 1.0%，低于 50%的为 0。

二、SO_2核算与校正

核算方法：

SO_2排放量＝火电 SO_2排放量＋非电 SO_2排放量

其中：

非电 SO_2排放量＝上年非电排放强度×（当年全社会耗煤量－当年电力煤耗量）－当年新增非电工业 SO_2削减量

上年非电排放强度＝上年非电 SO_2排放量/（上年全社会耗煤量－上年电力煤耗量）

当年非电 SO_2排放量须用主要耗能产品（粗钢、有色、水泥、焦炭等）的排放系数校核，按排放强度和排放系数法估算数据，取大数原则确定非电 SO_2排放量。

火电 SO_2排放量＝上年火电 SO_2排放量＋当年新增火电 SO_2排放量－当年新增火电 SO_2削减量

当年新增火电 SO_2排放量：按统计部门快报确定的辖区火力发电量按 320 克标准煤/千瓦时（或当年火力发电标准煤耗水平）计算发电耗煤量（热电联产供热耗煤量按火电发电量同比增长，没有热电的不考虑），按辖区平均煤炭硫份确定新增电量导致的 SO_2产生量，扣去当年新建燃煤机组投产脱硫设施同时运行（要考虑脱硫设施滞后时间）、上年燃煤机组投产脱硫设施滞后于当年运行（上年接转到今年的脱硫设施）形成的 SO_2削减量。

有条件的地区，特别是开展节能发电调度试点的地区，可以用辖区内分机组火力 SO_2排放数据库作为审核依据，数据库要有分机组装机容量、发电量和耗煤量和 SO_2排放量，火力装机容量、发电量和增长速度可利用电力管理部门的火力装机容量指标。

对于燃料油使用量较大的地区，还应核算燃油 SO_2排放量。

校正方法：

在排放强度法中使用耗煤量核算各地 SO_2排放量时，用监察系数对 SO_2排放量计算结果进行校正：

地区 SO_2排放量＝当年核算 SO_2排放量＋Σ企业非正常排放量

企业非正常排放量＝企业 SO_2产生量×脱硫效率×（1－监察系数）

发现被检查企业脱硫设施非正常运行一次，监察系数取 0.8，非正常运行二次监察系数取 0.5，超过两次非正常运行，监察系数取 0。

脱硫设施非正常运行定义为生产设施运行期间脱硫设施因故未运行而没有向当地政府环境保护主管部门及时报告的、没有按照工艺要求使用脱硫剂的、使用旁路偷排手段等其他违法行为。

数据来源：环境监察系统、国务院环境保护主管部门所属各环境保护督察中心、中国环境监测总站。

三、有关核算的说明

核算资料。上年主要污染物排放量、耗煤量数据依据上年环境统计资料。GDP、有关行业的工业增加值、城镇人口增长率使用国务院统计部门公布的数据。没有公布数据的，以各省级统计部门初步数为准。以上初步数应与统计部门协商一致后再使用。

削减量核算原则。当年主要污染物新增削减量，以各省（区、市）污染治理设施实际削减量为依据测算。

关停企业减少的 COD 排放量以上年纳入环境统计数据库的企业的排放量减去其当年实际排污量所得。关闭小火电计算 SO_2 减排量，减排量=上年关闭机组 SO_2 排放量×（1－当年发电量/上年发电量）；淘汰有烧结机的小钢铁，计算 SO_2 减排量。其他行业淘汰落后产能，在环境统计中有名单的计算减排量，没有名单的不计算。

企业污染治理设施污染物削减量：上年度纳入环境统计的企业新建污染治理设施通过调试期后并连续稳定运行的，其去除量从通过调试期的第二个月算起，计算本年实际运行时间（停运和非正常运行时间扣除）及污染物削减量。

城镇污水处理厂污染物去除量：新建成污水处理厂污染物去除量的核算方法与企业污染治理设施污染物削减量核算方法相同。对于现有污水处理厂增加污水处理量的，必须说明情况。增加量以新建管网的验收报告为依据（或以新建管网相关佐证材料为依据），核算时间以通过验收的第二个月算起。

当年新增火电 SO_2 削减量：包括当年新投运的老机组脱硫设施削减和上年投产老机组脱硫以及隔年投产脱硫机组当年多削减的量。当年新增非火电 SO_2 削减量：指连续稳定减排 SO_2 的工程措施，包括 2005 年企业的烧结机和冶炼等烟气脱硫工程脱硫、炼焦脱硫工程、煤改气工程、与国务院环境保护主管部门联网的循环流化床、集中供热等脱硫措施形成的 SO_2 削减量。企业通过技术改造、搬迁或拆除锅炉等措施减少的 SO_2 排放量要有详细的技术资料支持。

附件 5

主要污染物总量减排监测办法

环保总局

第一条 为了准确核定污染源化学需氧量和二氧化硫的排放量，按照《中华人民共和国环境保护法》、《排污费征收使用管理条例》（国令第 369 号）、《国务院关于“十一五”期间全国主要污染物排放总量控制计划的批复》（国函［2006］70 号）、《国务院关于落实科学发展观加强环境保护的决定》（国发［2005］39 号）和《国务院关于印发节能减排综合性工作方案的通知》（国发［2007］15 号）的有关规定，制定本办法。

第二条 主要污染物减排监测是对污染源排放的主要污染物总量进行核定，并为国家确定的主要污染物减排工作提供数据的监测活动。监测工作采用污染源自动监测和污染源监督性监测（包括手工监测和实验室比对监测），主要是掌握污染源排放污染物的种类、浓度和数量。污染源化学需氧量和二氧化硫排放量的监测技术采用自动监测技术与污染源监督性监测技术相结合的方式。

第三条 污染源监督性监测工作原则上由县级政府环境保护主管部门负责。县级政府环境保护主管部门监测能力不足时，由市（地）级以上政府环境保护主管部门负责监测或由省级政府环境保护主管部门确定。

国控重点污染源是国家监控的占全国主要污染物工业排放负荷 65%以上的工业污染源和城市污水处理厂，国控重点污染源名单由国务院环境保护主管部门公布，每年动态调整。

国控重点污染源监督性监测工作由市（地）级政府环境保护主管部门负责，其中装机容量 30 万千瓦以上火电厂的污染源监督性监测工作由省级政府环境保护主管部门负责。国控重点污染源监督性监测数据共享使用，不重复监测。

第四条 以污染源监测数据为基础统一采集、核定、统计污染源排污量数据，根据污染物排放浓度和流量计算污染物排放量。

排污单位应当保证污染防治设施正常运行，对污染物排放状况和防治污染设施运行情况进行定期监测，建立污染源监测档案。排污单位应每月初向当地环境保护主管部门申报上月排放的化学需氧量和二氧化硫数量，并提供有关资料。

对于安装自动监测设备的污染源以自动监测数据为依据申报化学需氧量和二氧化硫的排放量。

对于未安装自动监测设备的污染源，由排污单位提供具备资质的监测单位出具的化学需氧量和二氧化硫监测数据，以此申报化学需氧量和二氧化硫排放量。

对于无法安装自动监测设备和不具备条件监测的污染源，化学需氧量和二氧化硫的排放量按环境统计方法计算，并向当地环境保护主管部门申报。

第五条 当地环境保护主管部门对排污单位每月申报的化学需氧量和二氧化硫排放量进行核定，并将核定结果告知排污单位。

对安装自动监测设备的排污单位，监测设备必须与环境保护主管部门直接联网，实时传输数据，环境保护主管部门据此数据进行核定。

对未安装自动监测设备或自动监测设备没有与环境保护主管部门联网的污染源，环境保护主管部门定期对其进行手工监测，其中国控污染源的监测频次不少于每季度一次，依此数据进行核定。

第六条 国控重点污染源必须在 2008 年底前完成污染源自动监测设备的安装和验收，污染源自动监测设备的建设由排污单位和地方财政负责，验收由地方政府环境保护主管部门负责，数据监测由企业负责，日常运行由有资质的运营单位负责。国控重点污染源自动监测设备的监测数据必须与省级政府环境保护主管部门联网，并直接传输上报国务院环境保护主管部门。

第七条 省级政府环境保护主管部门负责本辖区内的污染源监督性监测数据的质量管理工作。承担化学需氧量和二氧化硫排放量核定的环境保护主管部门具体负责污染源监督性监测数据的质量和排放量的准确性与可靠性。

环境保护主管部门负责对污染源自动监测系统的监测设备进行实验室比对监测和自动监测数据有效性审核。实验室比对监测与自动监测设备同步现场采样，监测频次为每季度一次。

实验室比对监测结果表明同步的自动监测的数据质量达不到规定时，则从本次实验室比对监测时间上推至上次实验室比对监测之间的时段按自动监测系统数据缺失处理。数据缺失时段的排放量按照相关技术规范的规定核算。

地方实验室比对监测结果与上级政府环境保护、主管部门的检查、抽查监测结果不一致时，由上级政府环境保护主管部门确认自动监测数据的有效性。

国务院环境保护主管部门定期组织对污染源监督性监测的统一质量控制考核，并组织跨省区的不定期抽查工作。

第八条 各级政府环境保护主管部门要建立完整的污染源基础信息档案，建立污染源监督性监测数据库。污染源监督性监测数据按季度逐级报送上级环境监测机构，用于监测质量管理工作。

第九条 地方各级人民政府要保证承担本辖区污染源监测工作的各级环境监测站的相关工作条件，在人员配置和培训、设备购买和更新、工作和实验用房供给、工作经费保障等方面制定切实可行的计划并予以落实，特别是要保证直接为减排统计、监测和考核服务的污染源监督性监测费用，补助国控重点污染源自动监控系统的建设和运行费用，将其纳入各级政府财政预算。承担监测任务的环境监测部门监测方法必须采用国家标准方法或环保行业标准方法，并按照国家和地方技术规范要求实行质量保证和质量控制。

本办法自发布之日起施行。

附件 6

主要污染物总量减排考核办法

环保总局

第一条 为贯彻落实科学发展观，加强污染防治的监督管理，控制主要污染物排放，确保实现“十一五”主要污染物总量减排目标，根据《中华人民共和国环境保护法》、《国务院关于“十一五”期间全国主要污染物排放总量控制计划的批复》（国函［2006］70 号）（以下简称《计划》）、《国务院关于落实科学发展观 加强环境保护的决定》（国发［2005］39 号）和《国务院关于印发节能减排综合性工作方案的通知》（国发［2007］15 号）的有关规定，制定本办法。

第二条 本办法适用于对各省、自治区、直辖市人民政府“十一五”期间主要污染物总量减排完成情况的考核。

本办法所称主要污染物，是指《国民经济和社会发展第十一个五年规划纲要》确定的实施总量控制的两项污染物，即化学需氧量和二氧化硫。

第三条 “十一五”主要污染物总量减排的责任主体是地方各级人民政府。各省、自治区、直辖市人民政府要把主要污染物排放总量控制指标层层分解落实到本地区各级人民政府，并将其纳入本地区经济社会发展“十一五”规划，加强组织领导，落实项目和资金，严格监督管理，确保实现主要污染物减排目标。

第四条 各省、自治区、直辖市人民政府要按照《计划》的要求，确定主要污染物年度削减目标，制定年度削减计划。年度削减计划应于当年 3 月底前报国务院环境保护主管部门备案。

第五条 各省、自治区、直辖市人民政府负责建立本地区的主要污染物总量减排指标体系、监测体系和考核体系，及时调度和动态管理主要污染物排放量数据、主要减排措施进展情况以及环境质量变化情况，建立主要污染物排放总量台账。

第六条 主要污染物总量减排考核内容主要包括三个方面：

（一）主要污染物总量减排目标完成情况和环境质量变化情况。减排目标完成情况依据“十一五”主要污染物总量减排统计办法和监测办法的相关规定予以核定；环境质量变化情况依据国务院环境保护主管部门受国务院委托与各省、自治区、直辖市人民政府签订的“十一五”主要污染物总量削减目标责任书的要求核定；

（二）主要污染物总量减排指标体系、监测体系和考核体系的建设和运行情况。

依据各地有关减排指标体系、监测体系和考核体系建设、运行情况的正式文件和有关抽查复核情况进行评定；

（三）各项主要污染物总量减排措施的落实情况。依据污染治理设施试运行或竣工验收文件、关闭落后产能时间和当地政府减排管理措施、计划执行情况等有关材料和统计数据进行评定。

第七条 对各省、自治区、直辖市人民政府落实年度主要污染物减排情况，由国务院环境保护主管部门所属环境保护督察中心进行核查督察，每半年一次。

各省、自治区、直辖市人民政府于每年 3 月底前将上一年度本行政区主要污染物总量减排情况的自查报告报国务院，并抄送国务院环境保护主管部门和国务院节能减排领导小组办公室。

第八条 国务院环境保护主管部门会同发展改革部门、统计部门和监察部门，对各省、自治区、直辖市人民政府上一年度主要污染物总量减排情况进行考核。国务院环境保护主管部门于每年 5 月底前将全国考核结果向国务院报告，经国务院审定后，向社会公告。

主要污染物总量减排考核采用现场核查和重点抽查相结合的方式进行。主要污染物总量减排指标、监测和考核体系建设运行情况较差，或减排工程措施未落实的，或未实现年度主要污染物总量减排计划目标的省、自治区、直辖市认定为未通过年度考核。

未通过年度考核的省、自治区、直辖市人民政府应在 1 个月内向国务院做出书面报告，提出限期整改工作措施，并抄送国务院环境保护主管部门。

第九条 考核结果在报经国务院审定后，交由干部主管部门，依照《体现科学发展观要求的地方党政领导班子和领导干部综合考核评价试行办法》的规定，作为对各省、自治区、直辖市人民政府领导班子和领导干部综合考核评价的重要依据，实行问责制和“一票否决”制。

对考核结果为通过的，国务院环境保护主管部门会同发展改革部门、财政部门优先加大对该地区污染治理和环保能力建设的支持力度，并结合全国减排表彰活动进行表彰奖励；对考核结果为未通过的，国务院环境保护主管部门暂停该地区所有新增主要污染物排放建设项目的环评审批，撤销国家授予该地区的环境保护或环境治理方面的荣誉称号，领导干部不得参加年度评奖、授予荣誉称号等。

对未通过且整改不到位或因工作不力造成重大社会影响的，监察部门按照《环境保护违法违纪行为处分暂行规定》追究该地区有关责任人员的责任。

第十条 对在主要污染物总量减排考核工作中瞒报、谎报情况的地区，予以通报批评；对直接责任人员依法追究责任。

第十一条 各省、自治区、直辖市人民政府需报经国务院环境保护主管部门会同发展改革部门、统计部门审核确认后，方可向社会公布本地区年度主要污染物排放总量数据。

第十二条 国家主要电力企业二氧化硫总量减排的考核参照本办法执行。

第十三条 本办法自发布之日起施行。

国务院关于进一步加强节油节电工作的通知

国发［2008］23号

各省、自治区、直辖市人民政府，国务院各部委、各直属机构：

为深入贯彻科学发展观，落实节约资源和保护环境的基本国策，提高能源利用效率，缓解石油和电力供应紧张状况，促进经济社会可持续发展，现就进一步加强节油节电工作通知如下。

一、充分认识节油节电工作的重要性和紧迫性

石油和电力是重要的能源资源。我国能源资源不足，人均占有量大大低于世界平均水平。随着工业化、城镇化加速发展，能源消费总量不断增加，石油和电力供应紧张已成为制约经济社会发展的一个重要因素。同时还要看到，尽管近几年节油节电工作取得了一定进展，但是能源消费不合理、利用效率低的状况仍然比较严重。据统计，我国汽车燃油经济性水平比欧洲平均水平低15%～20%，电机系统运行效率比国外先进水平低10%～20%，低效电机及相关设备、低效照明产品仍在大量使用，高效节能空调市场占有率不足5%，行政机关、企事业单位、大型公共建筑、城市景观照明以及家庭用电等方面还存在许多浪费现象。特别是今年以来，一些地区石油、电力供应持续紧张，亟须采取有效措施，改善石油、电力供应紧张状况。

解决我国能源问题的根本出路在于坚持节约与开发并举、节约优先的方针。做好节油节电工作，是落实科学发展观、转变经济发展方式、促进经济社会可持续发展的重要途径，也是缓解石油、电力供需紧张矛盾的重要措施，既是一项长期的工作，也是当前的一项紧迫任务。各地区、各部门和各单位要充分认识节油节电工作的重要性和紧迫性，把节油节电工作摆在更加突出的位置，进一步加大工作力度，节约宝贵的能源资源，为经济又好又快发展作出贡献。

二、节油节电的主要措施

当前要突出重点，抓住汽车、锅炉、电机系统、空调、照明等应用面广、潜力

大、见效快的关键设备和产品，采取综合配套措施，形成有效的激励和约束机制，加快高效节能产品和技术的推广应用，提高用油用电效率。其他领域也要结合自身实际情况，明确重点和关键环节，有针对性地采取措施，做好节油节电工作。

（一）汽车节油措施。一是严格执行车辆淘汰制度。加大支持力度，加快淘汰老旧汽车。直辖市、计划单列市和有条件的省会城市老旧公交客车报废期要在额定标准基础上提前 2～3 年。加快高油耗客、货车退出道路营运市场进度，力争到 2013 年年底前实现全部营运车辆达到燃料消耗量限值标准。二是鼓励使用低油耗节能环保型汽车和清洁能源汽车。降低小排量乘用车消费税税率，提高大排量乘用车消费税税率，进一步扩大不同排量汽车消费税税率差距。把节能环保型汽车和清洁能源汽车列入政府采购清单，新购公务车应优先购买节能环保型汽车和清洁能源汽车。三是完善汽车燃油经济性标准。适时提高并严格执行乘用车和轻型商用车燃料消耗量限值标准，抓紧出台重型商用车燃料消耗量限值标准，尽快制订营运客、货车燃料消耗量限值标准。建立并实施强制性汽车燃料消耗量申报、公告、标识制度。汽车生产商和进口商要按照统一的检测方法，测定并申报汽车燃料消耗量，新生产和进口汽车销售时必须在显著位置粘贴燃料消耗量标识。有关部门要定期公告汽车燃料消耗量指标。四是加强运输节能管理。优化道路运输组织管理，提高运输集约化水平，加强车辆用油定额考核。对客车实载率低于 70%的线路，不投放新的运力。抓紧研究完善挂车牌照管理、交通规费征收和保险制度，鼓励发展甩挂运输。积极推广使用公路自动收费系统（ETC）。五是大力发展公共交通。加快建设快速公交和轨道交通，科学设置公交优先车道（路）和优先通行信号系统，加强公共交通、区域内交通及对外交通的有效衔接，提高公共交通运营效率。城市人民政府要加大对公共交通的投入和补贴力度，降低公共交通出行费用，吸引、鼓励更多群众选乘公共交通工具出行。加强出租车调度，完善预约制度，降低空载率。

（二）锅炉（窑炉）节油措施。所有火电厂（包括新建电厂）燃煤锅炉都要采用等离子无油、小油枪等微油点火技术和低负荷稳燃技术，降低油耗。继续把关停燃油机组作为关停小火电的重点，减少燃油发电。在电网调度中，燃油机组不得作为基础负荷机组，只能作为系统备用调峰负荷机组。工业窑炉要逐步停用燃料油，以洁净煤、天然气、煤制气等替代燃料油，大力采用窑炉保温、富氧燃烧、余热回收等新技术、新工艺，降低燃油消耗。中央预算内投资和中央财政资金要加大对节约和替代石油项目的支持力度。

（三）电机系统节电措施。一是加快淘汰低效电机及拖动设备。制订低效落后电机及拖动设备淘汰目录和淘汰计划，研究出台激励政策，加快淘汰进度。二是推广高效节能电机及相关设备。企业购置使用高效节能中小型三相异步电动机、高压电动机、交直流永磁电动机、通风机、水泵、空气压缩机等产品，符合《节能节水专用设备企业所得税优惠目录》规定的，其投资额按税法规定享受抵免所得税优惠。对实施电机系统节能改造的项目，依据有关规定按取得的节能量予以奖励。三是加强电机系统节电管理。制定高效节能电机产品标准，加快完善电机及拖动设备强制性能效标准和运行标准。加快建立电机检测机构，把能效指标作为电机及相关设备出厂检测的重要内容。推广电机系统变频调速、软启动装置、无功补偿装置、计算机自动控制系统等先进技术和设备。合理匹配电机系统，消除“大马拉小车”现象。

（四）空调节电措施。一是加快推广高效节能空调。严格执行国家强制性空调能效标准，对达不到标准的禁止生产和销售。严格实施空调能效标识制度，扩大实施能效标识的空调产品范围。实行鼓励消费者购买高效节能空调的财税政策，提高高效节能空调的市场份额。鼓励发展非电空调。二是强化空调运行管理。严格执行公共建筑空调温度控制标准。新建公共建筑使用中央空调系统的，应对空调系统进行优化设计，空调系统建成后应进行能效测评。建立空调系统运行管理制度，优化空调运行模式。三是加强现有空调系统的改造和维护。积极采用变频、变风量、流量可调系统、太阳能采暖制冷、地源热泵、余热源热泵、高效冷却塔和高效换热器等节能新技术、新设备，提高空调运行效率。鼓励并扶持专业节能服务机构采用合同能源管理方式，对中央空调系统实施节能改造。加强对中央空调系统的维护保养，每年夏季或冬季空调使用前，应按规定及时进行清洗和维护。

（五）照明节电措施。一是加快淘汰低效照明产品。制定实施淘汰低效照明产品、推广高效照明产品计划。2008 年年底前，东、中部地区和有条件的西部地区大中城市行政机关全部淘汰低效照明产品，2009 年年底前，东、中部地区和有条件的西部地区大中城市道路照明、公共场所全部淘汰低效照明产品。加大利用财政补贴推广高效照明产品的力度，2008 年要推广高效照明产品 5 000 万支以上，在确保“十一五”推广高效照明产品 1.5 亿支的基础上，进一步扩大高效照明产品规模。利用中央预算内投资支持高效光源、灯具等生产企业实施技术改造，研究采取税收政策抑制白炽灯等低效照明产品的生产和消费。二是减少城市照明用电。科学制定城市照明规划，合理划分城市照明等级，确保以道路照明为主的功能照明，严格控制装饰性景观照明。功能照明建设项目要严格按照照明设计标准及照明能耗密度标准进行设计和建设。三是加强照明节电管理。优化照明系统运行，改进电路布设和控制方式。白天尽可能采用自然光照明，公共区域照明逐步安装自动控制开关。

（六）办公节电措施。一是扩大办公产品能效标识和节能认证实施范围。2008 年年底前将计算机显示器、复印机等办公产品纳入能效标识实施范围，2009 年年底前将计算机、打印机等产品纳入能效标识实施范围，引导用户购买节能型产品。二是强化办公节电管理。各级行政机关要制订节约用电制度和节电改造计划，明确节能监督员，监督节电制度和改造计划的落实。办公用电设备要设置成节能模式，长时间不使用的要及时关闭，减少待机能耗。

三、强化管理和监督

（一）强化固定资产投资项目节能评估和审查。按照《中华人民共和国节约能源法》的要求，尽快出台固定资产投资项目节能评估和审查条例，将节能评估审查作为项目审批、核准或开工建设的前置条件，未通过节能评估审查的，一律不得审批、核准或开工建设。

（二）加强重点用油用电单位管理。各地区节能主管部门要加强年耗油 1 000 吨以上、年用电 500 万千瓦时以上重点用油用电单位的管理。重点用油用电单位必须按要求配备相应的计量测试装置，监控用能情况，严格能源计量数据管理。组织开展对主要耗油耗电设备和工艺系统的检测，2009 年年底前要完成所有重点用电单位电平衡测试，并实施用电实时在线监测，对高耗能单位要及时采取改进措施。石油、发电企业和输配企业要努力降低石油、电力自用率，减少石油、电力损耗。

（三）加强电力需求侧管理。切实控制高耗能、高排放企业和产能过剩行业用电，停止不符合产业政策、违规建设和淘汰类企业的用电。各地区和电网企业要制定实施科学合理的电力错峰、避峰和有序用电方案。用电企业要合理安排生产工艺、生产班次和设备检修，具备条件的要采用蓄冷、蓄热方式，积极参与用电高峰时段避峰。加强无功管理，变压器总容量在 100 千伏安以上的高电压等级用电企业的功率因数要达到 0.95 以上，其他用电企业的功率因数要达到 0.9 以上。鼓励利用余压余热发电。电力供需矛盾突出的地区，要严格按照以煤以水定电、以电定用、有序用电、节约用电的原则，制定与发电出力相匹配的用电调控指标。

（四）落实促进节油节电的价格政策。对电解铝、铁合金、钢铁、电石、烧碱、水泥、黄磷、锌冶炼等高耗能行业严格执行差别电价政策，取消地方自行出台的高耗能企业电价优惠政策。地方政府可在国家规定的基础上，按照规定程序扩大差别电价实施范围，提高实施标准。进一步完善峰谷电价，合理调整峰谷价差、时段和实施范围，有条件的地方可实施尖峰电价。研究对居民用电实行阶梯式电价。积极稳妥推进石油价格改革。

（五）加快节油节电科技创新和成果推广。在国家各类科技专项计划中，把节油节电重大技术研发作为重点，大力开发节约和替代石油技术以及高效节电技术。加强节油节电技术的引进和消化吸收。积极支持科研单位和企业开展节油节电技术应用研究，开发共性和关键技术，促进技术创新和成果转化，加快先进适用技术的推广应用。

（六）强化监督管理。各级节能主管部门要会同有关部门加强节油节电管理，组织开展对国家明令淘汰的高耗油高耗电产品、空调温度设定、城市景观照明等专项检查，依法查处各种浪费行为。加大能效标识市场监督执法力度，打击虚假标识，规范标识行为。质检部门要加大对终端用能节能产品的质量监管力度，定期开展检查，对产品能效不达标的企业要依法处罚，对能效严重超标产品要责令企业收回。

（七）广泛开展宣传教育活动。要以节油节电为重点，广泛深入开展节能宣传教育，普及节能知识，解读节能政策，推介节能新技术、新产品、新工艺，宣传节能先进典型。将节油节电知识纳入学校教育和实践培训体系，在广大企业开展节油节电合理化建议活动。组织开展节油节电进家庭、进社区活动，编印节油节电手册、指南等，向公众介绍、传授节油节电的方法和窍门。

四、加强组织领导

各地区、各部门要从战略和全局的高度，重视节油节电工作，加强组织领导，结合自身实际，抓紧制定具体实施方案。发展改革委要加强对各地区、各部门节油节电工作的指导和协调，会同有关部门认真组织实施，加强督促检查，及时研究解决节油节电工作中遇到的重大问题。工业和信息化部、财政部、住房城乡建设部、交通运输部、商务部、税务总局、质检总局、国管局、电监会等部门要在各自职责范围内积极落实各项政策措施。地方各级人民政府要对本地区节油节电工作负总责，明确有关部门的职责分工，做到责任到位、措施到位、投入到位、监管到位，确保节油节电工作取得明显成效。

二〇〇八年八月一日

其他各类文件

国务院办公厅关于严格执行公共建筑空调温度控制标准的通知

国办发［2007］42号

各省、自治区、直辖市人民政府，国务院各部委、各直属机构：

随着我国经济社会的快速发展，空调已比较普遍地应用于公共建筑和居民住宅，在改善人们生产生活条件的同时，也消耗了大量电能。为深入贯彻科学发展观，进一步落实《国务院关于加强节能工作的决定》（国发［2006］28 号）精神，促进科学使用空调，节约能源资源，减少温室气体排放，有效保护环境，经国务院同意，现就严格执行公共建筑空调温度控制标准有关问题通知如下。

一、充分认识合理控制空调温度的重要意义

多年以来，我国公共建筑的空调管理比较粗放，空调温度设置不尽合理，导致能效不高，造成能源资源浪费，增加了环境压力，与建设资源节约型、环境友好型社会的目标不相适应。实践表明，合理设置空调温度，科学管理空调的运行，既能提供比较健康、舒适的室内环境，满足正常的工作、生活和学习需要，又能节约能源，保护生态环境，是一件利国利民的好事。加强空调使用环节的节能环保工作，已日渐成为世界各国的普遍共识和通行做法。我国人口多、底子薄，节约能源资源、保护生态环境的任务十分艰巨，目前节能减排的形势十分严峻。今年夏季用电高峰即将来临，各地区、各有关部门一定要提高认识，提前谋划，加强组织领导，采取有效措施，切实做好空调节能工作。

二、严格执行空调温度控制标准

所有公共建筑内的单位，包括国家机关、社会团体、企事业组织和个体工商户，除医院等特殊单位以及在生产工艺上对温度有特定要求并经批准的用户之外，夏季

室内空调温度设置不得低于 26 摄氏度，冬季室内空调温度设置不得高于 20 摄氏度。一般情况下，空调运行期间禁止开窗。各地可在确保符合上述要求的前提下，根据当地气候条件等实际情况，进一步制订具体的控制标准。各级国家机关要带头厉行节约，严格执行空调温度控制标准，发挥表率作用。

三、切实落实空调节能管理措施

严格执行空调能效标识制度，严禁不合格的高耗能空调进入市场。加强对空调的节能诊断，实施合同能源管理，及时分析能耗状况，根据节能需要和用户承受能力，采取加装变频器等方式，积极实施空调节能改造。要改进空调的运行管理，加强保养维护，定期清洗，充分利用室外新风，提高空调能效水平。要进一步完善并严格执行政府采购节能环保产品制度，对空调等高耗能产品，实行政府强制采购节能环保产品制度。有关部门要抓紧出台具体办法。

四、加强督促检查

严格实施公共建筑空调温度控制标准是完成节能减排任务的一项重要措施，要纳入节能减排工作目标责任体系，建立和完善工作机制，加强督促检查，确保相关规定和措施不折不扣地得到贯彻落实。各级节能主管部门要会同有关部门加强协调指导，合理调配人力物力，把机关办公楼、宾馆、写字楼、商场、超市等空调使用大户作为重点，做好温度控制的监督检查工作，公开处理违反国家节能管理和环保法律法规的典型案件。要注意依法行政、文明执法，依法纠正和查处违反空调温度控制标准的行为。要充分发挥社会监督特别是舆论监督的作用，充分调动广大人民群众的积极性，形成全社会齐抓共管的氛围。

五、大力倡导家庭合理控制空调温度

节约能源、保护环境是每个公民的义务。要采取多种形式，深入宣传合理控制空调温度的科学道理，增强全社会的资源忧患意识、节约意识和责任意识，培育科学使用空调、节约用电的良好风尚，倡导广大家庭合理控制空调温度，使之成为每一位公民的自觉行动。

二○○七年六月一日

国务院办公厅关于建立政府强制采购节能产品制度的通知

国办发［2007］51号

各省、自治区、直辖市人民政府，国务院各部委、各直属机构：

《国务院关于加强节能工作的决定》（国发［2006］28 号）和《国务院关于印发节能减排综合性工作方案的通知》（国发［2007］15 号）提出，为切实加强政府机构节能工作，发挥政府采购的政策导向作用，建立政府强制采购节能产品制度，在积极推进政府机构优先采购节能（包括节水）产品的基础上，选择部分节能效果显著、性能比较成熟的产品，予以强制采购。经国务院同意，现就有关问题通知如下。

一、充分认识建立政府强制采购节能产品制度的重要意义

近年来，各级国家机关、事业单位和团体组织（以下统称政府机构）在政府采购活动中，积极采购、使用节能产品，大大降低了能耗水平，对在全社会形成节能风尚起到了良好的引导作用。同时也要看到，由于认识不够到位，措施不够配套，工作力度不够等原因，在一些地区和部门，政府机构采购节能产品的比例还比较低。目前，政府机构人均能耗、单位建筑能耗均高于社会平均水平，节能潜力较大，有责任、有义务严格按照规定采购节能产品，模范地做好节能工作。建立健全和严格执行政府强制采购节能产品制度，是贯彻落实《中华人民共和国政府采购法》以及国务院加强节能减排工作要求的有力措施，不仅有利于降低政府机构能耗水平，节约财政资金，而且有利于促进全社会做好节能减排工作。从短期看，使用节能产品可能会增加一次性投入，但从长远的节能效果看，经济效益是明显的。各地区、各部门和有关单位要充分认识政府强制采购节能产品的重要意义，增强执行制度的自觉性，采取措施大力推动政府采购节能产品工作。

二、明确政府强制采购节能产品的总体要求

各级政府机构使用财政性资金进行政府采购活动时，在技术、服务等指标满足采购需求的前提下，要优先采购节能产品，对部分节能效果、性能等达到要求的产品，实行强制采购，以促进节约能源，保护环境，降低政府机构能源费用开支。建立节能产品政府采购清单管理制度，明确政府优先采购的节能产品和政府强制采购的节能产品类别，指导政府机构采购节能产品。

采购单位应在政府采购招标文件（含谈判文件、询价文件）中载明对产品的节能要求、对节能产品的优惠幅度，以及评审标准和方法等，以体现优先采购的导向。拟采购产品属于节能产品政府采购清单规定必须强制采购的，应当在招标文件中明确载明，并在评审标准中予以充分体现。同时，采购招标文件不得指定特定的节能产品或供应商，不得含有倾向性或者排斥潜在供应商的内容，以达到充分竞争、择优采购的目的。

三、科学制定节能产品政府采购清单

节能产品政府采购清单由财政部、发展改革委负责制订。列入节能产品政府采购清单中的产品由财政部、发展改革委从国家采信的节能产品认证机构认证的节能产品中，根据节能性能、技术水平和市场成熟程度等因素择优确定，并在中国政府采购网、发展改革委门户网、中国节能节水认证网等媒体上定期向社会公布。

优先采购的节能产品应该符合下列条件：一是产品属于国家采信的节能产品认证机构认证的节能产品，节能效果明显；二是产品生产批量较大，技术成熟，质量可靠；三是产品具有比较健全的供应体系和良好的售后服务能力；四是产品供应商符合政府采购法对政府采购供应商的条件要求。

在优先采购的节能产品中，实行强制采购的按照以下原则确定：一是产品具有通用性，适合集中采购，有较好的规模效益；二是产品节能效果突出，效益比较显著；三是产品供应商数量充足，一般不少于 5 家，确保产品具有充分的竞争性，采购人具有较大的选择空间。

财政部、发展改革委要根据上述要求，在近几年开展的优先采购节能产品工作的基础上，抓紧修订、公布新的节能产品政府采购清单，并组织好节能产品采购工作。

四、规范节能产品政府采购清单管理

节能产品政府采购清单是实施政府优先采购和强制采购的重要依据，财政部、发展改革委要建立健全制定、公布和调整机制，做到制度完备、范围明确、操作规

范、方法科学，确保政府采购节能产品公开、公正、公平进行。要对节能产品政府采购清单实行动态管理，定期调整。建立健全专家咨询论证、社会公示制度。采购清单和调整方案正式公布前，要在中国政府采购网等指定的媒体上对社会公示，公示时间不少于 15 个工作日。对经公示确实不具备条件的产品，不列入采购清单。建立举报制度、奖惩制度，明确举报方式、受理机构和奖惩办法，接受社会监督。

五、加强组织领导和督促检查

各有关部门要按照职责分工，明确责任和任务，确保政府强制采购节能产品制度的贯彻落实。财政部、发展改革委要加强与有关部门的沟通协商，共同研究解决政策实施中的问题。要完善节能产品政府采购信息发布和数据统计工作，及时掌握采购工作进展情况。要加强对节能产品政府采购工作的指导，积极开展调查研究，多方听取意见，及时发现问题，研究提出对策。要督促进入优先采购和强制采购产品范围的生产企业建立健全质量保证体系，认真落实国家有关产品质量、标准、检验等要求，确保节能等性能和质量持续稳定。质检总局要加强对节能产品认证机构的监管，督促其认真履行职责，提高认证质量和水平。国家采信的节能产品认证机构和相关检测机构应当严格按照国家有关规定，客观公正地开展认证和检测工作，并对纳入政府优先采购和强制采购清单的节能产品实施有效的跟踪调查。对于不能持续符合认证要求的，认证机构应当暂停生产企业使用直至撤销认证证书，并及时报告财政部和发展改革委。

各级财政部门要切实加强对政府采购节能产品的监督检查，加大对违规采购行为的处罚力度。对未按强制采购规定采购节能产品的单位，财政部门要及时采取有效措施责令其改正。拒不改正的，属于采购单位责任的，财政部门要给予通报批评，并不得拨付采购资金；属于政府采购代理机构责任的，财政部门要依法追究相关单位和责任人员的责任。

二〇〇七年七月三十日

国务院办公厅关于深入开展全民节能行动的通知

国办发［2008］106号

各省、自治区、直辖市人民政府，国务院各部委、各直属机构：

节约资源和保护环境是我国的基本国策。为缓解能源供应紧张状况，保护生态环境，进一步增强全民能源忧患意识和节能意识，建设资源节约型和环境友好型社会，经国务院同意，现就开展全民节能行动有关事项通知如下。

一、增强全民节能意识

人口众多、能源资源相对不足、环境承载能力较弱，是我国的基本国情之一。近年来，为实现“十一五”节能减排目标，保障国家能源安全，促进经济社会可持续发展，国家制定了一系列促进节能的政策措施，取得了一定成效。但是，浪费能源的现象仍然比较严重，如一些地方城市建设贪大求洋，汽车消费追求大排量，住房消费追求大面积，装修装饰追求豪华，大量使用一次性用品，产品过度包装等，不仅造成需求的不合理增长，而且加剧了能源供应紧张状况，加重了环境污染，助长了不良社会风气。开展全民节能，关系到我国经济社会的持续健康发展，关系到人民群众的切身利益，体现全民族的文明素质。要从全局和战略的高度，充分认识深入开展全民节能行动的重大意义，增强紧迫感和危机感，广泛动员全民节能，把节能变成全体公民的自觉行动。

二、全民节能行动的主要内容

（一）开展能源紧缺体验。各级节能主管部门要会同有关部门，在每年的全国节能宣传周期间组织开展主题鲜明、形式多样的能源紧缺体验活动，强化节能意识。地方各级人民政府和国务院各部门主要负责人每年都要参加一次能源紧缺体验活动。

（二）每周少开一天车。除特殊公务车外，各级行政机关、社会团体、事业单位和国有企业的公务车按牌号尾数每周少开一天，星期一至星期五停开公务车牌号尾数分别为1和6、2和7、3和8、4和9、5和0。同时要加快推进公务车改革。倡导其他单位和个人参照上述原则每周少开一天车，更多选乘公共交通工具出行。

（三）严格控制室内空调温度。除有特定要求并经批准外，公共建筑夏季室内空调温度设置不得低于26摄氏度，冬季室内空调温度设置不得高于20摄氏度。倡导居民参照上述标准设置空调温度。

（四）减少电梯使用。各级行政机关办公场所三层楼以下（含三层）原则上停开电梯，非高峰时段减少运转台数。提倡高层建筑电梯分段运行或隔层停开，短距离上下楼层不乘电梯，尽量减少电梯使用。

（五）控制路灯和景观照明。在保证车辆、行人安全的前提下，合理开启和关闭路灯，试行间隔开灯，推广使用可再生能源路灯。在用电高峰时段，城市景观照明、娱乐场所霓虹灯等要减少用电。各级行政机关、公共场所应关闭不必要的夜间照明，除重大的庆祝活动外，一律关闭景观照明。

（六）普及使用节能产品。鼓励和引导消费者购买使用能效标识2级以上或有节能产品认证标志的空调、冰箱等家用电器，鼓励购买节能灯、节能环保型小排量汽车。各级行政机关要优先采购节能产品，认真落实强制采购节能产品的有关规定。

（七）使用节能环保购物袋。严格执行限制生产销售使用塑料购物袋的有关规定，提倡重拎布袋子、菜篮子，重复使用节能环保购物袋，减少石油用量，保护生态环境。

（八）减少使用一次性用品。提倡不使用一次性筷子、纸杯、签字笔等。各级行政机关要带头减少使用一次性用品。各类宾馆饭店不主动提供一次性洗漱用品。采取有效措施治理过度包装，积极抵制过度包装产品。

（九）夏季公务活动着便装。每年夏季，除重大外事活动及有特殊要求以外，公务活动一律着便装。

（十）培养自觉节能习惯。提倡单位、家庭在夏季用电高峰时段每天少开一小时空调、晚开半小时电灯，尽量使用自然光照明，随手关灯，杜绝白昼灯、长明灯。及时关闭办公设备和家用电器，减少待机能耗。

三、加大宣传力度

要采取多种形式，大张旗鼓地宣传能源供求紧张形势和节能重要意义，普及节能知识和方法，宣传节能政策，推介节能新技术、新产品，宣传节能先进典型，大力倡导节俭文明的社会风尚，形成全民节能的强大声势和浓厚氛围。

新闻宣传部门要会同发展改革委等部门制订全民节能宣传方案，纳入重大主题宣传活动。各地区、各部门要统筹做好开展全民节能行动的有关宣传工作。各级节能主管部门要会同有关部门组织好集中宣传和日常宣传。各新闻媒体要制订具体的宣传报道方案，在重要时段、重要版面增加报道频次，强化深度报道，加大节能公益广告宣传力度，曝光浪费能源现象，充分发挥舆论监督作用。积极组织推动在工矿企业、学校、社区广泛开展节能宣传教育和节能科普活动。

四、加强组织协调和监督检查

发展改革委要会同有关部门和单位组织开展全民节能行动，并加强对各地区、各部门开展全民节能行动的指导和协调。地方各级节能主管部门要会同有关部门组织好本地区全民节能行动，会同质检、工商等部门加强对室内空调温度控制、生产销售使用塑料购物袋、能效标识、过度包装等的监督检查。各级节能监察机构要加强日常监督，确保各项措施真正落到实处。

二〇〇八年八月一日

中共中央办公厅、国务院办公厅
关于党政机关厉行节约若干问题的通知

中发办［2009］11号

各省、自治区、直辖市党委和人民政府，中央和国家机关各部委，解放军各总部、各大单位，各人民团体：

艰苦奋斗是我们党的优良传统和作风。党中央、国务院历来高度重视并严格要求各级党政机关带头厉行节约、反对奢侈浪费。当前，面对国际国内形势的严峻挑战，特别是受国际金融危机影响，我国经济运行困难加剧，财政收支矛盾凸显，解决和改善民生问题任务繁重。为保持经济平稳较快发展，维护改革发展稳定大局，各级党政机关必须厉行节约，坚决制止奢侈浪费。现就有关问题通知如下。

一、严禁以各种名义用公款出国（境）旅游。2009年各地区各部门因公出国（境）经费支出要在近3年平均数基础上压缩20%，并相应减少因公出国（境）团组数和人数。

二、严格公务用车配备使用管理。2009年各级党政机关车辆购置及运行费用支出要在近3年平均数基础上降低15%。严格执行公务用车编制管理规定和配备使用标准。

三、严格控制公务接待费用支出。2009年各级党政机关公务接待费用支出要在2008年基础上削减10%。国内公务接待严格按标准实行工作餐。

四、严禁领导干部在参加会议、学习、培训期间用公款相互宴请和以同乡会、校友会、战友会等各种联谊活动名义用公款请客送礼，对违规者要严肃处理，所花费用由参与者自负。

五、严格控制各种庆典、节会、论坛等活动，经批准举办的要从严控制规模和经费支出。领导干部不得擅自接受邀请参加此类活动。

六、严格控制党政机关办公楼等楼堂馆所建设。自通知下发之日起到2010年底，各级党政机关一律不得新建办公楼，不准建设培训中心、宾馆、招待所等楼堂馆所。

经批准已开工建设的，要严格执行规定标准。严禁为领导干部超标准建设、装修住房。

七、严格控制一般性支出，认真落实中央提出的有关费用实行零增长的要求，严格预算支出管理，降低行政运行成本。2009 年各级党政机关节电、节油、节水指标要在 2008 年基础上降低 5%。大力压缩会议、文件、通信等方面的费用支出。

八、严禁党政机关以各种名义向企事业单位转嫁、摊派和报销费用。深入开展治理“小金库”工作，注重从资金来源上堵塞漏洞。

各地区各部门要按照本通知要求，结合实际，健全规章制度，采取得力措施，狠抓贯彻落实。各级纪检监察机关和发展改革、外事、财政、审计、机关事务管理等部门要切实履行职责，加强监督检查。对违反规定的，要依据党纪政纪和有关法律法规，严肃追究主要领导、分管领导和直接责任人的责任。2009 年年底前，各地区各部门要将落实本通知情况，特别是压缩经费支出和查处违纪违规案件情况，报中央纪委监察部。

二〇〇九年二月二十日

国家发展改革委关于印发节能中长期专项规划的通知

发改环资［2004］2505号

各省、自治区、直辖市及计划单列市、副省级省会城市人民政府，国务院各部门、各直属机构，解放军总后勤部，有关行业协会，有关单位：

为贯彻落实党的十六大和十六届三中、四中全会精神，树立和落实科学发展观，推动全社会大力节能降耗，提高能源利用效率，加快建设节能型社会，缓解能源约束矛盾和环境压力，保障全面建设小康社会目标的实现，我委组织编制了《节能中长期专项规划》。经报请国务院同意，现印发你们，请结合实际情况贯彻落实，并将落实情况及时反馈我委。

附件：节能中长期专项规划

二〇〇四年十一月十日

附件

节能中长期专项规划

前 言

节能是我国经济和社会发展的一项长远战略方针，也是当前一项极为紧迫的任务。为推动全社会开展节能降耗，缓解能源瓶颈制约，建设节能型社会，促进经济社会可持续发展，实现全面建设小康社会的宏伟目标，特制定本规划。

规划期分为“十一五”和 2020 年，重点规划了到 2010 年节能的目标和发展重点，并提出 2020 年的目标。

规划分五个部分：我国能源利用现状，节能工作面临的形势和任务，节能的指导思想、原则和目标，节能的重点领域和重点工程，以及保障措施。

节能专项规划是我国能源中长期发展规划的重要组成部分，也是我国中长期节能工作的指导性文件和节能项目建设的依据。

（说明：规划采用了国家统计局对 2000 年、2002 年能源生产、消费总量及 GDP 能耗等相关数字的初步调整数。）

一、我国能源利用现状

（一）能源消费特点

2002 年，全国一次能源消费总量 15.14 亿吨标准煤，比 1990 年增加 5.27 亿吨标准煤，增长 53%，年均增长 3.6%。其中，煤炭占 66.3%，石油占 23.5%，天然气占 2.6%，水电、核电占 7.6%。

我国能源消费呈以下主要特点：

1. 能源消费以煤为主，环境问题日益突出。2002 年，煤炭消费量 14.2 亿吨，比 1990 年增长 34%，年均增长 2.5%。近 70%的原煤没有经过洗选直接燃烧，燃煤造成的二氧化硫和烟尘排放量占排放总量的 70%～80%，二氧化硫排放形成的酸雨面积已占国土面积的三分之一；化石燃料二氧化碳排放是我国温室气体的主要来源。

2. 优质能源比重上升，石油安全不容忽视。2002 年，石油、天然气、水电等优质能源消费量占能源消费总量的 33.7%，比 1990 年提高 9.9 个百分点，其中石油占消费总量的比重由 1990 年的 16.6%提高到 23.5%，提高 6.9 个百分点。“九五”以来交通运输用油呈快速增长态势，特别是营运运输用油，年均增长速度大大高于同期国内生产总值的增长速度。我国自 1993 年开始成为石油净进口国以来，对外依存度逐年提高，2002 年石油净进口量 8 130 万吨，对外依存度达 32.8%。

3. 工业用能居高不下，结构调整任重道远。2002 年，一、二、三产业和生活用能分别占能源消费总量的 4.4%、69.3%、14.9%和 11.4%。其中，工业用能占 68.3%，自 1990 年以来始终保持在 70%左右的水平，虽然统计口径不完全可比，但与国外能源消费构成相比，我国工业用能比重明显偏高。在推进工业化的进程中，调整经济结构的任务十分艰巨。

4. 生活用能有所改善，用能水平仍然很低。2002 年，城乡居民生活用电 2001 亿千瓦时，天然气和煤气 177 亿立方米，液化石油气 1 169 万吨，占生活用能的比重分别由 1990 年的 3.7%、1.66%、1.72%上升到 14.4%、6.8%、11.8%。但用能水平仍然很低，人均生活用电量 156 千瓦时，仅相当于日本的 7.7%，美国的 4%。

（二）能源利用情况

改革开放以来，在党中央、国务院“能源开发与节约并举，把节约放在首位”的方针指引下，各地区、各部门和各企业单位大力开展节能工作，取得明显成效。

1. 能源利用效率有所提高。

单位产值能耗。按 1990 年不变价计算，每万元 GDP 能耗由 1990 年的 5.32 吨标准煤下降到 2002 年的 2.68 吨标准煤，下降 50%，年均节能率为 5.6%。

单位产品能耗。2000 年与 1990 年相比，火电供电煤耗由每千瓦时 427 克标准煤下降到 392 克标准煤，吨钢可比能耗由 997 千克标准煤下降到 784 千克标准煤，水泥综合能耗由每吨 201 千克标准煤下降到 181 千克标准煤，大型合成氨（以油气为原料）综合能耗由每吨 1 343 千克标准煤下降到 1 273 千克标准煤。单位产品能耗与国际先进水平的差距分别缩小了 6.1、37.1、18.7、3.1 个百分点。

能源效率。2000 年能源效率为 33%，比 1990 年提高 5 个百分点。其中，能源加工、转换、贮运效率为 67.8%，终端能源利用效率为 49.2%。

2. 节能取得明显的经济和社会效益。

按环比法计算，1991—2002 年的 12 年间，累计节约和少用能源约 7 亿吨标准煤，能源消费以年均 3.6%的增长速度支持了国民经济年均 9.7%的增长速度。节约和少用能源相当于减少二氧化硫排放 1 050 万吨。节能对缓解能源供需矛盾，提高经济增长质量和效益，减少环境污染，保障国民经济持续、快速、健康发展发挥了重要作用。

3. 能源利用效率与国外的差距。

单位产值能耗。据有关机构研究，2000 年按现行汇率计算的每百万美元国内生产总值能耗，我国为 1 274 吨标准煤，比世界平均水平高 2.4 倍，比美国、欧盟、日本、印度分别高 2.5 倍、4.9 倍、8.7 倍和 0.43 倍。

单位产品能耗。2000 年电力、钢铁、有色、石化、建材、化工、轻工、纺织 8 个行业主要产品单位能耗平均比国际先进水平高 40%，如火电供电煤耗高 22.5%，大中型钢铁企业吨钢可比能耗高 21.4%，铜冶炼综合能耗高 65%，水泥综合能耗高 45.3%，大型合成氨综合能耗高 31.2%，纸和纸板综合能耗高 120%。

主要耗能设备能源效率。2000 年，燃煤工业锅炉平均运行效率 65%左右，比国际先进水平低 15～20 个百分点；中小电动机平均效率 87%，风机、水泵平均设计效率 75%，均比国际先进水平低 5 个百分点，系统运行效率低近 20 个百分点；机动车燃油经济性水平比欧洲低 25%，比日本低 20%，比美国整体水平低 10%；载货汽车百吨公里油耗 7.6 升，比国外先进水平高 1 倍以上；内河运输船舶油耗比国外先进水平高 10%～20%。

单位建筑面积能耗。目前我国单位建筑面积采暖能耗相当于气候条件相近发达国家的 2～3 倍。据专家分析，我国公共建筑和居住建筑全面执行节能 50%的标准是现实可行的；与发达国家相比，即使在达到了节能 50%的目标以后仍有约 50%的节能潜力。

能源效率。能源效率比国际先进水平低 10 个百分点。如火电机组平均效率 33.8%，比国际先进水平低 6%～7%。能源利用中间环节（加工、转换和贮运）损失量大，浪费严重。

我国能源利用效率与国外的差距表明，节能潜力巨大。根据有关单位研究，按单位产品能耗和终端用能设备能耗与国际先进水平比较，目前我国的节能潜力约为 3 亿吨标准煤。

我国能源利用效率低下的主要原因是粗放型经济增长方式，结构不合理，技术装备落后，管理水平低。一是结构不合理。产业结构中低能耗的第三产业（产值能耗为第二产业产值能耗的 43%）特别是服务业明显滞后，我国第三产业增加值占 GDP 的比重为 33%，而世界平均水平约 63%；第二产业中高能耗重化工业比重高，工业化仍以量的扩张为主，消耗高，浪费大，污染重；能源消费结构中优质能源比重低；企业规模小，产业集中度低。二是工艺技术和装备落后。重点行业落后工艺所占比重仍然较高，如大型钢铁联合企业吨钢综合能耗与小型企业相差 200 千克标准煤左右，火电厂 30 万千瓦机组与 5 万千瓦机组每千瓦时供电煤耗相差 100 克标准煤以上，大中型合成氨吨产品综合能耗与小型企业相差 300 千克标准煤左右。三是管理水平低，与节能密切相关的统计、计量、考核制度不完善，信息化水平低，损失浪费严重。

（三）节能工作存在的主要问题

一是对节能重要性缺乏足够的认识，节能优先的方针没有落到实处。在发展思路上存在重开发、轻节约，重速度、轻效益的倾向，把节能仅仅作为缓解能源供需矛盾的权宜之计，供应紧张时重视节能，供应缓和时放松节能，片面认为节能可以依靠市场机制来实现，对节能在转变经济增长方式、实施可持续发展战略中的重要地位以及政府在节能管理中的重要作用缺乏足够的认识，在宏观政策的各个方面节能优先的方针还没有充分体现，一些地方和行业节能管理有所削弱，节能还没有成为绝大多数企业和全体公民的自觉行动。

二是节能法律法规不完善。1998 年颁布实施了《节约能源法》，但有法不依，执法不严的现象严重，配套法规不完善，操作性上有待改进。能效标准制定工作滞后，尚未颁布机动车燃油经济性标准，大部分工业用能设备（产品）没有能效标准。虽然陆续制定和颁布了各气候区建筑节能 50%的设计标准，但全国城市每年新增建筑中达到节能建筑设计标准的不到 5%。

三是缺乏有效的节能激励政策。国内外实践表明，节能在很多方面属于市场失灵的领域，需要政府宏观调控和引导。目前在财税政策上对节能改造、节能设备研制和应用以及节能奖励等方面，支持的力度不够，没有建立有效的节能激励机制。

四是尚未建立适应市场经济体制要求的节能新机制。在计划经济体制下形成的节能管理体系已不适应新形势的要求。国外普遍采用的综合资源规划、电力需求侧管理、合同能源管理、能效标识管理、自愿协议等节能新机制，在我国还没有广泛推行，有的还处于试点和探索阶段。供热体制改革滞后，受各种因素影响贯彻落实难度较大。

五是节能技术开发和推广应用不够。节能必须依靠技术进步，改革开放以来，我国开发、示范（引进）和推广了一大批节能新技术、新工艺和新设备，节能技术水平有了很大提高。但从总体上看，投入不足，创新能力弱，先进适用的节能技术，特别是一些有重大带动作用的共性和关键技术开发不够。同时由于缺乏鼓励节能技术推广的政策和机制，多数企业融资困难，节能技术推广应用难。

六是节能监管和服务机构能力建设滞后。目前，全国共有节能监测（技术服务）中心 145 个，绝大部分受政府委托开展节能执法监督和监测。但总体上看，多数节能监测（技术服务）机构能力建设滞后，监测装备落后，信息缺乏，人才短缺，整体实力不强。能源统计体系不完善、节能信息不畅，难以适应节能工作的需要。

二、节能工作面临的形势和任务

党的十六大提出，到 2020 年我国将实现全面建设小康社会的目标。随着人口增加、工业化和城镇化进程的加快，特别是重化工业和交通运输的快速发展，能源需求量将大幅度上升，经济发展面临的能源约束矛盾和能源使用带来的环境污染问题更加突出。

一是能源约束矛盾突出。实现 GDP 到 2020 年比 2000 年翻两番的目标，我国钢铁、有色金属、石化、化工、水泥等高耗能重化工业将加速发展；随着生活水平的提高，消费结构升级，汽车和家用电器大量进入家庭；城镇化进程加快，建筑和生活用能大幅度上升。如按近三年能源消费增长趋势发展，到 2020 年能源需求量将高达 40 多亿吨标准煤。如此巨大的需求，在煤炭、石油和电力供应以及能源安全等方面都会带来严重的问题。按照能源中长期发展规划，在充分考虑节能因素的情况下，到 2020 年能源消费总量需要 30 亿吨标准煤。要满足这一需求，无论是增加国内能源供应还是利用国外资源，都面临着巨大的压力。能源基础设施建设投资大、周期长，还面临水资源和交通运输制约等一系列问题。能源需求的快速增长对能源资源的可供量、承载能力，以及国家能源安全提出严峻挑战。

二是环境问题加剧。我国是少数以煤为主要能源的国家，也是世界上最大的煤炭消费国，煤烟型污染已相当严重。随着机动车的快速增长，大城市大气污染已由煤烟型污染向煤烟、机动车尾气混合型污染发展。粗放型使用能源，对环境造成了严重破坏。目前，我国年排放二氧化硫 2 000 多万吨，酸雨面积已占国土面积的 30%，大大超过环境容量。虽然到 2020 年我国能源结构将继续改善，煤炭消费比重将有所下降，但煤炭消费总量仍将大幅度增加，经济发展面临巨大的环境压力。

能源是战略资源，是全面建设小康社会的重要物质基础。解决能源约束问题，一方面要开源，加大国内勘探开发力度，加快工程建设，充分利用国外资源。另一方面，必须坚持节约优先，走一条跨越式节能的道路。节能是缓解能源约束矛盾的现实选择，是解决能源环境问题的根本措施，是提高经济增长质量和效益的重要途径，是增强企业竞争力的必然要求。不下大力节约能源，难以支持国民经济持续快速协调健康发展；不走跨越式节能的道路，新型工业化难以实现。必须从战略高度充分认识节能的重要性，树立忧患意识，增强危机感和责任感，大力节能降耗，提高能源利用效率，加快建设节能型社会，为保障到 2020 年实现全面建设小康社会目标作贡献。

三、节能的指导思想、原则和目标

（一）指导思想

认真贯彻党的十六大和十六届三中、四中全会精神，以科学发展观为指导，坚持节能优先的方针，以大幅度提高能源利用效率为核心，以转变增长方式、调整经济结构、加快技术进步为根本，以法治为保障，以提高终端用能效率为重点，健全法规，完善政策，深化改革，创新机制，强化宣传，加强管理，逐步改变生产方式和消费方式，形成企业和社会自觉节能的机制，加快建设节能型社会，以能源的有效利用促进经济社会的可持续发展。

（二）遵循原则

1. 坚持把节能作为转变经济增长方式的重要内容。我国能源消耗高、浪费大的根本原因在于粗放型的增长方式。要大幅度提高能源利用效率，必须从根本上改变单纯依靠外延发展，忽视挖潜改造的粗放型发展模式，走科技含量高、经济效益好、资源消耗低、环境污染少、人力资源优势得到充分发挥的新型工业化道路，努力实现经济持续发展、社会全面进步、资源永续利用、环境不断改善和生态良性循环的协调统一。

2. 坚持节能与结构调整、技术进步和加强管理相结合。通过调整产业结构、产品结构和能源消费结构，淘汰落后技术和设备，加快发展以服务业为主要代表的第三产业和以信息技术为主要代表的高新技术产业，用高新技术和先进适用技术改造传统产业，促进产业结构优化和升级，提高产业的整体技术装备水平。开发和推广应用先进高效的能源节约和替代技术、综合利用技术及新能源和可再生能源利用技术。加强管理，减少损失浪费，提高能源利用效率。

3. 坚持发挥市场机制作用与政府宏观调控相结合。以市场为导向，以企业为主体，通过深化改革，创新机制，充分发挥市场配置资源的基础性作用。政府通过制定和实施法规标准，加强政策导向和信息引导，营造有利于节能的体制环境、政策环境和市场环境，建立符合市场经济体制要求的企业自觉节能的机制，推动全社会节能。

4. 坚持依法管理与政策激励相结合。增量要严格市场准入，加强执法监督检查，辅以政策支持，从源头控制高耗能企业、高耗能建筑和低效设备（产品）的发展。存量要深入挖潜，在严格执法的前提下，通过政策激励和信息引导，加快结构调整和技术进步。

5. 坚持突出重点、分类指导、全面推进。对年耗能万吨标准煤以上重点用能单位要严格依法管理，明确目标措施，公布能耗状况，强化监督检查；对中小企业在严格依法管理的同时，要注重政策引导和提供服务。交通节能的重点是新增机动车，要建立和实施机动车燃油经济性标准及配套政策和制度。建筑节能的重点是严格执行节能设计标准，加强政策导向。商用和民用节能的重点是提高用能设备能效标准，严格市场准入，运用市场机制，引导和鼓励用户和消费者购买节能型产品。

6. 坚持全社会共同参与。节能涉及各行各业、千家万户，需要全社会共同努力，积极参与。企业和消费者是节能的主体，要改变不合理的生产方式和消费方式，依法履行节能责任；政府通过制定法规、政策和标准，引导、规范用能行为，为企业和消费者提供服务，并带头节能；中介机构要发挥政府和企业、企业和企业之间的桥梁和纽带作用。

（三）节能目标

1. 宏观节能量指标：到 2010 年每万元 GDP（1990 年不变价，下同）能耗由 2002 年的 2.68 吨标准煤下降到 2.25 吨标准煤，2003—2010 年年均节能率为 2.2%，形成的节能能力为 4 亿吨标准煤。

2020 年每万元 GDP 能耗下降到 1.54 吨标准煤，2003—2020 年年均节能率为 3%，形成的节能能力为 14 亿吨标准煤，相当于同期规划新增能源生产总量 12.6 亿吨标准煤的 111%，相当于减少二氧化硫排放 2 100 万吨。

2. 主要产品（工作量）单位能耗指标：2010 年总体达到或接近 20 世纪 90 年代初期国际先进水平，其中大中型企业达到本世纪初国际先进水平；2020 年达到或接近国际先进水平（表 1，略）。

主要产品单位能耗指标（表 1，略）

3. 主要耗能设备能效指标：2010 年新增主要耗能设备能源效率达到或接近国际先进水平，部分汽车、电动机、家用电器达到国际领先水平（表 2，略）。

主要耗能设备能效指标（表 2，略）

4. 宏观管理目标：2010 年初步建立与社会主义市场经济体制相适应的比较完善的节能法规标准体系、政策支持体系、监督管理体系、技术服务体系。

四、节能的重点领域和重点工程

（一）重点领域

1. 重点工业。

电力工业。大力发展 60 万千瓦及以上超（超）临界机组、大型联合循环机组；采用高效、洁净发电技术，改造在运火电机组，提高机组发电效率；实施“以大代小”、“上大压小”和小机组淘汰退役，提高单机容量；发展热电联产、热电冷联产和热电煤气多联供；推进跨大区联网，实施电网经济运行技术；采用先进的输、变、配电技术和设备，逐步淘汰能耗高的老旧设备，降低输、变、配电损耗；采用天然气发电机组替代燃油小机组；优化电源布局，适当发展以天然气、煤层气和其他工业废气为燃料的小型分散电源，加强电力安全；减少电厂自用电。

钢铁工业。加快淘汰落后工艺和设备，提高新建、改扩建工程的能耗准入标准。实现技术装备大型化、生产流程连续化、紧凑化、高效化，最大限度地综合利用各种能源和资源。大型钢铁企业焦炉要建设干熄焦装置，大型高炉配套炉顶压差发电装置（TRT）；炼钢系统采用全连铸、溅渣护炉等技术；轧钢系统进一步实现连轧化，大力推进连铸坯一火成材和热装热送工艺，采用蓄热式燃烧技术；充分利用高炉煤气、焦炉煤气和转炉煤气等可燃气体和各类蒸汽，以自备电站为主要集成手段，推动钢铁企业节能降耗。

有色金属工业。矿山重点采用大型、高效节能设备，提高采矿、选矿效率；铜熔炼采用先进的富氧闪速及富氧熔池熔炼工艺，替代反射炉、鼓风炉和电炉等传统工艺，提高熔炼强度；氧化铝发展选矿拜耳法等技术，逐步淘汰直接加热熔出技术；电解铝生产采用大型预焙电解槽，限期淘汰自焙电解槽，逐步淘汰小预焙槽；铅熔炼生产采用氧气底吹炼铅新工艺及其他氧气直接炼铅技术，改造烧结鼓风炉工艺，淘汰土法炼铅；锌冶炼生产发展新型湿法工艺，淘汰土法炼锌。

石油石化工业。油气开采应用采油系统优化配置技术，稠油热采配套节能技术，注水系统优化运行技术，油气密闭集输综合节能技术，放空天然气回收利用技术。石油炼制提高装置开工负荷和换热效率，优化操作，降低加工损失。乙烯生产优化原料结构，采用先进技术改造乙烯裂解炉，优化急冷系统操作，加强装置管理，降低非生产过程能耗。以洁净煤、天然气和高硫石油焦替代燃料油（轻油），推广应用循环流化床锅炉技术和石油焦气化燃烧技术，采用能量系统优化、重油乳化、高效燃烧器及吸收式热泵技术回收余热和地热。

化学工业。大型合成氨装置采用先进节能工艺、新型催化剂和高效节能设备，提高转化效率，加强余热回收利用；以天然气为原料的合成氨推广一段炉烟气余热回收技术，并改造蒸汽系统；以石油为原料的合成氨加快以洁净煤或天然气替代原料油改造；中小型合成氨采用节能设备和变压吸附回收技术，降低能源消耗。煤造气采用水煤浆或先进粉煤气化技术替代传统的固定床造气技术。烧碱生产逐步淘汰石墨阳极隔膜法烧碱，提高离子膜法烧碱比重。纯碱生产淘汰高耗能设备、采用设备大型化、自动化等措施。

建材工业。水泥行业发展新型干法窑外分解技术，提高新型干法水泥熟料比重，积极推广节能粉磨设备和水泥窑余热发电技术，对现有大中型回转窑、磨机、烘干机进行节能改造，逐步淘汰机立窑、湿法窑、干法中空窑及其他落后的水泥生产工艺。玻璃行业发展先进的浮法工艺，淘汰落后的垂直引上和平拉工艺，推广炉窑全保温技术、富氧和全氧燃烧技术等。建筑陶瓷行业淘汰倒焰窑、推板窑、多孔窑等落后窑型，推广辊道窑技术，改善燃烧系统；卫生陶瓷生产改变燃料结构，采用洁净气体燃料无匣钵烧成工艺。积极推广应用新型墙体材料以及优质环保节能的绝热隔音材料、防水材料和密封材料，提高高性能混凝土的应用比重。

煤炭工业。逐步淘汰技术落后、效率低、浪费资源严重和污染环境的小煤矿，建设大型现代化煤矿，实现高效高产。采用新型高效通风机、节能排水泵，对设备及系统进行节能改造，完善煤炭综合加工体系，提高煤炭利用效率。

机械工业。淘汰落后的高能耗机电产品，发展变频电机、稀土永磁电机等高效节能机电产品，促进风机、水泵等通用机电产品提高用能效率，提高节能型机电产品设计制造水平和加工能力。

2. 交通运输。

公路运输。加速淘汰高耗能的老旧汽车；加快发展柴油车、大吨位车和专业车；推广厢式货车，发展集装箱等专业运输车辆；改善道路质量；加快运输企业集约化进程，优化运输组织结构；减少单车单放空驶现象，提高运输效率等。

新增机动车。未来用油增长最快的是机动车。根据美国、日本、欧洲等国家的经验，机动车节油最经济有效的措施就是制定和实施机动车燃油经济性标准并实施车辆燃油税等相关制度，促进汽车制造企业改进技术，降低油耗，提高燃油经济性，引导消费者购买低油耗汽车。

城市交通。合理规划交通运输发展模式，加快发展轨道交通等公共交通，提高综合交通运输系统效率。在大城市建立以道路交通为主，轨道交通为辅，私人机动交通为补充，合理发展自行车交通的城市交通模式；中小城市主要以道路公共交通和私人交通为主要发展方向。

铁路运输。加快发展电气化铁路，实现铁路运输以电代油；开发交一直一交高效电力机车；推广电气化铁路牵引功率因数补偿技术和其他节电措施，提高用电效率。内燃机车采用高效柴油添加剂和各种节油技术和装置；严格机车用油收、发计算机集中管理；发展机车向客车供电技术，推广使用客车电源，逐步减少和取消柴油发电车，加强运输组织管理，优化机车操纵，降低铁路运输燃油消耗。

航空运输。采用节油机型［不同机型单耗在 0.2 到 1.4 千克/（吨·千米）的范围］加强管理，提高载运率、客座率和运输周转能力，提高燃油效率，降低油耗。

水上运输。通过制定船舶技术标准，加速淘汰老旧船舶；采用新船型和先进动力系统；发展大宗散货专业化运输和多式联运等现代运输组织方式；优化船舶运力结构，提高船舶平均载重吨位等。

农业、渔业机械。淘汰落后农业机械；采用先进柴油机节油技术，降低柴油机燃油消耗；推广少耕免耕法、联合作业等先进的机械化农艺技术；在固定作业场地更多的使用电动机；开发水能、风能、太阳能等可再生能源在农业机械上的应用。通过淘汰落后渔船，提高利用效率，降低渔业油耗。

3. 建筑、商用和民用。

建筑物。“十一五”期间，新建建筑严格实施节能 50%的设计标准，其中北京、天津等少数大城市率先实施节能 65%的标准。供热体制改革全面展开，居住及公共建筑集中采暖按热表计量收费在各大中城市普遍推行，在小城市试点。结合城市改建，开展既有居住和公共建筑节能改造，大城市完成改造面积的 25%，中等城市达到 15%，小城市达到 10%。鼓励采用蓄冷、蓄热空调及冷热电联供技术，中央空调系统采用风机水泵变频调速技术，节能门窗、新型墙体材料等。加快太阳能、地热等可再生能源在建筑物的利用。

家用及办公电器。推广高效节能电冰箱、空调器、电视机、洗衣机、电脑等家用及办公电器，降低待机能耗，实施能效标准和标识，规范节能产品市场。

照明器具。推广稀土节能灯等高效荧光灯类产品、高强度气体放电灯及电子镇流器，减少普通白炽灯使用比例，逐步淘汰高压汞灯，实施照明产品能效标准，提高高效节能荧光灯使用比例。

（二）重点工程

燃煤工业锅炉（窑炉）改造工程。我国在用中小锅炉约 50 万台，平均单台容量每小时只有 2.5 吨，设计效率为 72%～80%，实际运行效率 65%左右，其中 90%为燃煤锅炉，年消耗煤炭 3.5 亿～4 亿吨，节煤潜力约 7 000 万吨。“十一五”期间通过实施以燃用优质煤、筛选块煤、固硫型煤和采用循环流化床、粉煤燃烧等先进技术改造或替代现有中小燃煤锅炉（窑炉），建立科学的管理和运行机制，燃煤工业锅炉效率提高 5 个百分点，节煤 2 500 万吨，燃煤窑炉效率提高 2 个百分点，节煤 1 000 万吨。

区域热电联产工程。热电联产与热、电分产相比，热效率提高 30%，集中供热比分散小锅炉供热效率高 50%。“十一五”期间重点在以采暖热负荷为主，且热负荷比较集中或发展潜力较大的地区，建设 30 万千瓦等级高效环保热电联产机组；在工业热负荷为主的地区，因地制宜建设以热力为主的背压机组；在以采暖供热需求为主，且热负荷较小的地区，先发展集中供热，待具备条件后再发展热电联产；在中小城市建设以循环流化床为主要技术的热电煤气三联供，以洁净能源作燃料的分布式热电联产和热电冷联供，将现有分散式供热燃煤小锅炉改造为集中供热。到 2010 年城市集中供热普及率由 2002 年的 27%提高到 40%，新增供暖热电联产机组 4 000 万千瓦，年节能 3 500 万吨标准煤。

余热余压利用工程。“十一五”期间在钢铁联合企业实施干法熄焦、高炉炉顶压差发电、全高炉煤气发电改造以及转炉煤气回收利用，形成年节能 266 万吨标准煤；在日产 2 000 吨以上水泥生产线建设中低温余热发电装置每年 30 套，形成年节能 300 万吨标准煤；通过地面煤层气开发及地面采空区、废弃矿井和井下瓦斯抽放，瓦斯气年利用量达到 10 亿立方米，相当于年节约 135 万吨标准煤。

节约和替代石油工程。“十一五”期间电力、石油石化、冶金、建材、化工和交通运输行业通过实施以洁净煤、石油焦、天然气替代燃料油（轻油），加快西电东送，替代燃油小机组；实施机动车燃油经济性标准及相配套政策和制度，采取各种措施节约石油；实施清洁汽车行动计划，发展混合动力汽车，在城市公交客车、出租车等推广燃气汽车，加快醇类燃料推广和煤炭液化工程实施进度，发展替代燃料，可节约和替代石油 3 800 万吨。

电机系统节能工程。目前，我国各类电动机总容量约 4.2 亿千瓦，实际运行效率比国外低 10～30 个百分点，用电量约占全国用电量的 60%。“十一五”期间重点推广高效节能电动机、稀土永磁电动机；在煤炭、电力、有色、石化等行业实施高效节能风机、水泵、压缩机系统优化改造，推广变频调速、自动化系统控制技术，使运行效率提高 2 个百分点，年节电 200 亿千瓦时。

能量系统优化工程。在重点耗能行业推行能量系统优化，即通过系统优化设计、技术改造和改善管理，实现能源系统效率达到同行业最高或接近世界先进水平。“十一五”期间重点在冶金、石化、化工等行业组织实施，降低企业综合能耗，提高市场竞争力。

建筑节能工程。“十一五”期间住宅建筑和公共建筑严格执行节能 50%的标准，加快供热体制改革，加大建筑节能技术和产品的推广力度等，可分别节能 5 000 万吨标准煤。与此同时，开展北方采暖地区既有建筑节能改造，加大既有宾馆、饭店的综合节能改造。

绿色照明工程。照明用电约占全国用电量的 13%，高效节能荧光灯与普通白炽灯之比为 1∶2.6，用高效节能荧光灯替代白炽灯可节电 70%～80%，用电子镇流器替代传统电感镇流器可节电 20%～30%，交通信号灯由发光二极管（LED）替代白炽灯，可节电 90%。“十一五”期间重点是在公用设施、宾馆、商厦、写字楼、体育场馆、居民中推广高效节电照明系统、稀土三基色荧光灯，对高效照明电器产品生产装配线进行自动化改造，可节电 290 亿千瓦时。

政府机构节能工程。政府机构（包括国防、教育、公共服务等公共财政支持的部门）能源消费增长快，能源费用开支较大。开展政府机构节能，不仅可以降低政府机构能耗，节约行政支出，而且通过政府自身带头节能，推进全社会节能工作的开展。“十一五”期间重点是政府机构建筑物及采暖、空调、照明系统节能改造，按照建筑节能标准改造的政府机构建筑面积达到政府机构建筑总面积的 20%；推广使用高效节能产品，将节能产品纳入政府采购目录；实施公务车改革，带头采购低油耗汽车；中央国家机关率先试点，2010 年中央国家机关单位建筑面积能耗和人均能耗在 2002 年基础上降低 10%。

节能监测和技术服务体系建设工程。“十一五”期间通过更新监测设备、加强人员培训、推行合同能源管理等市场化服务新机制等措施，强化省级和主要耗能行业节能监测中心能力建设，依法开展节能执法和监测（监察）；省级和主要耗能行业节能技术服务中心具备为企业、机关和学校等提供节能诊断、设计、融资、改造、运行、管理“一条龙”服务的能力。

通过实施上述十项重点节能工程，“十一五”可实现节能 2.4 亿吨标准煤（含增量部分），经济和环境效益显著。

五、保障措施

（一）坚持和实施节能优先的方针

从国情出发，树立和落实以人为本、全面协调可持续的科学发展观，从战略和全局高度充分认识能源对经济和社会发展的支撑作用和约束作用，节能对缓解能源约束矛盾、保障国家能源安全、提高经济增长质量和效益、保护环境的重要意义，把节能作为能源发展战略和实施可持续发展战略的重要组成部分，无论生产建设还是消费领域，都要把节能放在突出位置，长期坚持和实施节能优先的方针，推动全社会节能。

节能优先要体现在制定和实施发展战略、发展规划、产业政策、投资管理以及财政、税收、金融和价格等政策中。编制专项规划要把节能作为重要内容加以体现，各地区都要结合本地区实际制定节能中长期规划；建设项目的项目建议书、可行性研究报告应强化节能篇的论证和评估；要在推进结构调整和技术进步中体现节能优先；要在国家财政、税收、金融和价格政策中支持节能。

（二）制定和实施统一协调促进节能的能源和环境政策

为确保经济增长、能源安全和可持续发展，促进能源高效利用，需要建立基于我国资源特点、统筹规划、协调一致的能源和环境政策。

1. 煤炭应主要用于发电。煤炭在大型燃煤发电机组上使用，同时配套安装烟气脱硫装置等，一方面能够大幅度提高煤炭利用效率，减少原煤消耗，另一方面集中解决二氧化硫等污染问题，做到高效、清洁利用煤炭，是最经济有效解决能源环境问题的办法。应提高我国煤炭用于发电的比重，终端用户更多地使用优质电能，鼓励企业和居民合理用电，提高电力占终端能源消费的比例。

2. 石油应主要用于交通运输、化工原料和现阶段无法替代的用油领域。对目前燃料用油领域要区别不同情况，因地制宜，鼓励用洁净煤、天然气和石油焦来替代。对烧低硫油的燃油锅炉实施洁净煤替代改造，能够实现达标排放的企业，应合理调整污染物排放总量控制指标。统一规划交通运输发展模式，制定符合我国国情的交通运输发展整体规划。特大城市要加快城市轨道交通建设，形成立体城市交通系统，大力发展城市公共交通系统，提高公共交通效率，抑制私人机动交通工具对城市交通资源的过度使用。

3. 城市大气污染治理应以改造后达标排放和污染物总量控制为原则，城市燃料构成要从实际出发，不宜硬性规定燃煤锅炉必须改燃油锅炉，以控制和减少盲目“弃煤改油”带来燃料油需求量的增加。对中小型燃煤锅炉，在有天然气资源的地区应鼓励使用天然气进行替代；在无天然气或天然气资源不足的地区，应鼓励优先使用优质洗选加工煤或其他优质能源，并采用先进的节能环保型锅炉，减少燃煤污染。

（三）制定和实施促进结构调整的产业政策

加快调整产业结构、产品结构和能源消费结构，是建立节能型工业、节能型社会的重要途径。研究制定促进服务业发展的政策措施，发挥服务业引导资金的作用，从体制、政策、机制、投入等方面采取有力措施，加快发展低能耗、高附加值的第三产业，重点发展劳动密集型服务业和现代服务业，扭转服务业发展长期滞后局面，提高第三产业在国民经济中的比重。

加快制定《产业结构调整指导目录》，鼓励发展高新技术产业，优先发展对经济增长有重大带动作用的低能耗的信息产业，不断提高高新技术产业在国民经济中的比重。鼓励运用高新技术和先进适用技术改造和提升传统产业，促进产业结构优化和升级。国家对落后的耗能过高的用能产品、设备实行淘汰制度，节能主管部门要定期公布淘汰的耗能过高的用能产品、设备的目录，并加大监督检查的力度。达不到强制性能效标准的耗能产品或建筑，不能出厂销售或不准开工建设，对生产、销售和使用国家淘汰的耗能过高的用能产品、设备的，要加大惩罚力度。制定钢铁、有色、水泥等高耗能行业发展规划、政策，提高行业准入标准。制定限制用能的领域以及国内紧缺资源及高耗能产品出口的政策。严禁新建、扩建常规燃油发电机组；在区域供电平衡、能够满足用电需求的情况下，限制柴油发电和燃油的燃气轮机的使用和建设。

（四）制定和实施强化节能的激励政策

制定《节能设备（产品）目录》，重点是终端用能设备，包括高效电动机、风机、水泵、变压器、家用电器、照明产品及建筑节能产品等，对生产或使用《目录》所列节能产品实行鼓励政策；将节能产品纳入政府采购目录。

国家对一些重大节能工程项目和重大节能技术开发、示范项目给予投资和资金补助或贷款贴息支持。政府节能管理、政府机构节能改造等所需费用，纳入同级财政预算。

深化能源价格改革，逐步理顺不同能源品种的价格，形成有利于节能、提高能效的价格激励机制。建立和完善峰谷、丰枯电价和可中断电价补偿制度，对国家淘汰和限制类项目及高耗能企业按国家产业政策实行差别电价，抑制高耗能行业盲目发展，引导用户合理用电，节约用电。

研究鼓励发展节能车型和加快淘汰高油耗车辆的财政税收政策，择机实施燃油税改革方案。取消一切不合理的限制低油耗、小排量、低排放汽车使用和运营的规定。研究鼓励混合动力汽车、纯电动汽车的生产和消费政策。

（五）加大依法实施节能管理的力度

加快建立和完善以《节约能源法》为核心，配套法规、标准相协调的节能法律法规体系，依法强化监督管理。一是研究完善节约能源的相关法律，抓紧制定《节约用电管理办法》、《节约石油管理办法》、《能源效率标识管理办法》、《建筑节能管理办法》等配套法规、规章。二是制定和实施强制性、超前性能效标准。包括主要工业耗能设备、家用电器、照明器具、机动车等能效标准。组织修订和完善主要耗能行业节能设计规范、建筑节能标准，加快制定建筑物制冷、采暖温度控制标准等。当前重点是加快制定机动车燃油经济性限值标准，从2005年7月1日起分阶段实施，同时建立和实施机动车燃油经济性申报、标识、公布三项制度。三是建立和完善节能监督机制。组织对钢铁、有色、建材、化工、石化等高耗能行业用能情况、节能管理情况的监督检查；对产品能效标准、建筑节能设计标准、行业设计规范执行情况的监督检查；对固定资产投资项目可行性研究报告增列节能篇（章）的规定进行监督检查。健全依法淘汰的制度，采取强制性措施，依法淘汰落后的耗能过高的用能产品、设备。充分发挥建设、工商、质检等部门及各地节能监测（监察）机构的作用，从各环节加大监督执法力度。

（六）加快节能技术开发、示范和推广

组织对共性、关键和前沿节能技术的科研开发，实施重大节能示范工程，促进节能技术产业化。建立以企业为主体的节能技术创新体系，加快科技成果的转化。引进国外先进的节能技术，并消化吸收。组织先进、成熟节能新技术、新工艺、新设备和新材料的推广应用，同时组织开展原材料、水等载能体的节约和替代技术的开发和推广应用。重点推广列入《节能设备（产品）目录》的终端用能设备（产品）。

国家制定节能技术开发、示范和推广计划，明确阶段目标、重点支持政策，分步组织实施。国家修订颁布《中国节能技术政策大纲》，引导企业有重点地开发和应用先进的节能技术，引导企业和金融机构投资方向。在国家中长期科学技术发展规划、国家高技术产业发展项目计划等各类国家科技计划以及地方相应的计划中，加大对重大节能技术开发和产业化的支持力度。

建立节能共性技术和通用设备科研基地（平台）。鼓励依托科研单位和企业、个人，开发先进节能技术和高效节能设备。引入竞争机制，实行市场化运作，国家对高投入、高风险的项目给予经费支持。

地方各级人民政府要采取积极措施，加大资金投入，加强节能技术开发、示范和推广应用。

（七）推行以市场机制为基础的节能新机制

一是建立节能信息发布制度，利用现代信息传播技术，及时发布国内外各类能耗信息、先进的节能新技术、新工艺、新设备及先进的管理经验，引导企业挖潜改造，提高能效。二是推行综合资源规划和电力需求侧管理，将节约量作为资源纳入总体规划，引导资源合理配置。采取有效措施，提高终端用电效率、优化用电方式，节约电力。三是大力推动节能产品认证和能效标识管理制度的实施，运用市场机制，引导用户和消费者购买节能型产品。四是推行合同能源管理，克服节能新技术推广的市场障碍，促进节能产业化，为企业实施节能改造提供诊断、设计、融资、改造、运行、管理一条龙服务。五是建立节能投资担保机制，促进节能技术服务体系的发展。六是推行节能自愿协议，即耗能用户或行业协会与政府签订节能自愿协议。

（八）加强重点用能单位节能管理

落实《重点用能单位节能管理办法》和《节约用电管理办法》，加强对年耗能一万吨标准煤以上重点用能单位的节能管理和监督。组织对重点用能单位能源利用状况的监督检查和主要耗能设备、工艺系统的检测，定期公布重点用能单位名单、重点用能单位能源利用状况及与国内外同类企业先进水平的比较情况，做好对重点用能单位节能管理人员的培训。重点用能单位应设立能源管理岗位，聘用符合条件的能源管理人员，加强对本单位能源利用状况的监督检查，建立节能工作责任制，健全能源计量管理、能源统计和能源利用状况分析制度，促进企业节能降耗上水平。

（九）强化节能宣传、教育和培训

广泛、深入、持久地开展节能宣传，不断提高全民资源忧患意识和节约意识。将节能纳入中小学教育、高等教育、职业教育和技术培训体系。新闻出版、广播影视、文化等部门和有关社会团体，要充分发挥各自优势，搞好节能宣传，形成强大的宣传声势，曝光那些严重浪费资源、污染环境的企业和现象，宣传节能的典型。节能要从小学生抓起，各级教育主管部门要组织中小学开展节能宣传和实践活动。各级政府有关部门和企业，要组织开展经常性的节能宣传、技术和典型交流，组织节能管理和技术人员的培训。在每年夏季用电高峰，组织开展全国节能宣传周活动，通过形式多样的宣传教育活动，动员社会各界广泛参与，使节能成为全体公民的自觉行动。

（十）加强组织领导，推动规划实施

节能是一项系统工程，需要有关部门的协调配合、共同推动。各地区、有关部门及企事业单位要加强对节能工作的领导，明确专门的机构、人员和经费，制定规划，组织实施。行业协会要积极发挥桥梁纽带作用，加强行业节能自律。

政府机构要带头节能，实施政府机构能耗定额和支出标准，建立和完善节能规章制度，推行政府节能采购，改革公务车制度，努力降低能源费用支出，发挥政府节能表率作用。

国家发展改革委、国管局、财政部、中直管理局、解放军总后勤部关于加强政府机构节约资源工作的通知

发改环资［2006］284号

各省、自治区、直辖市、计划单列市及新疆生产建设兵团发展改革委、经委（经贸委）、机关事务管理部门、财政厅（局），中共中央、国务院各部门机关事务管理部门（办公厅），各军区联勤部、各军兵种后勤部、四总部有关部门，武警部队后勤部：

节约资源是我国一项基本国策。为贯彻落实党的十六届五中全会和《国务院关于做好建设节约型社会近期重点工作的通知》（国发［2005］21号）精神，加强政府机构（包括由公共财政支持的各级事业单位、社会团体和国防等部门）节约资源工作，现就有关事项通知如下。

一、充分认识加强政府机构节约资源工作的重要意义

加强政府机构节约资源工作是落实科学发展观、建设资源节约型社会的必然要求，是继承和发扬勤俭节约优良传统的具体体现，是加强政府机构自身建设的重要内容。近年来，党中央、国务院高度重视政府机构节约资源工作，中央领导同志多次作出重要批示，要求政府机关在建设节约型社会中发挥模范带头作用，努力建设节约型机关。各级政府机构要充分认识节约资源工作的重要意义，带头厉行节约，发挥表率作用，自觉接受社会和群众的监督；要通过科学决策、加强管理、技术进步和宣传教育等措施，优化政府机构资源配置，降低行政开支，引导资源消费方式的改变，带动全社会做好节约资源工作。

二、政府机构节约资源的指导思想、目标和基本要求

（一）指导思想

认真贯彻落实党的十六大和十六届三中、四中和五中全会精神，按照党中央、国务院关于建设节约型社会要求，以科学发展观为指导，以建设节约型政府机构为目标，完善政策、健全体制、强化管理、创新机制、抓好示范、加大宣传，扎扎实实推进政府机构节约资源工作，为建设节约型社会，促进经济社会全面协调可持续

发展作出贡献。

（二）主要目标

到 2010 年，政府机构节约资源工作要实现以下主要目标：一是以 2005 年为基数，实现节电 20%，节水 20%，单位建筑能耗和人均能耗分别降低 20%以上；二是创建一批节约资源试点示范单位；三是初步建立政府机构节约资源制度、标准体系、投资管理体系和组织协调机制；四是逐步建立政府机构节约资源的量化管理体系和信息化管理平台。

（三）基本要求

1．各级政府机构要从建设节约型社会和促进可持续发展的战略高度，结合本地区、本部门的实际情况，制定切实可行的节约资源工作实施方案，建立责任制，明确目标、工作重点和实施步骤，从职工个人、单位管理和履行政府职能等不同层面提出明确要求，充分体现节约优先的方针。

2．各级政府机构要共同推进节约资源工作全面开展。根据中央的统一部署，按照积极稳妥，以点带面的原则选择有代表性的典型单位、典型建筑和关键用能设备开展节约资源试点工作。在京中央和国家机关要做政府机构节约资源的榜样。

3．全军各级机关要按照中央军委批转总后勤部《关于大力加强军队资源节约工作的意见》，率先垂范，厉行节约，从决策计划、资源配置到日常管理，都要体现节约资源的要求，以自身的模范行动为部队做出榜样，带动部队广泛深入持久地开展资源节约活动。

三、突出抓好政府机构节约资源的重点工作

（一）把建设节约型社会的理念和要求贯穿到业务工作的各个环节中。各级政府机构在制定政策法规、编制规划和项目决策等过程中，要切实贯彻节约资源的基本国策，坚持节约优先的方针，杜绝和减少决策失误造成的资源浪费，保护和用好有限的资源；积极鼓励资源节约新技术、新产品的研发与推广应用，强制淘汰消耗高、污染重、技术落后的工艺和产品；制定有利于资源节约的价格和财税政策，引导社会形成健康、文明、节约的消费模式。

（二）加强建筑节能。各级政府机构要加强对新建工程项目规划、设计、施工、监理、竣工验收和运行管理等环节的节能监督管理，严格执行建筑节能设计标准，开展新建项目合理用能评价，积极采用节能新技术、新产品（设备）和新型墙体材料，建设节能、节水、节地、节材和利用新能源的低能耗绿色建筑。对既有建筑应优化运行管理，抓好围护结构改造，推广绿色照明，加强中央空调、供暖和用电等耗能设施、设备的节能测试、诊断，有计划地实施节能改造，提高建筑物能源利用效率。加强办公楼、会议室的装修控制和管理，杜绝过度装修。

（三）严格公务车辆节能管理。各级政府机构要完善公务车辆配备配置标准与管理制度，核定各单位、各系统、各部门车辆编制，压缩配置规模；逐步将公务车辆纳入政府节能采购，鼓励采购小排量、低油耗、低排放车辆，按规定及时淘汰环保不达标、油耗高的车辆；加强公务车辆的日常管理，严禁公车私用；积极稳妥地推进公务用车改革，逐步实行公务用车服务社会化。

（四）实施政府节能采购。各级政府机构要严格执行财政部、国家发展改革委联合印发的《节能产品政府采购实施意见》（财库［2004］185 号），优先采购列入《节能产品政府采购清单》中的产品，禁止采购能源效率低的产品和国家明令淘汰的产品和设备。各级政府采购部门要加强节能产品政府采购活动的组织管理，政府采购监督管理部门要加强监督。建立健全节能产品政府采购统计体系，提高节能产品政府采购的透明度和效能。

（五）强化节约和集约使用土地。各级政府机构要贯彻落实国务院《关于深化改革严格土地管理的决定》（国发［2004］28 号），建立健全集中统一的土地管理体制，加强土地利用规划的编制，充分挖掘现有土地的潜力，优先建设节能省地型住宅和公共建筑，严格控制新增土地利用项目，特别是严格执行楼堂馆所的审批程序；政府机构要带头节约土地，促进房地资源整合，按照集约高效的原则，依法规范和加强政府机构房地资源管理。

（六）加强日常节约资源管理。各级政府机构要建立健全管理制度，实施分级计量。办公区域夏季空调温度设置不低于 26 摄氏度，冬季空调温度设置不高于 20 摄氏度，工作时间提倡每天少开一小时空调；减少空调、电脑、复印机等耗能设备的待机能耗，养成人走关灯的良好习惯；大力推广节水型卫生器具（设备）；鼓励有条件的单位建立中水回收利用系统和雨水收集系统，提高水的使用效率；推行无纸化办公，开展废旧电脑及各种办公用品耗材的回收利用，促进办公用品的高效利用和循环利用；推广使用再生纸，减少一次性办公用品的使用。

（七）加大资源节约宣传力度。各级政府机构要采取各种形式，深入宣传普及厉行节约的行为规范，培养全体机关工作人员的资源忧患意识、节约意识和责任意识，把节约和减少资源浪费变成每一个干部职工的自觉行动，带动全社会做好节约资源工作。

（八）大力开展创建节约型机关活动。各级政府机构要加快开展节约型机关的创建活动，按照“节约型机关”评价标准，从节约和利用资源、高效管理、绿色建筑、节能采购、新产品和新技术应用等方面提出相应的要求，并加强监督管理。通过节约型机关的创建活动，促进政府机构节约资源工作的全面开展。

四、切实加强政府机构节约资源的基础工作

（一）做好资源消耗统计，加强量化管理。加快建立政府机构资源消耗统计指标

体系和报表制度，将政府机构资源消费纳入国民经济统计体系。加强资源消耗计量和监测管理，定期开展资源消耗自查工作或聘请专业机构不定期开展能源审计，汇总分析政府机构资源利用状况，查找存在的问题，提出整改意见，实施整改措施，充分挖掘节约潜力。

（二）完善管理制度，建立长效机制。各级政府机构要结合本地区实际，抓紧制定政府机构节约资源配套法规和实施方案；完善管理制度，组织制定建筑物节约资源标准、办公设备配备标准、耗能产品和设备能效标准、资源消费定额、房产和车辆经费预算支出标准等，并注重与城镇供暖、物业管理、办公车辆、办公用房等管理体制改革的相协调。

（三）加强核算管理，建立激励机制。各级财政部门应按照有关部门制定的资源消耗定额，制定实物费用支出标准，指导政府机构加强资源支出的核算；组织制定政府机构节约资源的相关鼓励政策，研究建立体现节奖超罚原则的节能激励机制和约束机制；各级政府投资管理部门要研究制定节能投资规划和年度计划，安排既有建筑节能改造投资和新建建筑节能投资。

（四）规范能源管理，推广节能新机制。建立健全规范化的能源管理体系，对能源消费进行全过程监督和管理；逐步建立政府机构能源管理能力评价体系，鼓励通过合同能源管理等方式，聘请节能专业服务机构参与政府机构节能改造，优化能源管理，提高能源利用效率。

五、加强组织领导，做好监督检查

各级政府机构要落实节约资源目标责任制，明确具体部门和专门人员负责日常管理，建立和完善节能管理考核考评制度。对在节约资源管理中取得显著成绩的单位和个人给予表彰和奖励，对浪费资源的单位和个人给予批评和处罚。

从 2006 年起，各级政府机关每年 3 月底前要向同级机关事务主管部门报送上年度的资源消费状况和节约潜力分析报告以及本年度的工作计划，主要内容包括根据国家有关法律法规、标准及内部管理制度等开展节约资源工作的情况，重点是政策法规贯彻执行、项目策划、原材料和产品采购、运行管理、计划和措施落实情况、节约效果、能源资源消耗的财务支出等。

加强政府机构节约资源工作是机关工作的一项重要任务。领导干部要带好头，后勤部门要牵好头，全体机关工作人员共同努力，做好节约资源工作，形成“人人节约、事事节约、处处节约、环环节约”的良好氛围，并自觉接受社会和群众的监督，切实发挥政府机构在建设节约型社会中的表率作用。

二〇〇六年二月十四日

国家发展改革委、科技部、财政部、建设部、质检总局、环保总局、国管局、中直管理局关于印发“十一五”十大重点节能工程实施意见的通知

发改环资［2006］1457号

各省、自治区、直辖市、计划单列市和新疆生产建设兵团发展改革委、经贸委（经委）、科技厅（科委）、财政厅、建设厅（建委）、质量技术监督局、环保局、机关事务管理部门，中共中央、国务院各部门机关事务管理部门（办公厅）：

十大重点节能工程是《节能中长期专项规划》的重要内容，已纳入《国民经济和社会发展第十一个五年规划纲要》，是实现“十一五”单位GDP能耗降低20%左右目标的一项重要的工程技术措施。为组织实施好十大重点节能工程，国家发展改革委会同科技部、财政部、建设部、国家质检总局、国家环保总局、国务院机关事务管理局、中共中央直属机关事务管理局等有关部门组织编制了《“十一五”十大重点节能工程实施意见》。现印发你们，请认真组织实施。

附件：“十一五”十大重点节能工程实施意见

二〇〇六年七月二十五日

附件

“十一五”十大重点节能工程实施意见（节选）

第一章 指导思想、原则和目标

为贯彻落实《国民经济和社会发展第十一个五年规划纲要》，实现单位 GDP 能耗降低 20%左右的约束性目标，根据《节能中长期专项规划》，特制定本实施意见。

一、指导思想

以科学发展观为指导，落实节约资源基本国策，围绕实现“十一五”GDP 能耗降低 20%左右的目标，以提高能源利用效率为核心，以企业为实施主体，大力调整和优化结构，加快推进节能技术进步，建立严格的管理制度和有效的激励机制，加大政府资金的引导力度，充分发挥市场配置资源的基础性作用，调动市场主体节约能源资源的自觉性，尽快形成稳定可靠的节能能力，为实现国家节能目标奠定坚实的基础。

二、实施原则

（一）坚持企业为主实施与政府引导推动相结合。
（二）坚持节能与结构调整、技术进步与环境保护相结合。
（三）坚持发挥市场机制作用与政府宏观调控相结合。
（四）坚持依法强化管理与政策激励相结合。
（五）坚持突出重点、示范带动与统筹兼顾、分类指导相结合。
（六）坚持整体推进与分年度有效实施相结合。

三、工程目标

通过实施十大重点节能工程，“十一五”期间，可实现节能 2.4 亿吨标准煤（未含替代石油），重点行业主要产品（工作量）单位能耗指标总体达到或接近本世纪初国际先进水平。

第二章　实施内容

……

九、政府机构节能工程

（一）现状和问题

政府机构指依靠公共财政运行的各级政府机关、事业单位和社会团体（包括军队、武警、公共服务及其他公共财政支持的部门），其能源管理基础差，能耗高，节能潜力大，具体表现在：

1．人均能耗高。据抽样调查，2002 年人均电力消费量为 2 130 千瓦时，人均用油量为 240 升，单位建筑面积能耗（标准煤）为 27.3 千克每平方米，单位建筑面积用电量为 55.5 千瓦时每平方米，人均能源消费总量近 1.9 吨标准煤，人均建筑能耗为 1.6 吨标准煤，均高于社会平均耗能水平。

2．用能设备能效水平低。如高效节能灯推广使用比例低，自备供暖锅炉普遍存在“大马拉小车”的现象等。

3．节能意识有待加强。一些单位对开展节能工作缺乏重视，宣传教育还不够深入，建筑贪大求全，公务车规模大、效率低等浪费能源资源的现象依然存在。

4．节能管理制度不健全，缺乏统一的宏观协调管理体制。没有统一的能源消耗定额和支出标准，没有专门的机构、人员，能源统计不健全，没有考核和奖惩制度等。

5．节能新技术推广应用力度不大，缺乏鼓励政策，尚未推广合同能源管理、节能激励机制等节能新机制。

（二）主要内容

1．既有建筑节能改造

针对不同建筑特点和能源消费类型，对既有建筑围护结构、中央空调、采暖、照明和用电设备等进行节能改造；更换照明、办公等高能耗产品和设备；开展中央空调系统节能清洗和改造工作。

2．综合电效改造

对用电设备和电力分配系统进行系统性诊断和分析，加装节电设备，实现用电系统整体优化，提高电效。

3．新技术、新能源和可再生能源应用试点

积极推广使用浅层地源热泵、太阳能等新技术、新能源，扩大可再生能源使用范围。

4．推行节能产品政府采购

进一步落实节能产品政府采购制度，完善政府采购节能认证工作，扩大政府采购节能产品的范围，实施政府采购统计工作，构建节能产品政府采购管理网络平台，开展政府采购人员培训。

5．公务用车节能

逐步压缩公务车辆规模，加强公务用车的日常管理，将车辆纳入节能产品政府采购范围，加强成品油的使用管理。积极推动公务用车改革，完善政府机构公务车辆配备配置标准与管理办法。

6．加强节水改造

安装分水表，开展用水计量监测和考核，采用节水型技术、设备，加强用水设备的日常维护管理。开展中水回用系统、雨水收集系统等试点工作，推广节水灌溉方式，提高水资源综合利用效率。

7．新建建筑节能评审和全过程监控

新建建筑全面执行现行建筑节能设计标准，对新建大型办公建筑开展节能综合评审试点，并对施工、调试、竣工验收、运行管理实施全过程的节能审查和监督。

8．建立政府机构能耗统计体系

建立能耗统计指标体系，开展政府机构能耗专项调查、典型建筑的能耗监测，选择高能耗建筑进行分项计量改造，建立能耗统计信息管理平台，将政府机构能源消费纳入国民经济能源统计体系，开展全国性能耗普查工作，对在京中央机关进行年度能耗统计。

（三）配套措施

1．建立和完善政府机构能源统计、评价和考核体系。

2．制定和完善政府机构节能管理制度，建立健全政府机构能源管理体系，修订《党政机关办公用房建设标准》，严格控制政府机构办公建筑规模。

3．完善政府机构节能投资体制和机制，推广合同能源管理等节能投资市场机制。

4．开展创建节约型政府机关活动。

5．健全政府机构节能管理组织体系。

6．开展政府机构节约能源、资源宣传和培训。

（四）组织实施

1．组织单位：国务院机关事务管理局、中共中央直属机关事务管理局、国家发展改革委、建设部。

2．实施主体：中央及地方政府机关、相关科研院所。

3．参与单位：财政部、解放军总后勤部。

……

第三章　保障措施

一、加强组织领导

实施十大重点节能工程是一项系统工程，涉及面广、工作量大，需要有关部门和地方政府协同配合，共同推动。国务院有关部门、地方政府和企事业单位要加强对节能工作的组织领导，明确十大重点节能工程的实施机构、人员和经费，并将工程实施进度和绩效纳入各级政府和有关企事业单位年度工作考核体系中。各行业协会要积极发挥桥梁纽带作用，加强本行业节能工作的指导。

根据《节能中长期专项规划》和本《实施意见》，各地发展改革委、经（贸）委、各企事业单位要制订本地区、本单位的重点节能工程实施方案和分年度实施计划，并组织实施。

国务院有关部门和地方政府要积极组织协调和解决十大重点节能工程实施过程中出现的问题，确保各项工程按计划完成。

二、建立严格的节能管理制度

（一）健全节能法规和标准，为推动十大重点节能工程的实施创造良好的外部环境。修订《节约能源法》，通过立法建立严格的管理制度，完善各行为主体责任，强化政策激励，明确执法主体，加大惩戒力度。要抓紧制定和完善主要耗能行业能耗准入标准、节能设计规范，主要工业耗能设备、机动车、建筑、家用电器、照明器具等能效标准，以及公共建筑用能设备运行标准。各地区要研究制定本地区主要耗能产品和大型公共建筑单位能耗限额。

（二）强化重点耗能企业节能管理，提高节能降耗改造的积极性。重点耗能企业要开展能源审计，编制节能规划及其实施方案，对标找差距，制定节能目标，建立节能责任制，完善节能管理制度，实施节奖超罚措施。国家采取公报、检查、抽查、通报、交流等方式，对企业节能进行跟踪、指导和监督，对能效水平达不到要求的，政府有关部门依法责令限期整改。

（三）实施强制性能效标准和标识。对终端用能设备实行强制性最低能效标准，对于不符合最低能效标准的用能设备不允许生产和销售。加快实施强制性能效标识制度，扩大能效标识在家用电器、电动机、汽车和建筑上的应用，建立政府监管、社会监督和企业诚信机制，不断提高能效标识的社会认知度，引导社会消费行为，促进企业加快高效节能产品的研发。

三、加大结构调整和技术进步力度

（一）加快淘汰落后工艺、技术和设备。重点淘汰钢铁、有色、化工、建材、电力等高耗能行业的落后生产能力、工艺装备和产品，如水泥土窑、普通立窑和窑径2.2米及以下机械化立窑生产线，5 000千伏安以下（1万吨/年以下）电石炉及开放式电石炉，土法炼焦（含改良焦炉），300立方米及以下炼铁高炉和20吨以下炼钢转炉、电炉，5 000千伏以下铁合金矿热电炉，热扎硅钢片，单机容量5万千瓦及以下常规小火电机组，以发电为主的燃油锅炉及发电机组（5万千瓦及以下）等一大批能耗高、污染重的落后工艺和装备。

（二）加快节能技术开发。各级政府有关部门要把节能技术，尤其是本《实施意见》中急需的关键和共性技术的自主研发和引进消化吸收再创新，作为政府科技投入、推进高新技术产业化的重点领域，加大支持力度，大力开发节能技术和装备。在十大重点节能工程实施过程中，要优先支持采用自主知识产权解决共性和关键技术的示范项目，增强自主创新能力。加快用高新技术和先进适用技术改造提升传统产业。

（三）大力推广应用节能新技术和新产品。各级政府要积极创造条件，采取多种方式，加快高效节能产品的推广应用。有条件的地方可采取财政补贴方式，对达到超前性国家能效标准、经过认证的节能产品给予适当的支持，积极引导用户和消费者购买节能型产品。通过产品质量国家免检制度，鼓励高效节能产品生产企业做大做强。有关部门要制定和发布节能技术政策，组织行业共性技术的推广。

（四）培育节能技术服务体系。各级各类节能技术服务机构要强化服务意识，拓宽服务范围，增强服务能力，提高服务水平，在竞争中不断做大做强，在十大重点节能工程的实施中发挥重要作用。要加快推行合同能源管理，为企业和用户提供诊断、融资、设计、改造、运行、管理"一条龙"服务，以节能效益分享方式回收投资和取得合理利润，推进企业节能技术改造。

四、制定和实施强化节能的政策机制

（一）加大政府对十大重点节能工程的支持力度。中央和地方各级人民政府要对节能技术与产品推广、示范试点、宣传培训、信息服务等工作给予支持，所需节能经费纳入各级政府财政预算。研究建立节能投入机制，按照突出重点，有所为、有所不为的原则，对本《实施意见》中节能效果显著、推广意义较大的示范项目和重大项目，量大面广用能设备的更新改造，高效节能技术和产品的推广，以及节能管理能力建设等，给予一定的支持，推动十大重点节能工程的实施。"十一五"期间，国家每年安排一定的资金，用于支持十大重点节能工程中的重点项目和示范项目及高效节能产品的推广。

（二）建立多渠道节能融资机制。各类金融机构要切实加大对本《实施意见》中节能项目的支持力度，鼓励设立专门的节能贷款业务。推动和引导社会各方面加强对节能的资金投入。鼓励企业运用清洁发展机制，通过市场直接融资，以及争取国际金融组织、外国政府贷款，加大企业节能降耗技术改造。

（三）制定鼓励节能的税收优惠政策。国家制定并公布《节能产品目录》，重点是高效终端用能设备和产品，对生产和使用列入目录的产品给予税收优惠。严格实施控制高耗能、高污染、资源性产品出口的政策措施。研究制定促进能源节约的燃油税收制度，研究制定控制高耗能加工贸易和抑制不合理消费的有关税收政策。针对不同种类能源矿产资源，抓紧研究计税方法改革方案，并在条件成熟时实施。根据资源条件和市场变化情况，适当提高有关资源税征收标准。

（四）深化能源价格改革。逐步理顺不同能源品种的价格，形成有利于节能、提高能效的价格机制。加强和改进电价管理，建立成本约束机制，促进发电企业降低成本、提高效率；完善峰谷、丰枯电价，引导用户合理用电，节约用电；继续实行差别电价，扩大实施范围，抑制高耗能行业盲目扩张，促进结构调整。落实石油综合配套调价方案，理顺国内成品油价格。继续推进天然气价格改革，建立天然气与可替代能源的价格挂钩和动态调整机制。全面推进煤炭价格市场化改革。研究制定能耗超限额加价的政策。

（五）积极推进城镇供热体制改革。实行将采暖补贴由“暗补”变“明补”，加快推进供热商品化、货币化。同步争取供热计量，推进按用热量计量收费制度，已经实施热改的不能再按面积收费，新建建筑必须实行按用热量计量，促进供、用热双方节能。完善供热价格形成机制，研究制定建筑供热采暖按热量收费的政策，培育有利于节能的供热市场。

（六）推广节能新机制。对于涉及多行业、多部门，具有量大面广特点的重点节能工程，如燃煤工业锅炉（窑炉）节能改造、电机系统节能、建筑节能、绿色照明等工程，要因地制宜地推行合同能源管理、电力需求侧管理、节能产品服务质量承诺、节能自愿协议、大宗采购、设备租赁等行之有效的节能新机制。

五、切实加强项目管理

按照有关规定，切实加强本《实施意见》中项目全过程管理。一是严格按照本《实施意见》确定的投资重点组织申报项目。项目申报单位要如实报送有关项目材料，各省（自治区、直辖市）节能主管部门要根据本《实施意见》确定的投资重点、项目实施单位基本情况和项目申报要求认真审核申报材料，并组织有关论证。二是建立项目库，严格实行专家评审制度。凡企业申请、地方审核同意上报的项目统一纳入备选项目库，实行动态管理。严格执行项目专家评审制度，凡需国家支持的项目，必须经过专家评审。专家评审要做到科学、合理和公正。对于应由国家核准而尚未经国家批准的违规项目，其配套节能项目不安排中央财政资金支持。三是严格规范项目的实施。项目实施单位要根据项目主管部门的有关批复，进一步落实项目有关实施条件，认真组织实施项目。项目的土建、安装、监理和材料、设备采购要按照国家有关规定实行招标投标。项目实施要做到质量、投资和工期“三包干”。四是加强项目跟踪和管理。对中央财政资金支持的重大项目，在项目建设过程中要分阶段定期检查，发现问题及时纠正。五是认真做好项目竣工、验收和后评估工作。项目建成后，各地主管部门要认真组织验收。对验收不合格的项目，立即采取措施整改，确保项目建设投产，如期发挥效益，实现节能目标。对于重大项目和示范项目，要进行后评估。各地主管部门要对项目的实施进度、资金投入情况、领导重视程度、人员素质、实施效果等方面进行评价、监督和检查。

国家发展改革委关于加强固定资产投资项目节能评估和审查工作的通知

发改投资［2006］2787号

各省、自治区、直辖市、计划单列市及新疆生产建设兵团发展改革委、经贸委（经委），国务院有关部门、直属机构，中央各直属企业：

为加强节能工作，根据《国务院关于加强节能工作的决定》，现就加强固定资产投资项目节能评估和审查工作有关问题通知如下：

一、要充分认识加强固定资产投资项目节能评估和审查工作的重要性。加强节能工作是深入贯彻科学发展观、落实节约资源基本国策、建设节约型和谐社会的一项重要措施，也是国民经济和社会发展一项长远战略方针和紧迫任务。固定资产投资项目节能评估和审查工作是加强节能工作的重要组成部分，对合理利用能源、提高能源利用效率，从源头上杜绝能源的浪费，以及促进产业结构调整和产业升级具有重要意义。

二、按照《国务院关于加强节能工作的决定》要求，开展好固定资产投资项目节能评估和审查工作。国家发展改革委审批、核准和报请国务院审批、核准的固定资产投资项目，可行性研究报告或项目申请报告必须包括节能分析篇（章）；咨询评估单位的评估报告必须包括对节能分析篇（章）的评估意见；国家发展改革委的批复文件或报国务院的请示文件必须包括对节能分析篇（章）的批复或请示内容。

节能分析篇（章）的编写、咨询评估机构的评估和国家发展改革委的审查都要本着合理利用能源、提高能源利用效率的原则，依据国家合理用能标准和节能设计规范进行。

节能分析篇（章）应包括项目应遵循的合理用能标准及节能设计规范；建设项目能源消耗种类和数量分析；项目所在地能源供应状况分析；能耗指标；节能措施和节能效果分析等内容。

三、地方政府审批、核准的项目节能评估和审查要求。地方政府有关部门可参照国家发展改革委审批、核准项目的要求，制定本地区的固定资产投资项目节能评估和审查办法，结合现有固定资产投资项目的审批、核准程序，依据国家和地方的合理用能标准和节能设计规范，开展节能评估和审查工作。

四、认真抓好固定资产投资项目节能评估和审查工作的监督管理。对未进行节能审查或未通过节能审查的项目一律不得审批、核准，更不得开工建设。对擅自批准项目建设或不按照节能审查批复意见建设的，要追究直接责任人的责任。触犯法律的，要依法给予处罚。

要加强项目建设和运行过程中的监督检查，确保节能措施与能效指标的落实；对违反已批复节能措施的建设内容和生产行为，要责令停止施工并限期整改，同时依法追究相关单位的法律责任。

本通知从二〇〇七年一月一日开始执行，在此之后报送国家发展改革委审批、核准的项目可行性研究报告和项目申请报告必须按要求编制节能分析篇（章）。否则，国家发展改革委将不予受理。

特此通知。

二〇〇六年十二月十二日

国家发展改革委、中宣部、教育部、科技部、全国总工会、共青团中央、全国妇联、中国科协、解放军总后勤部、全国人大常委会办公厅、全国政协办公厅、财政部、国资委、环保总局、中央文明办、国管局、中直管理局关于印发节能减排全民行动实施方案的通知

发改环资［2007］2132号

各省、自治区、直辖市及计划单列市、副省级省会城市、新疆生产建设兵团发展改革委、经贸委（经委）、宣传部、文明办、科技厅（科委）、教育厅（教委、教育局）、财政厅（局）、国资委、环保局、总工会、团委、妇联、科协、机关事务管理部门，各军区联勤部、各军兵种后勤部、四总部有关部门，武警部队后勤部，国务院有关部门：

为贯彻落实全国节能减排工作电视电话会议和《国务院关于印发节能减排综合性工作方案的通知》（国发［2007］15号）精神，进一步动员全社会积极参与节能减排和应对气候变化工作，形成以政府为主导、企业为主体、全社会共同推进的节能减排工作格局，国家发展改革委会同中宣部、教育部、科技部、全国总工会、共青团中央、全国妇联、中国科协、解放军总后勤部、全国人大常委会办公厅、全国政协办公厅、财政部、国资委、环保总局、中央文明办、国管局和中直管理局制定了《节能减排全民行动实施方案》，已经国务院同意。现印发你们，请结合本地区、本部门实际，认真贯彻执行。

为形成强大的宣传声势，营造良好的社会氛围，将于9月份集中开展节能减排全民行动大型主题宣传活动。请各地区、各部门积极配合，认真做好活动的组织和宣传工作。

附件：节能减排全民行动实施方案

二〇〇七年八月二十八日

附件

节能减排全民行动实施方案（节选）

为贯彻落实全国节能减排工作电视电话会议和《国务院关于印发节能减排综合性工作方案的通知》（国发［2007］15 号）精神，进一步动员全社会积极参与节能减排工作，形成政府推动、企业实施、全社会共同参与的节能减排工作机制，国家发展改革委会同中宣部、教育部、科技部、全国总工会、共青团中央、全国妇联、中国科协、解放军总后勤部、全国人大常委会办公厅、全国政协办公厅、财政部、国资委、环保总局、中央文明办、国管局和中直管理局共同研究制定了节能减排全民行动实施方案。

……

四、节能减排学校行动

学校在培养学生树立节能环保意识上发挥着不可替代的重要作用。在采取节能减排措施的同时，通过积极开展以节能减排为内容的学校主题教育和社会实践活动，营造节能减排校园文化，使学生养成良好的节能环保意识和行为习惯。主要活动包括：

（一）加强节能环保基础教育。结合义务教育课程标准修订工作，在义务教育课程标准中，适当增加节约能源、保护环境等教育内容，将节能、节水、节地、节粮、节材等教育内容纳入学校课堂教学，真正落实节能环保进学校、进课堂。

（二）积极开展以节能减排为内容的学校主题教育活动。在中小学校、幼儿园组织开展“节能伴我在校园，我把节能带回家”活动、节约能源体验与创意活动、“节约一二三”活动、“爸爸妈妈听我说节能”演讲比赛等，引导中小学生、幼儿从小树立节能环保的观念，关注生活中的节约方式，学习和寻找节能的窍门和方法，不仅从自己做起，而且督促父母等家庭成员节约用电、节约用水、爱惜粮食。

（三）开展节能环保社会实践与科技创新活动。建设一批满足广大中小学生参加节能环保社会实践活动需要的基地，使学生在实践中学习节能环保知识和技能，提高节能环保能力。结合提高高等学校的人才培养质量，从 2007 年至 2010 年，在全国范围内每年开展一次“大学生节能减排社会实践与科技创新竞赛活动”，在 2010 年举行“大学生节能减排社会实践与科技创新成果展”，分研究生和本专科两部分组织在校大学生报名参加。

（四）营造节能减排校园文化。号召各级学校认真贯彻《教育部关于建设节约型学校的通知》，加强学校节约管理，利用各种方式，在广大师生中开展节能、环保活动，营造良好的校园文化氛围。编写适合中小学宣传节能环保教育的挂图和光盘，免费发放到中小学校。制定《高等学校节约型校园建设管理与技术导则》，在高校进一步量化和细化节能环保指标，逐步对有关标准和要求规范化，在此基础上进一步推动高校节约型校园的建设。

（五）推广教科书的循环使用。结合农村义务教育试行免费教科书制度，在全国范围内制定分科教科书的循环使用方案，在宁夏回族自治区或东、中、西部各选择 1 个试点，开展教科书的循环使用工作，并总结经验、逐步推广。

主办单位：教育部、国家发展改革委。

……

六、节能减排政府机构行动

政府是社会行为和公共道德的示范和标杆，政府机构自身对节能的重视程度影响着公众观念。政府机构工作人员要带头增强资源忧患意识、节约意识和责任意识，从自身做起，从点滴做起，形成崇尚节俭、合理消费的机关文化，为全民节能减排发挥表率作用。主要活动包括：

（一）发挥政府机构节能导向作用。与人民网、新华网、中国政府网等大型网站合作，进一步丰富“政府机关节能减排”网页的栏目和内容，及时宣传报道政府机关节能减排行动情况，推广示范典型，征集、发布政府机关节能减排的意见和建议，扩大宣传和受众面，发挥政府机关的示范表率作用。组织开展“节能减排政府机关带头行动”电视宣传系列活动，制作专题宣传片、公益广告，通过多种形式宣传政府机关节能减排的意义。开展“政府机构节能减排征文”活动，在全国范围内广泛征集政府机构节约资源和保护环境方面的论文、专题报告等。对征文进行评选，在有关报刊杂志上刊发。

（二）自查提高见效活动。各级政府机构对履行职能过程中和工作人员日常工作中，是否坚持节约优先的方针开展一次全面自查。通过对照检查找出差距，增强资源忧患意识、节约意识和责任意识，切实把节约资源和保护环境的理念和要求贯彻到工作的各个环节，努力提高工作效能。

（三）启动“百名省部长签约”活动。制定《政府机关节能减排公约》，由有关部门与中央国家机关百名部长签订公约，明确各部门节能减排的职责和义务，落实目标责任和措施。

（四）创建“节约型政府机构”活动。建立能耗报告制度，定期公布机关能耗及费用支出情况。在全国选择 100 个政府机关，以节能减排为主题，创建“节能环保办公区”，从节电、节油、节气、节水、节地、节材、可再生能源利用、节能采购、新技术新产品应用等方面提出相应要求。推进无纸化办公，倡导节约资源的办公习惯。

（五）开展能源紧缺体验活动。通过广播、电视、报纸、网络等向全社会发出能源重要性体验活动的倡议，如除有特殊需要外所有政府机构空调夏季每天晚开一个小时；景观照明灯、装饰用灯、办公用灯等每天少开半小时；号召机关工作人员每月少开一天车，6 楼以下每月一天不乘电梯。通过日常生活中必不可少的但又不太注意的事情，来提醒大家注意能源对现代文明、对我们生活的重要性，提高节能意识，自觉遵守全民节约行为公约。

（六）开展资源循环利用活动。倡议全国政府机关工作人员使用节能环保铅笔、再生纸等节能环保办公用品，使用再生纸名片，开展废旧电脑、打印机、电池、灯管等办公用品的回收利用。

主办单位：国家发展改革委、国管局、中直管理局、全国人大机关事务管理局、全国政协机关事务管理局、解放军总后勤部。

国家发展改革委、科技部、工业和信息化部、财政部、住房城乡建设部、交通运输部、商务部、税务总局、质检总局、国管局、国务院法制办关于贯彻实施《中华人民共和国节约能源法》的通知

发改环资［2008］2306号

各省、自治区、直辖市及计划单列市、副省级省会城市、新疆生产建设兵团发展改革委、经贸委（经委）、科技厅（委、局）、信息产业厅（局、办）、财政厅、建设厅、交通厅、商务主管部门、国家税务局、地方税务局、质量技术监督局、机关事务管理局、法制办、各直属出入境检验检疫局，国务院有关部门，解放军总后勤部：

新修订的《中华人民共和国节约能源法》（以下简称《节约能源法》）已于今年4月1日起正式施行。为进一步做好《节约能源法》的贯彻实施，现就有关事项通知如下。

一、充分认识贯彻实施《节约能源法》的重要性和紧迫性

“十一五”规划《纲要》提出了“十一五”单位GDP能耗降低20%左右的约束性指标，这是贯彻落实科学发展观，加快建设资源节约型、环境友好型社会的重大举措。两年来，各地区、各部门认真落实党中央、国务院的决策和部署，把节能作为调整经济结构、转变发展方式的重要抓手和突破口，放在更加突出的位置，推动力度进一步加大，从认识到实践都发生了重要转变。

“十一五”节能目标是具有法律效力的约束性指标，是政府对人民的庄严承诺，必须通过合理配置公共资源，有效运用经济、法律和行政手段，确保实现。从目前工作进展情况看，实现“十一五”节能目标任务十分艰巨。在一些地方节能工作还存在认识不到位、责任不明确、措施不配套、政策不完善、投入不落实、协调不得力等问

题，有法不依、执法不严的现象较为突出。这种状况如不及时扭转，“十一五”节能目标将难以实现。在有效发挥经济和行政手段推进节能的同时，运用法律手段实现依法节能，是当前节能工作面临的重要课题。新修订的《节约能源法》进一步突出了节能在我国经济社会发展中的战略地位，扩大了法律调整范围，健全了管理制度，完善了激励机制，明确了节能管理和监督主体，强化了有关各方的法律责任，增强了法律的针对性和可操作性，为节能工作提供了法律保障。深入贯彻实施《节约能源法》，是当前节能工作一项十分重要而紧迫的任务。各级政府有关部门要充分认识贯彻实施《节约能源法》对于实现“十一五”节能目标的重大意义，充分认识贯彻实施《节约能源法》的重要性和紧迫性，采取有效措施，确保《节约能源法》顺利施行。

二、抓紧完善《节约能源法》配套法规和标准

各级政府有关部门要根据《节约能源法》的有关要求，抓紧研究制定配套法规和标准。积极做好《民用建筑节能条例》、《公共机构节能条例》的宣传贯彻工作，抓紧研究制（修）订《固定资产投资项目节能评估和审查条例》、《重点用能单位节能管理办法》（修订）、《节能监察管理办法》、《国家机关办公建筑和大型公共建筑室内温度控制办法》、《高耗能特种设备节能监督管理办法》、《节能表彰奖励办法》、《能源计量监督管理办法》、《能效标识管理办法》（修订）等配套法律规范，并加快建立和完善节能产品认证管理制度。各地区要抓紧对原有的地方性节能法规进行修订完善，原来没有制定实施条例（办法）的地方，要根据实际需要抓紧制定地方性节能法规。进一步完善节能标准体系。制定《2008—2010 年资源节约与综合利用标准发展规划》，制定煤炭、石油、有色、化工、建材等高耗能行业能耗限额标准，以及电力变压器、高效节能电机等产品能效标准。今年启动 12 个用能产品能效标准、8 个高耗能产品能耗限额标准、4 个重点耗能行业能源计量器具配备和管理标准的制（修）定工作。各省、自治区、直辖市制定严于国家标准的产品能耗限额和产品能效强制性地方标准，应按程序报经国务院批准。

三、加强重点工程、重点企业和重点领域节能管理

加大重点节能工程实施力度。各地区要按照《节约能源法》要求，设立节能专项资金，切实加大节能资金投入，引导企业开展节能技术研发与改造，形成稳定可靠的工程技术节能能力。中央财政要继续加大资金投入，支持燃煤工业锅炉（窑炉）改造、余热余压利用、电机系统改造、节约和替代石油等十大重点节能工程，今年力争形成 3 500 万吨标准煤的节能能力。

加强重点企业节能管理。深入推进重点耗能企业对标活动，研究制定部分重点耗能行业对标指标体系和指导手册。组织开展重点用能单位节能降耗服务活动，提

高用能单位计量检测能力和水平。积极推行能源管理人员职业水平评价试点。做好千家企业节能目标责任评价考核工作，对评价考核结果为超额完成和完成任务的企业，予以表扬和奖励；对未完成任务的，停止核准和审批高耗能投资项目。开展重点用能单位能源计量装置检定和能源计量数据核查。组织能源利用状况报告培训；重点用能单位要按要求定期报送能源利用状况报告；国家和地方节能主管部门要依法对报告内容进行审查，定期发布《重点用能单位能源利用状况公报》。

在工业领域，要加快推进钢铁、有色、化工、建材等重点用能行业结构调整和节能技术进步，落实淘汰落后产能计划，建立落后产能退出机制，建立和完善行业准入标准，坚决遏制“两高”行业过快增长，严格限制外商投资“两高”项目，严格控制“两高一资”产品投资、生产、消费和出口，采取进口促进措施鼓励国外先进节能技术、材料和设备进口，推动相关节能新产品、新技术、新设备、新材料的推广使用。在建筑节能方面，要编制建筑节能规划，积极推广节能省地环保型建筑和绿色建筑，强化新建建筑执行节能标准的监管，大力推进可再生能源在建筑中规模化应用，加大既有建筑节能改造力度，推进城镇供热体制改革，实行供热分户计量、按照用热量收费的制度，严格执行公共建筑室内温度控制制度，切实加强房地产开发领域节能监管，鼓励省级人民政府建设主管部门根据本地实际情况，制定严于国家标准或者行业标准的地方建筑节能标准等。在交通运输领域，要推动实施交通节能规划，建设节能型综合运输体系，引导道路、水路、航空运输企业提高运输组织化程度和集约化水平，严格执行老旧交通运输工具的报废、更新制度，积极推广清洁燃料、石油替代燃料、节能与新能源汽车，制定实施交通运输营运车船的燃料消耗量限值标准，加强对运营车船燃料消耗检测的监督管理等。在公共机构节能方面，要制订实施节能规划和能源消耗定额，加强能源消费计量和监测管理，建立能源消费统计、监测、考核体系，按规定进行能源审计，优先采购节能产品、设备等。

四、实施有利于节能的经济政策

各级发展改革、工业、财政、税务、质检等部门，要按照《节约能源法》有关要求，综合运用价格、财政、税收、市场准入、政府采购、信贷等经济政策，努力构建引导和推动节能的政策框架。要积极稳妥地推进能源价格改革，逐步理顺能源价格形成机制。认真落实差别电价政策，督促有关地方取消对高耗能企业实行电价优惠。支持推广使用节能灯、节能空调、高效电动机等节能产品。落实节能专用设备投资抵免企业所得税以及对节能减排设备给予增值税进项税抵扣的政策，完善资源税，研究开征环境税，择机出台燃油税。对工业、民用能源的大宗贸易、交接开展公证计量。继续发布节能产品政府采购清单，扩大政府强制性采购节能产品范围。继续加大对节能技术改造项目的信贷支持，支持符合条件的企业发行节能方面的企业债券。

五、切实做好《节约能源法》贯彻落实情况的监督检查

县级以上各级政府管理节能工作的部门及有关部门要切实履行监管职责，加强对《节约能源法》贯彻落实情况的监督检查，坚决查处各种违反《节约能源法》的行为，重点查处违规建设高耗能项目，违反能源统计制度，违反能效标识制度，违反重点用能单位能源利用状况报告制度，违反计量器具配备和能源计量数据使用制度，以及生产、进口、销售和使用国家明令淘汰的用能产品、设备等问题。要加大对违法违规行为处罚力度，对有关责任人进行责任追究。要发挥人民群众的监督作用，各地方节能主管部门要积极创造条件，开设节能违法行为和事件举报电话和网站，方便群众举报。加强节能监察队伍建设，切实强化依法监管。各级节能监察机构要不断加强自身队伍建设，加强教育、培训和管理，切实提高执法能力和水平。

六、进一步加大《节约能源法》宣传和培训的力度

今年节能宣传要以《节约能源法》为重点，充分利用电视、报纸、网络、杂志等媒介，采取新闻报道、专家访谈、专题报道、公益广告、知识竞赛、宣传挂图等群众喜闻乐见、易于接受的形式，加大宣传力度，促进《节约能源法》宣传进机关、进企业、进学校、进社区、进家庭，做到家喻户晓，人人皆知。各级政府有关部门要将学习宣传《节约能源法》纳入本部门普法工作计划。要组织开展《节约能源法》培训，重点加大对各级政府节能管理人员、重点用能单位负责人和能源管理负责人的培训力度。要树立先进典型，对贯彻落实《节约能源法》作出突出贡献的单位和个人，进行表彰和奖励，在全社会营造良好的舆论氛围。

七、加强组织领导

各级政府管理节能工作的部门要认真履行《节约能源法》赋予的职责，加强本行政辖区内的节能监督管理工作。要加强对贯彻实施《节约能源法》的组织指导，确定工作目标，制定工作计划，明确工作重点，积极督促各项工作落实，及时向政府报告贯彻落实情况；要充分发挥各相关部门的作用，加强沟通和协调，齐心协力做好各项工作。其他相关部门要按照《节约能源法》有关要求，在各自职责范围内依法履行与节能有关的管理职责，并接受管理节能工作的部门的指导。今年下半年，各省（区、市）管理节能工作的部门要会同有关部门对《节约能源法》贯彻实施情况进行检查，并将有关情况报国家发展改革委。国家发展改革委将会同有关部门，根据实际情况对各地贯彻实施《节约能源法》情况进行抽查，抽查结果将作为各地节能评价考核的重要内容。

二〇〇八年八月二十五日

国家质检总局、国家发展改革委关于印发《加强能源计量工作的意见》的通知

国质检量联［2005］247号

各省、自治区、直辖市质量技术监督局，发展改革委（计委）、经贸委（经委），有关单位：

为了加强企业能源计量工作，提高能源计量管理水平，落实《节能中长期专项规划》提出的节能目标，根据《中华人民共和国计量法》、《中华人民共和国节约能源法》，国家质量监督检验检疫总局、国家发展和改革委员会共同研究制定了《加强能源计量工作的意见》，现印发你们。请结合实际情况，认真贯彻落实。

二〇〇五年七月二十三日

加强能源计量工作的意见

一、加强能源计量工作的重要意义

能源是经济社会可持续发展的重要物质基础。加强能源管理，提高能源利用效率，是提高我国经济运行质量、改善环境和增强企业市场竞争力的重要措施，也是缓解当前经济社会发展面临的能源约束矛盾、建设节约型社会、实现经济社会可持续发展的根本保障。

能源计量工作是企业加强能源管理、提高能源管理水平的重要基础，是企业贯彻执行国家节能法规、政策、标准，合理用能，优化能源结构，提高能源利用效率，提高经济效益和市场竞争力的重要保证，是国家依法实施节能监督管理，评价企业

能源利用状况的重要依据。进一步加强企业能源计量管理，建立和完善能源计量管理制度，对于减少能源消耗、保护环境、降低成本、增加效益具有十分重要的意义。

二、能源计量工作存在的主要问题

当前，能源计量工作存在的主要问题：一是对能源计量的重要性认识不足，片面追求产量和产值，忽视能源计量管理；二是一些企业能源计量器具配备不符合国家计量法律法规和标准的要求，有些能源计量器具老化、落后，导致计量数据的准确性和可靠性降低；三是企业能源计量管理体系不完善，制度不健全，执行不严格，计量器具不能按期检定或校准，对不合格的计量器具不能及时更新；四是在能源计量数据管理和使用方面，没有把计量数据作为企业能源量化管理、实现真实成本核算的基础，存在"各自为政、数出多门"的现象；五是一些计量管理人员和技术人员缺少系统的能源计量知识和专业化的管理经验，人员素质有待提高；六是国家能源计量的法规、标准有待完善，政府管理部门对企业能源计量的监督管理力度不够，对企业能源计量的指导和信息服务不到位；技术机构和中介机构未能充分发挥其对企业能源计量工作的服务功能。

三、加强能源计量工作的指导思想、原则和目标

（一）指导思想。

认真贯彻党的十六大和十六届三中、四中全会精神，以科学发展观为指导，切实落实《节能中长期专项规划》，以节能降耗为中心任务，完善法规，强化标准，加强监督管理，组织宣传培训，夯实企业能源计量的基础，提高能源量化管理水平，推动企业的节能降耗，提高企业的竞争能力，促进经济社会可持续发展与和谐社会的建立。

（二）原则。

1. 坚持依法管理与政策激励相结合。政府有关部门要依法督促企业加强计量器具和计量数据的管理，对能源计量先进企业要给予鼓励和支持。

2. 坚持发挥市场机制作用与政府监督管理相结合。在市场经济条件下，企业是独立经营的实体，节能降耗是企业自身生产经营的必然需要，同时，政府有关部门要加强节能和计量工作的监督管理。

3. 坚持突出重点，分类指导。针对钢铁、有色金属、石油石化、化工、电力、建材等高能耗行业的特点，进一步落实能源计量器具的配备和管理要求，完善计量管理，提高计量检测水平。

4. 坚持全社会共同参与。节能是全社会的共同责任，政府有关部门要加强对企业能源计量工作的指导，积极组织计量技术机构和社会中介机构为企业提供计量检

测、培训教育等服务。

（三）目标。

经过5年多的努力，到2010年底，能源计量的政策、法规和标准不断完善并得到有效实施，企业节能意识和计量意识显著增强，部分企业能源计量薄弱和严重浪费能源的现象得到有效遏制，能源计量技术和管理水平有明显提高，年消耗能源5 000吨标准煤以上的企业能源计量工作达到科学、规范的管理水平。

四、加强能源计量工作的主要措施

（一）完善能源计量的法律法规和技术标准。

国家质检总局、国家发展改革委将根据《中华人民共和国计量法》、《中华人民共和国节约能源法》的要求，进一步完善有关能源计量的规章和办法，建立企业能源计量管理的激励机制，推动企业能源计量工作深入开展。

国家质检总局已发布了十多项能源计量管理和节能监测方面的国家标准，今后还将根据经济发展需要，继续组织制定相关的国家标准，修订现行的不适应经济发展和企业生产经营需要的国家标准。政府有关部门、高耗能行业和企业要积极参与标准的制定、宣传和贯彻落实工作。

（二）引导企业加强能源计量基础工作。

加强能源计量工作的主体是企业。各级质量技术监督部门、节能主管部门要从加强能源计量管理、提高能源计量检测能力和发挥计量检测数据在节能降耗中的作用等方面入手，帮助、引导企业全面加强能源计量工作。

加强企业能源计量管理，领导是关键，制度是保证，人员是基础。企业领导要重视能源计量工作，熟悉国家能源、计量管理方面的法律、法规、政策；要建立健全能源计量管理体系，形成相应的计量管理制度，包括能源计量管理机构职责及人员岗位责任制度、能源计量器具的管理制度、能源计量数据的管理等规章制度；要加强能源计量人才队伍的建设，切实提高能源计量人员的综合素质，以适应现代能源计量管理的需要。

企业要不断提高能源计量检测能力，提高能源计量器具的配备率和对能源计量检测过程的控制水平。要依据《企业能源计量器具配备和管理导则》国家标准的要求，在生产经营的全过程配备满足生产经营需要的能源计量器具，并认真做好计量器具的检定、校准工作，确保计量器具的准确可靠。

企业要对能源计量数据的采集、处理、使用实施有效管理，充分发挥能源计量检测数据在生产经营、成本核算、能源平衡和能源利用状况统计分析等各项工作中的作用，用科学、准确的计量数据指导生产，通过量化考核发现工艺缺陷、管理漏洞和技术潜力，及时加以改进提高，把节能挖潜落到实处。

（三）建立能源计量工作的责任制，开展对企业能源计量管理的检查。

各级质量技术监督部门、节能主管部门要加强对企业能源计量工作的指导，督促企业进一步完善计量管理制度，把企业能源计量的责任纳入各个工作岗位的职责之中，纳入各单位的日常管理之中，做到层层有责任，逐级抓落实。

各省级政府质量技术监督部门、节能主管部门要依据国家节能、计量法律法规和《企业能源计量器具配备和管理导则》国家标准，组织对高耗能企业的能源计量器具的配备、能源计量器具的管理和能源计量检测数据的使用情况进行检查，促进企业能源计量工作满足节能降耗的需要。对不能按照规定保证能源计量器具周期检定、校准的，以及出具虚假能源计量检测数据的，要进行曝光和批评教育。

（四）提高能源计量检测设备的质量和水平。

政府质量技术监督部门要通过颁发制造计量器具许可证、型式批准、组织后续监督抽查等手段，强化对节能监测和能源计量仪器仪表的监督管理，对技术落后的能源计量仪表及设备要坚决淘汰。

计量技术机构要加强能源计量仪器仪表的基础研究和技术开发，为企业提供现场计量检测服务；要尽快建立新型能源计量仪表的计量标准、校准装置，制定相应的技术规范，扩大能源计量仪表的检定校准覆盖范围，保证能源计量仪表有量值溯源的依据和途径；要针对能源计量仪表的综合性、难以拆卸性等特点，引进和研制能源计量仪表在线检定校准装置，研究推广在线检定校准方法。

各级质量技术监督部门要组织计量技术机构积极参与国家重大工程项目和高耗能行业、企业的能源计量技术的研究与推广。

（五）加强能源计量的宣传、教育和培训，建立为能源计量服务的技术平台。

要充分发挥节能监测中心、计量协会等计量技术机构和社会中介机构的作用，利用电视、广播、报刊、网络等媒体广泛宣传能源计量工作，在政府有关部门的指导下逐步建立为能源计量服务的技术平台，在节能计量仪表配备情况的检查、企业能源计量状况的评判、人员资质的培训考核方面发挥桥梁和纽带作用；组织能源计量和节能监测方面的学习培训，推广先进的能源计量检测技术，提高企业能源计量技术和管理人员的素质。

财政部、国家发展改革委关于印发《节能技术改造财政奖励资金管理暂行办法》的通知

财建［2007］371号

各省、自治区、直辖市、计划单列市财政厅（局）、发展改革委（经贸委、经委）：

为实现“十一五”期间单位国内生产总值能耗降低 20%左右的约束性指标，根据《国务院关于加强节能工作的决定》（国发［2006］28 号）和《国务院关于印发节能减排综合性工作方案的通知》（国发［2007］15 号），中央财政将安排必要的引导资金，采取“以奖代补”方式对十大重点节能工程给予适当支持和奖励，奖励金额按项目技术改造完成后实际取得的节能量和规定的标准确定。同时，要明确企业的节能主体地位，落实责任，加强考核和监督。为此，我们制定了《节能技术改造财政奖励资金管理暂行办法》，现印发给你们，请遵照执行。

各地要充分认识节能工作的重要性和紧迫性，统一思想，加强领导，落实责任，协同配合，扎实工作，把节能工作摆在突出位置，狠抓落实。

附件：节能技术改造财政奖励资金管理暂行办法

二〇〇七年八月十日

附件

节能技术改造财政奖励资金管理暂行办法

第一章 总 则

第一条 根据《国务院关于加强节能工作的决定》（国发［2006］28 号）和《国务院关于印发节能减排综合性工作方案的通知》（国发［2007］15 号），“十一五”期间，国家将安排专项资金支持企业节能技术改造（以下简称节能资金）。为加强财政资金管理，提高资金使用效益，特制定本办法。

第二条 为了保证节能技术改造项目的实际节能效果，节能资金采取奖励方式，实行资金量与节能量挂钩，对完成节能量目标的项目承担企业给予奖励。

第三条 节能量核定采取企业报告，第三方审核，政府确认的方式。企业提交改造前用能状况、节能措施、节能量及计量检测方法，由政府委托的第三方机构进行审核，第三方机构对出具的节能量审计报告负责。

第四条 节能资金奖励实行公开、透明原则，接受社会各方面监督。

第五条 本办法所称的节能资金，是指中央财政预算安排的，专项用于奖励企业节能技术改造项目的资金。

第二章 奖励对象和方式

第六条 财政奖励的节能技术改造项目是指《“十一五”十大重点节能工程实施意见》（发改环资［2006］1457 号）中确定的燃煤工业锅炉（窑炉）改造、余热余压利用、节约和替代石油、电机系统节能和能量系统优化等项目。

第七条 财政奖励资金主要是对企业节能技术改造项目给予支持，奖励金额按项目实际节能量与规定的奖励标准确定。

第三章 奖励条件

第八条 申请资金奖励的项目必须符合下述条件

（一）经发展改革委或经贸委、经委审批、核准或备案；

（二）属于节能技术改造项目；

（三）节能量在 1 万吨（暂定）标准煤以上；

（四）项目承担企业必须具有完善的能源计量、统计和管理体系。

第四章　奖励标准

第九条　东部地区节能技术改造项目根据节能量按 200 元/吨标准煤奖励，中西部地区按 250 元/吨标准煤奖励。

第十条　节能量是企业通过节能技术改造项目直接产生的，并且能够核定。

第五章　奖励资金的申报、审查和下达

第十一条　符合本办法规定的节能技术改造项目，由企业提出节能财政奖励资金申请报告并经法人代表签字，具体要求见附件。

第十二条　按属地化申报原则，企业将财政节能奖励资金申请报告报所在地节能主管部门（发展改革委或经贸委、经委，下同）和财政部门。省级节能主管部门会同财政部门对企业节能资金申请报告进行严格初审、确定、汇总后，报国家发展改革委和财政部。中央直属企业直接报国家发展改革委和财政部，同时抄送所在地省级节能主管部门和财政部门。

第十三条　国家发展改革委会同财政部对地方上报的财政节能奖励资金申请报告组织专家进行评审。国家发展改革委根据奖励标准确定项目奖励额度，下达节能技术改造项目实施计划，抄送财政部。

第十四条　财政部根据国家发展改革委下达的节能技术改造项目实施计划，按照奖励金额的 60%下达预算，并抄送国家发展改革委。财政部门按照财政国库管理制度有关规定将资金及时拨付到项目承担企业。

第十五条　地方节能主管部门会同财政部门采取必要措施、落实相关政策，督促节能技术改造项目实施，保证项目按时完工并实现节能目标。

第十六条　财政部会同国家发展改革委委托节能量审核机构对项目实际节能量进行审核，由节能量审核机构出具审核报告并承担责任。

第十七条　财政部根据节能量审核机构出具的节能量审核报告与省级财政部门进行清算，由省级财政部门负责下达或扣回奖励资金。

第六章 节能量审核机构的管理

第十八条 国家发展改革委会同财政部按照有关规定提出节能量审核机构名单。

第十九条 国家发展改革委对节能量审核机构的审核工作进行监管。对节能量审核报告严重失真的审核机构取消资格，并追究相关人员的责任。

第七章 奖励资金的监督管理

第二十条 企业收到财政奖励资金后，在财务上作资本公积处理。

第二十一条 企业对上报材料的真实性负责。对弄虚作假，骗取、套取财政资金的企业，财政部将扣回财政奖励资金，并由国家发展改革委责令地方节能主管部门进行整改，同时将企业名单在社会上进行曝光。

第二十二条 奖励资金必须专款专用，任何单位不得以任何理由、任何形式截留、挪用。对违反规定的，除将国家奖励资金全额收缴国家财政外，按照《财政违法行为处罚处分条例》（国务院令第 427 号）等有关法律法规追究有关单位和人员的责任。

第八章 附 则

第二十三条 本办法由财政部会同国家发展改革委负责解释。

第二十四条 本办法自印发之日起施行，暂行期限到 2010 年 12 月 31 日。

国管局、中直管理局
关于切实加强当前中央和国家机关
资源节约工作的通知

国管办［2005］248号

中央和国家机关各部门、各单位：

去年4月以来，中央和国家机关各部门认真贯彻落实《国务院办公厅关于开展资源节约活动的通知》（国办发［2004］30号）精神，通过举办讲座、研讨、展览等方式开展资源节约宣传教育活动，结合实际采取有效措施节电、节水、节油、节材，资源节约工作取得了初步成效，但资源节约的潜力还很大。中央和国家机关各部门要按照国务院常务会议精神和温家宝总理的要求，切实加强资源节约工作，带头厉行节约，努力建设节约型机关，在推动建设节约型社会中发挥表率作用。现就当前中央和国家机关资源节约的有关工作通知如下。

一、大张旗鼓地开展资源节约宣传教育活动

开展资源节约、建设节约型社会是党中央、国务院做出的一项重大战略决策。中央和国家机关深入开展资源节约工作，是降低机关运行成本、建设节约型机关的重要举措，对于加快建设资源节约型社会具有重要的意义。各部门、各单位要组织开展形式多样的宣传教育活动，大张旗鼓地宣传资源节约工作的重要性，增强资源节约的紧迫感和责任感，树立健康的生活方式和科学的消费理念，做到人人崇尚俭朴节约，形成浪费可耻、节约光荣的良好风尚。广大干部职工要牢记温家宝总理对广大公务员和机关事务管理工作人员提出的要求，做到廉洁、节俭、奉献。一粥一饭，当思来之不易；半丝半缕，恒念物力维艰。办一切事情都要勤俭节约，不铺张浪费、劳民伤财。要从一点一滴做起，自觉做资源节约的表率。

二、突出抓好节约用电工作

合理设置空调温度，办公室、会议室等办公区域的夏季空调温度设置不得低于26

摄氏度，做到无人时不开空调，开空调时不开门窗。提倡每天少开一小时空调，节假日或少数人加班尽量不开中央空调冷气。在不影响制冷效果前提下，适当提高中央空调主机冷水出水温度，下班前半小时提前关闭主机。

养成随手关灯习惯，离开办公室、下班时必须关灯，杜绝白昼灯、长明灯。办公室、会议室等要尽量使用自然光，室内亮度足够时，不再开灯。办公照明提倡使用台灯。走廊、通道等照明需求较低的场所，尽量设定隔盏开灯，减少灯管数或安装自动控制开关。

尽量减少电梯使用，提倡三楼以下尽可能不搭乘电梯。长时间不用或下班后应及时关闭复印机等用电设备，将计算机设置为不使用时自动进入低能耗休眠状态，减少待机能耗。

三、切实加强节约用水管理

加强用水设备的日常维护管理，严禁跑冒滴漏，坚决避免长流水现象的发生。有条件的单位要建立再生水回用系统和雨水收集系统。单位内部绿地用水和景观环境用水鼓励使用雨水和符合用水水质要求的再生水，逐步减少使用城市自来水，并采用喷灌、微灌、滴灌等节水灌溉方式，禁止用自来水涌灌。严禁使用高压清洁水冲洗车辆，严禁使用自来水龙头直接冲洗墩布。

四、积极降低公务用车油耗

严格执行公务用车配备标准，按《关于中央国家机关公务用车编制和配备标准规定的通知》（国管财［2004］120 号）核定公务用车编制，控制车辆规模，集中清理和处置超编超标车辆。按照国家规定优先选用节能环保型车辆，科学合理地确定车辆使用年限，及时报废、淘汰环保不达标、油耗高的车辆。实行车辆定点定车加油，登记单车燃油消耗，实行车辆定点维修和定期保养。提高车辆管理人员和驾驶人员的业务操作技能，每年组织一次驾驶员节油技术竞赛，评选节油技术能手。

五、努力节约办公用品开支

从严从紧配置办公设备，规范办公用品的配备、采购、领用。结合电子政务建设，充分使用网络办文，减少纸质文件的印发；尽量在电子媒介上修改文稿，减少重复清印次数，提倡双面用纸，注重信封、复印纸再利用。提倡使用钢笔书写，减少圆珠笔或一次性签字笔的使用量。

六、全面开展建筑节能

各部门、各单位新建建筑要执行《公共建筑节能设计标准》，采用节能型建筑结构、材料、器具和产品。大型建筑要进行系统化节能设计综合评审和节能全过程监管。节能设计评审不通过的不能开工建设。对既有建筑进行节能诊断，对不符合节能要求的尽可能采取无成本、低成本的节能改造措施，对能耗大的重点部位要实施节能改造。尽快完成锅炉能耗检测和节能改造。

七、大力实施政府节能采购

政府采购要积极推广使用中央空调风机水泵变频调速、冰蓄能、冷热电联供、节电复印机、节能灯具、节水龙头、节水马桶、节能门窗、节能墙体材料等新技术、新产品和新材料，优先购买经国家认证的节约型设备或产品，杜绝采购国家明令禁止使用的高消耗、低效率设备和产品。要严格执行《节能产品政府采购实施意见》，采购《节能产品政府采购清单》中的产品；采购《节能产品政府采购清单》之外的产品时，应当在招标文件及评标办法中规定对提供节能产品的企业给予加分或优先考虑授予合同。

八、尽快建立资源消耗统计制度

各部门要统计本部门的电、水、油等资源消耗数据和费用开支情况，7 月上旬将 2005 年上半年的有关数据分别报国管局和中直管理局，此后每月报送情况。在汇总分析各部门资源消耗情况的基础上，根据国家资源节约与综合利用有关规定，制定中央和国家机关资源节约的定额和标准。

九、制定中央和国家机关资源节约中长期规划

按照国务院的要求，各部门、各单位要制定近期的节能工作目标和实施方案，同时要结合制定“十一五”规划，围绕建设节约型政府的目标，以提高资源利用效率为核心，以节能、节水、节材、节地和资源综合利用为重点，制定资源节约中长期规划，保证资源节约工作持续、深入地开展。

资源节约是一项长期的艰巨任务，各部门要认真贯彻落实国务院常务会议精神，切实加强对资源节约工作的组织领导，主要领导要亲自部署，建立健全资源节约工作责任制，抓好监督检查。各部门既要抓好机关自身的资源节约工作，又要抓好所属单位的资源节约工作，做到层层有责任，逐级抓落实，使资源节约工作落到实处，为建设节约型社会作出贡献。

二〇〇五年六月二十三日

国管局关于进一步加强中央国家机关节能减排工作的通知

国管房地［2007］159 号

中央国家机关各部门、各单位：

中央国家机关节能减排工作对于全国节能减排工作具有重要的示范作用。近年来，各部门积极开展能源资源节约工作，在一定程度上缓解了能耗快速增长的势头。但目前对工作进展还不能估计过高，中央国家机关节能减排任务仍十分艰巨。为贯彻落实温家宝总理在全国节能减排工作电视电话会议上的重要讲话精神，加快推进节约型政府机关建设，确保实现“十一五”期间中央国家机关单位建筑能耗和人均能耗分别降低 20%的目标，现就有关事项通知如下：

一、突出重点，抓好节约用电

到 2010 年，中央国家机关用电消耗在 2005 年基础上，节电率达到 20%，实现节电 5 600 万千瓦时，折合 15.5 万吨标煤，减少 4.1 万吨 CO_2 排放量。主要包括以下方面：

（一）空调系统节电。加强日常管理，合理设置空调温度；在节能诊断基础上，实施空调系统节能改造，更换高能耗设备，加装变频器等节电装置；分批组织各部门对办公楼中央空调系统进行节能清洗，提高空调能效水平，改善室内空气质量。到 2010 年，实现总体节电率 25%，节电 2 500 万千瓦时，折合 6.9 万吨标煤，减少 1.8 万吨 CO_2 排放量。

（二）照明系统节电。开展“绿色照明”活动，2007 年各部门、各单位要完成所有非节能灯（包括 T8、T12 直管型荧光灯和白炽灯）更换工作；优化照明系统设计，合理改造电路控制方式；开展太阳能灯、无极灯等先进照明技术试点。到 2010 年，实现总体节电率 20%，节电 1 100 万千瓦时，折合 3.0 万吨标煤，减少 0.8 万吨 CO_2 排放量。

（三）用电设备节电。淘汰高耗能的计算机、打印机等用电设备，推广使用节电软件；开展办公区及部分住宅小区电梯节能改造，采用无齿轮电梯等新型节能电梯；在办公区推广使用新型节能开水器（如太阳能开水器、空气源热泵开水器等）。到2010年，实现总体节电率15%，节电1 500万千瓦时，折合4.1万吨标煤，减少1.1万吨CO_2排放量。

二、加大力度，降低油、气、水消耗

（一）车辆节油。进一步清理中央国家机关超编、超标车辆，严格控制车辆编制和规模；加快更新不符合节能、环保要求车辆，今年完成中央国家机关在用“黄标车”更换工作；将公务用车纳入政府节能采购，优先选购节能环保型车辆；加强公车日常节油管理，实行“一车一卡”加油制度。到2010年，实现节油5%以上。

（二）炉灶节气。完成中央国家机关燃气锅炉采暖系统节能诊断和改造；加强采暖系统运行管理，改善管网系统的调节和优化热源运行工况，降低气、电、水消耗，实现综合节能10%。2007年各部门、各单位要完成食堂燃气灶节气改造，切实降低燃气消耗，实现食堂节气20%～30%。

（三）节约用水。在新建和改造项目中推广使用节水器具和设备，开展办公区内洗手间洁具、食堂用水设施、中央空调冷却水塔、绿化灌溉设施等节水改造和建设。有条件的单位可建设中水处理系统和雨水收集系统。到2010年，实现节水率20%，节水104万吨，减少污水排放104万吨。

三、严格评审，抓好新建建筑节能

中央国家机关所有建设项目实行节能综合评审制度，可行性研究阶段要编制“节能篇”，并按有关规定进行节能设计评审，未通过评审的项目，不予审批。新建和大中修改造的项目，严格控制使用玻璃幕墙，不使用落地窗，窗墙面积比不超过50%；推广应用节能环保新型墙材、屋面材料；实施地热源、水源、空气源热泵技术试点示范工程，积极推广空调和采暖系统变频调速技术、空气热回收技术等新技术的应用，扩大太阳能等新能源的使用范围。同时，加大在建项目节能全过程监管，严格执行建筑节能施工标准，保证工程施工质量；加强节能措施和能耗指标等落实情况的督察，实行工程验收能效评定，对未达到节能设计要求的项目，限期整改。

四、把好入口，推行政府节能采购

落实《节能产品政府采购实施意见》和《环境标志产品政府采购实施意见》，进一步完善政府采购节能环保产品清单制度，不断扩大节能环保产品政府采购范围。对空调机、计算机、打印机、显示器、复印机等办公设备和照明产品、用水器具，由同等优先采购改为强制采购高效节能节水环保产品。建立节能环保产品政府采购评审体系和监督制度，保证节能和绿色采购工作落到实处。进一步完善中央国家机关节能产品、技术、服务征集制度，建立跟踪、监测和优选淘汰机制，推广先进节能产品和技术。

各部门、各单位要组织开展废旧电池、电脑等办公用品耗材和废旧照明灯具的回收利用工作，推广和使用节能环保型办公材料和再生材料。

五、抓好能源计量，强化目标责任管理

2007年完成对95个部门及其所属事业单位用电分项计量，建立中央国家机关水、电、气、油等能源资源消耗统计信息平台。配合北京市供热体制改革，对集中供热的办公区和住宅区，开展供热计量改造，逐步实现按使用热量收费。研究制定中央国家机关能耗定额标准，逐步建立健全科学的节能减排统计指标体系和能耗报告制度。各部门、各单位每月向国管局提交上月能耗报告，国管局按季度在国务院系统内网和中国政府网上定期公布各部门、各单位能耗情况。

中央国家机关实行节能减排工作目标管理责任制。各部门、各单位主要领导是节能减排工作的第一责任人，分管领导是直接责任人。国管局将会同有关部门开展节能减排目标完成情况专项考核考评，对完成目标较好的单位给予表彰和奖励；对未完成节能减排指标的单位，进行通报批评，并取消其评选中央国家机关精神文明单位等荣誉称号的资格。

六、加强日常管理，开展节能培训和宣传工作

要大力推进低成本、无成本节能改造和管理，通过加强日常管理，实现节能减排，节省节能改造投资。国管局将会同有关部门抓紧制定中央国家机关节水规范和办公建筑供热采暖系统、空调系统日常节能运行规范，分期分批对各部门物业管理人员、空调、电梯、锅炉管理人员和操作人员进行节能培训，提高现有设备运行管理水平和节能实际操作能力。中央国家机关职业技能鉴定要增加节能减排知识考核内容，相关设备操作人员应通过节能减排知识培训考核，持证上岗。各部门、各单位要大力开展节约能源资源和环境保护的宣传工作，经常进行能源教育和日常节能技术、技巧培训，培养广大干部职工的资源忧患意识和良好的用能、用水习惯，形成“人人节约、事事节约、处处节约”的良好氛围。

七、加强领导，完善协调机制

为加强组织领导，成立中央国家机关节能减排工作协调小组，按照国务院节能减排工作领导小组部署和要求开展工作。发展改革委和国管局各一名领导任组长，

财政部、建设部、科技部、环保总局、质检总局、统计局、北京市政府等单位主管部门的负责同志为小组成员。协调小组办公室设在国管局，主要职责是：会同有关部门研究提出中央国家机关节能减排年度工作计划，并组织实施；综合协调节能减排重要事项；开展中央国家机关节能减排考核考评工作；协调节能减排宣传活动；承办协调小组交办的其他事项。各部门、各单位要建立专门的节能减排工作小组，由主管领导任组长，机关后勤等相关部门参加，负责制定本部门、本系统及所属事业单位节能减排工作目标、实施方案并组织落实。

各部门、各单位要根据中央国家机关各项节能减排目标，制定本部门、本系统分年度节能减排目标和指标，并按照办公区域以及水、电、气、油等项目进行综合分解，6 月 30 日前报中央国家机关节能减排协调小组审核后执行。

特此通知。

二〇〇七年五月二十一日

国管局、中直管理局关于中央和国家机关深入开展节油节电活动的通知

国管办［2008］196号

中央和国家机关各部门、各单位：

为贯彻落实党中央、国务院关于节能减排工作的部署和要求，以实际行动节约能源资源，减少公用经费支出，支援抗震救灾和服务北京奥运会，切实发挥中央和国家机关在节能减排和建设节约型社会中的表率作用，经国务院同意，决定在中央和国家机关深入开展节油、节电活动。现将有关事项通知如下。

一、深入开展汽车节油活动

各部门、各单位要采取有效措施，严格管理制度，建立汽车节油的长效机制，确保实现今年中央和国家机关公务用车油耗降低20%的目标。

（一）严格控制公务用车使用。除安全、保密、外事等方面的重要公务活动和会议确需使用外，各部门、各单位要严格控制使用公务用车。确需使用的要严格履行审批程序，合理调配，减少单独或重复派车。短距离外出办理公务尽量乘用公共交通工具或骑自行车。各部门、各单位公务用车应当实行统一管理，禁止分散管理使用。节假日期间除保证特殊工作需要的公务用车外，其它公务用车封存。除抢险救灾和执勤执法公务活动外，出京执行公务一般乘用公共交通工具。对本部门车辆逐车逐月核定行驶里程和用油额度。

（二）倡导乘坐公共交通工具。有班车的部门、单位要合理安排班车路线，方便职工上下班；无班车的部门、单位要提倡职工乘用或合租公共交通工具，或多人共乘一辆车；倡导每周少开一天私家车和出行骑自行车，减少私车的使用。

（三）落实奥运会和残奥会期间机动车限行规定。为支持配合北京市成功举办奥运会和残奥会，实现“绿色奥运、科技奥运和人文奥运”的目标，自2008年6月23日至7月19日，各部门、各单位每日要停驶50%的公务用车；7月20日至9月30

日，按照北京市机动车“单双号”限行规定执行。所有“黄标车”一律停驶。

（四）严格车辆编制管理。各部门、各单位要认真执行党中央、国务院关于党政机关汽车配备使用管理的有关规定，将公务用车严格控制在核定的编制数内，除经中央编办批准新增设的机构外，不再增加公务用车编制。

（五）严格车辆配备更新管理。各部门、各单位要严格执行公务用车经费预算，严禁超标准配备、更新公务用车，未经国管局或中直管理局批准，不得购置公务用车。国管局和中直管理局要根据环保、节油要求和汽车价格情况，适时调整公务用车配备标准，在中央和国家机关使用经济环保型汽车。

（六）严格车辆使用管理。严禁公车私用，实行公务用车节假日封存停驶制度。严格实行公务用车定点加油和“一车一卡”加油制度，落实单车核算制度及公务用车油耗、运行费用支出统计报告和公示制度。国管局、中直管理局会同有关部门研究建立私车在办公区域停放收费制度。

二、切实抓好节约用电

各部门、各单位要继续把节约用电作为节能减排的重点，突出抓好空调温度控制、照明和其他用电设备节电，确保实现今年中央和国家机关节电5%的目标。

（一）控制空调温度。改进空调温度控制方式，严格执行空调温度控制标准，办公楼夏季室内空调温度设置不低于 26 摄氏度，冬季不高于 20 摄氏度。充分利用自然通风，少开空调和提前关闭空调，倡导每周停开一天空调。

（二）节约照明用电。白天充分利用自然光，一般不开灯；夜间尽量减少楼梯间照明及其他公共区域照明。杜绝白昼灯、长明灯，做到人走灯灭、随手关灯。办公区和住宅小区停用装饰性景观照明（奥运会期间按北京市有关规定执行）。

（三）抓好办公设备节电。及时关闭计算机、打印机、复印机等办公设备，减少待机能耗。节假日和非工作时间，要减少电梯、电热水器等用电设备的开启数量和时间。

（四）加快用电设备改造。加强对用电设备的使用管理，积极推进用电设备的节电改造，淘汰高能耗设备，推广应用新能源、新技术。加快用电分项计量改造，加强用电设备的运行监控，切实降低设备能耗。

三、加强节油节电的督促检查

（一）各部门、各单位要高度重视，加强领导，健全制度，落实责任，切实抓好节油、节电工作，确保各项措施落到实处。及时将用油、用电情况报送国管局或中直管理局。

（二）各部门、各单位要加强对配备使用车辆情况的监管，及时清理上交超编制、超标准配备使用的车辆，清退借用、占用下属单位或其他单位的车辆。清理清退情况报国管局或中直管理局备案。

（三）国管局和中直管理局要加强对各部门、各单位节油和节电措施落实情况的督促检查，适时通报检查情况，定期公布各部门、各单位用油和用电情况。对公务用车使用中的铺张浪费、违规违纪问题，要严肃查处。

二〇〇八年六月十九日

国家发展改革委、国管局、国务院法制办关于贯彻实施《公共机构节能条例》的通知

国管办［2008］295号

各省、自治区、直辖市发展改革委、经贸委（经委）、机关事务管理部门、法制办，中央国家机关各部门、各单位办公厅（室）：

《公共机构节能条例》（以下简称《条例》）将于2008年10月1日起施行。为切实做好《条例》的贯彻实施工作，现就有关事项通知如下。

一、充分认识贯彻《条例》的重要性和紧迫性

《条例》是新中国成立以来第一部全面、系统规范公共机构节能工作的专门性行政法规，是《节约能源法》的重要配套法规。《条例》的实施是公共机构依法节能的重要标志，对于推进公共机构节能，降低公共机构运行成本具有重要意义，对全社会节能具有重要的导向和示范作用。《条例》确立了公共机构节能管理体制，对公共机构节能规划、能耗计量和监测、能源消费统计、能源消费定额、节能产品采购、能源审计、节能措施以及监督保障等作出了全面规定。认真贯彻实施《条例》，通过法律手段推动公共机构节能，提高能源利用效率，降低能源消耗，是各级节能主管部门和机关事务管理部门的重要职责。同时必须看到，公共机构节能是一项政治性、政策性、技术性很强的系统工程，《条例》的实施时间紧、任务重、要求高，各级节能主管部门和机关事务管理部门必须增强紧迫感和责任感，立足各地区各部门实际，采取积极有效措施，确保《条例》顺利实施。

二、深入开展《条例》的学习、宣传和培训

各级节能主管部门、机关事务管理部门、政府法制机构要把学习、宣传、贯彻《条例》作为当前一项重要工作列入议事日程，全面部署，统筹安排，狠抓落实。要结合本地区本部门实际，制定学习、宣传《条例》和培训工作方案。组织节能管理

工作人员系统学习《条例》及相关法律、法规和规章，全面掌握其基本内容，做到准确理解、融会贯通、正确执行。各公共机构工作人员特别是公共机构负责人要带头学习《条例》，掌握节能知识，提高节能意识。要充分利用电视、网络、报纸、杂志等媒体，广泛宣传《条例》，为《条例》的实施营造良好的社会环境和舆论氛围。要采取多种形式，有计划、分层次对公共机构节能工作人员进行系统培训，全面提升节能管理水平。

三、积极推进《条例》各项规定的落实

（一）建立健全公共机构节能管理体系。各级节能主管部门要加强对公共机构节能工作的指导，各级机关事务管理部门要按照《条例》规定，理顺与相关部门的职责分工，加快建立本级公共机构节能的管理体系和协调机制，落实管理机构和人员，切实担负起协调、推进本级公共机构节能工作和指导、监督下级公共机构节能工作的职责。教育、科技、文化、卫生、体育等系统主管部门和实行垂直管理的机构，要在同级机关事务管理部门指导下，加快制定本级系统内公共机构节能实施办法，明确目标和责任，确保组织到位、措施到位、任务落实到位。

（二）抓紧制定公共机构节能规划。各级机关事务管理部门要会同有关部门于年底前制定“十一五”后两年本级公共机构节能规划，2009 年 2 月底前报上级机关事务管理部门，规划要明确“十一五”期间公共机构节能指标，并与同级节能专项规划相衔接。各级机关事务管理部门要指导和督促本级公共机构制定年度节能计划，明确年度节能目标和实施方案。

（三）建立公共机构节能目标责任制和考核评价制度。各级机关事务管理部门要会同同级有关部门尽快制定本级公共机构节能考核评价办法，建立公共机构节能目标责任制。要把本级公共机构节能目标和指标分解落实到每一个公共机构。公共机构负责人对本单位节能工作全面负责，节能目标和指标完成情况要作为公共机构负责人年度考核评价的内容。

（四）建立健全公共机构能耗监测、统计体系。各级机关事务管理部门要会同有关部门建立能源消费计量和统计制度，督促各公共机构开展能源消费分户、分类、分项计量工作，加快建立能耗监测体系。各级机关事务管理部门要在每年 4 月 15 日前完成本级公共机构上年度能耗统计工作，并于 4 月 30 日前报上级机关事务管理部门。今年年底前要完成本级公共机构 2005 年至 2007 年能耗统计报告工作。

（五）建立公共机构能源消耗定额制度和能源审计制度。各级机关事务管理部门要会同有关部门，根据不同行业、不同系统公共机构能源消耗的综合水平和特点，逐步建立能源消耗定额标准体系，2009 年年底前要制定本级行政单位能源消耗定额，2010 年年底前要制定本级所有公共机构的能源消耗定额。国家发展改革委将会同有

关部门加快制定公共机构能源审计办法，明确公共机构能源审计的范围、程序、内容和相关要求，推动公共机构加强用能管理。

（六）重点抓好公共机构建筑节能。各级机关事务管理部门要会同有关部门以贯彻实施《条例》和《民用建筑节能条例》为契机，大力推进公共机构建筑节能。加大对公共机构建设项目的节能评估和审查工作力度，未通过节能评估和审查的项目，不得批准建设。严格控制公共机构建设项目的建设规模和标准，认真执行建筑节能方面的规定和标准。制定本级公共机构既有建筑节能改造计划，在试点示范基础上，稳步推进既有办公建筑空调、采暖（北方地区）等系统的节能改造，以及既有居住建筑供热计量和节能改造。严禁以节能改造的名义改扩建办公楼或者进行豪华装修。国务院机关事务管理局将会同有关部门制定公共机构合同能源管理办法，明确合同能源管理的方式、程序和要求，推进专业节能服务机构采用合同能源管理方式为公共机构提供节能诊断、设计、融资、改造、管理等服务。

（七）切实抓好公共机构车辆节能。要严格执行国务院有关车辆节油的规定，推广使用低油耗、节能环保型汽车，加快淘汰油耗高、排放超标的车辆，新购公务用车要优先采购自主品牌节能环保型汽车和清洁能源汽车。认真落实《国务院办公厅关于深入开展全民节能行动的通知》（国办发［2008］106 号）精神，结合本地实际，采取有效措施，落实每周少开一天车的规定。有关部门要加强公共机构车辆编制和配备管理，适时调整公务用车配备标准，加快清理超编超标车辆，清退借用、占用下属单位和其他单位的车辆。稳步推进公务用车服务社会化，鼓励职工利用公共交通工具出行。

四、认真开展《条例》贯彻实施情况的监督检查

各级节能主管部门和机关事务管理部门要加强对《条例》贯彻实施情况的监督检查，严肃查处各种违反《条例》行为，重点查处违反节能规划编制、能源统计、能源审计、计量器具配备、节能产品采购、建设项目节能评估和审查等制度的行为，以及使用国家明令淘汰的用能产品、设备，超标准、超编制购置公务用车，超过能源消耗定额使用能源等问题。加大对违法违规行为的责任追究处罚力度。要充分发挥人民群众社会监督和新闻媒体舆论监督作用，鼓励先进，鞭策落后。各级机关事务管理部门要通过开设举报电话、网站等多种方式，方便群众举报违反《条例》的行为，对举报要及时进行调查处理，并向举报人进行反馈。

五、切实加强《条例》贯彻实施工作的组织领导

各级节能主管部门和机关事务管理部门要切实加强领导，周密部署，精心组织，逐级抓好《条例》的贯彻落实。要不断研究新情况、解决新问题、总结新经验，对

《条例》实施中的情况和问题，及时报国家发展改革委和国务院机关事务管理局。要加强同财政部、住房城乡建设部、统计部等有关部门的沟通协调，努力形成各司其职、密切配合的工作格局。

各省、自治区、直辖市机关事务管理部门要在 2008 年 10 月底以前将本级公共机构节能工作的分管领导、主管部门及其具体工作机构的名称、负责人、联系人、联系电话报国务院机关事务管理局。国家发展改革委和国务院机关事务管理局将在明年初对各地贯彻实施《条例》的工作情况进行一次检查。

二〇〇八年九月十六日

国管局关于印发《中央国家机关建设项目节能设计评审管理办法（试行）》和配套标准的通知

国管房地［2008］334号

中央国家机关各部门、各单位：

为进一步推进中央国家机关节能减排工作，加强中央国家机关建设项目的节能评估和审查，从源头上杜绝能源浪费，根据《中华人民共和国节约能源法》和《公共机构节能条例》，以及《国务院关于加强节能工作的决定》（国发［2006］28 号）和《国务院关于印发节能减排综合性工作方案的通知》（国发［2007］15 号）的有关要求，我局制定了《中央国家机关建设项目节能设计评审管理办法（试行）》和配套标准，现印发你们，请按照执行。

二〇〇八年十一月十一日

中央国家机关建设项目节能设计评审管理办法（试行）

第一章　总　则

第一条　为加强中央国家机关建设项目节能管理，推进建筑节能设计工作，从源头杜绝能源浪费，根据《中华人民共和国节约能源法》、《公共机构节能条例》和《国务院关于加强节能工作的决定》（国发［2006］28 号）、《国务院关于印发节能减排综合性工作方案的通知》（国发［2007］15 号），以及中央国家机关建设项目管理有关规定，制定本办法。

第二条　中央国家机关建设项目节能设计评审（以下简称节能评审）适用本办法。

第三条　节能评审是指国务院机关事务管理局作为建设项目主管部门（以下简称项目主管部门），委托中介机构（以下简称评审单位）或者组织专家对建设项目的初步设计和施工图设计进行节能审查、评估的活动。

第四条　节能评审包括初步设计评审和施工图设计复审。未进行或未通过节能评审的项目，不予批复初步设计。

第二章　评审条件

第五条　申报建设规模 5 000 平方米以上的办公建筑项目和 10 000 平方米以上的住宅、公寓等项目，应进行节能评审。

申报建设规模 5 000 平方米以下的办公建筑项目和 10 000 平方米以下的住宅、公寓等项目，由项目主管部门确定是否进行节能评审。

确定进入初步设计评审程序的建设项目，方可进行节能评审。

第六条　评审单位和专家的条件和确定，依照《中央国家机关建设项目立项评估和初步设计评审管理办法（试行）》（国管房地［2006］37 号）等有关规定执行。

第三章　评审程序

第七条　项目主管部门对项目管理单位报送的申报材料审核合格后，委托评审单位或组织评审专家组成评审小组进行节能评审。

第八条　节能评审应依照《中央国家机关建设项目办公建筑节能设计评审标准（试行）》或《中央国家机关建设项目居住建筑节能设计评审标准（试行）》进行。

第九条　节能评审包括下列内容：

（一）对围护结构热工性能、自然采光性能、自热通风性能、空气处理用能的合理性、空调冷热源、生活热水热源、风机水泵及输配系统、照明系统、其他用电设备、变配电设备、可再生能源利用等方面的节能设计状况进行定量评估；

（二）初步设计是否符合国家和地方现行节能标准的有关规定和要求；

（三）施工图设计是否落实初步设计的评审意见。

第十条　评审单位（评审小组）根据评审任务要求制定评审工作计划，向项目管理单位（项目使用单位）提出评审所需的资料清单并进行现场踏勘、调研，核实项目实际情况，对项目的节能性进行论证，提出项目评审初步报告。

项目主管部门组织评审单位（评审小组）和项目管理单位（项目使用单位）就初步报告进行沟通和交换意见。评审单位（评审小组）完善相关内容，及时提交评估、评审最终报告。

第十一条 节能评审报告应包括下列内容：

（一）项目概况；

（二）评审依据；

（三）单项评审意见及说明；

（四）评审结论意见与建议。

第十二条 节能评审报告是项目主管部门进行初步设计批复的重要参考依据。

对节能评审报告所提出的修改意见，经项目主管部门同意后，项目管理单位（项目使用单位）应组织相关单位进行整改。

项目管理单位（项目使用单位）对节能评审结果有异议的，可以向项目主管部门提出复审申请。项目主管部门在收到复审申请后委托有关单位进行复核，并将结果书面告知项目管理单位（项目使用单位）和评审单位（评审小组）。

第四章　评审时限和取费

第十三条 评审单位（评审小组）收到项目管理单位或项目使用单位完整的送审材料后，在15个工作日内完成评审任务。

第十四条 对初步设计（含施工图设计）的节能评审取费，按照1元/米^{2}的基准计取。

初步设计方案较为复杂或有重大调整需要重新评审的，评审费用在基准取费的基础上按1.4～1.6的系数计取。

住宅、公寓等项目评审取费标准在基准取费的基础上按照0.8～0.9的系数计取。

第十五条 节能评审费用（含专家劳务费）由项目主管部门支付。承担节能评审任务的单位及人员，不得收取节能评审费用之外的其他任何费用。

第五章　附　则

第十六条 本办法未尽事宜，参照中央国家机关建设项目初步设计评审管理的有关规定执行。

第十七条 本办法由国务院机关事务管理局负责解释。

第十八条 本办法自印发之日起施行。

国管局关于开展全国公共机构能源资源消耗统计工作的通知

国管房地［2009］3号

各省、自治区、直辖市和计划单列市、新疆生产建设兵团机关事务管理部门：

为贯彻落实《中华人民共和国节约能源法》和《公共机构节能条例》，全面掌握公共机构能源资源消耗状况，提高宏观管理和科学决策水平，促进公共机构节能工作的科学发展，我局决定开展全国公共机构能源资源消耗统计工作，现就有关事项通知如下。

一、充分认识开展公共机构能源资源消耗统计工作的重要性

建立科学、完整、统一的公共机构能源资源消耗统计体系，做好全国公共机构能源资源消耗统计工作，是促进公共机构加强能源使用管理、提高能源利用效率的重要基础，是各级机关事务管理部门依法实施节能监督管理、开展节能评价考核的重要依据，是强化责任、确保实现“十一五”节能减排目标的重要保障。各地要从深入学习实践科学发展观的高度，充分认识开展全国公共机构能源资源消耗统计工作的重要性，全面扎实地推进这项工作。

二、积极落实公共机构能源资源消耗统计工作的各项要求

（一）公共机构能源资源消耗统计工作采取逐级报送的方式。各级机关事务管理部门既要组织本级公共机构填报《公共机构能源资源消耗统计表》，也要汇总填写本地区《公共机构能源资源消耗统计汇总表》，并报上一级机关事务管理部门。

（二）公共机构能源资源消耗统计报表自 2009 年起执行。统计频率由各地根据实际情况自行确定，可以月报或季报。各地报送我局的《能源资源消耗统计汇总表》，统计频率为年报，报送时间为统计年度的次年 4 月 30 日前。

（三）公共机构能源资源消耗统计报表实行全国统一分类标准和编码，各级机关

事务管理部门必须严格执行，不得随意改变本报表指标的排列顺序和统一编码，但可根据工作需要在报表中增加个别指标。

（四）各省级机关事务管理部门要在 2009 年 4 月 30 日前完成本地区公共机构 2005—2008 年的能源资源消耗统计工作，并填报本省《公共机构能源资源消耗统计汇总表》报送我局。

三、切实加强对公共机构能源资源消耗统计工作的组织领导

各地要把开展公共机构能源资源消耗统计工作作为 2009 年的一项重要工作来抓，切实加强组织领导，明确专人负责。要督促公共机构完善能源资源消耗统计管理制度，把统计工作纳入岗位责任制。要加强对公共机构能源资源消耗统计人员的培训，提高统计工作的规范化水平。要对各项统计数据进行质量控制，确保数据的真实性和准确性，严禁随意修改统计数据，杜绝谎报、瞒报。各省级机关事务管理部门要加强部署，统一组织，逐级抓好落实，不断改进统计手段和方法，提高统计工作的信息化和科学化水平，确保各级机关事务管理部门和公共机构按时、保质完成统计任务，为深入推进全国公共机构节能工作奠定坚实的基础。

二〇〇九年一月十四日

国管局关于进一步完善公共机构节能联络员制度的通知

国管办发［2009］16号

各省、自治区、直辖市及计划单列市、副省级省会城市、新疆生产建设兵团办公厅、机关事务管理部门，中央国家机关各部门机关事务管理部门：

2008年12月全国公共机构节能联络员工作会议后，各地区、各部门节能联络员工作机制已初步建立。为进一步完善公共机构节能联络员沟通协调机制，加强公共机构节能信息交流，现就有关事项通知如下。

一、关于公共机构节能联络员的确定及变更

各省、自治区、直辖市及计划单列市、副省级省会城市、新疆生产建设兵团机关事务管理部门以及中央国家机关各部门要确定一至两名负责公共机构节能工作的处级干部作为公共机构节能联络员（以下简称联络员），并报送我局。联络员如有变更，要在5个工作日内上报。

省级以下地方各级人民政府结合当地实际情况建立本地区公共机构节能联络员制度。实行垂直管理的部门逐级建立公共机构节能联络员制度。

二、关于联络员的职责

联络员主要职责是：收集、整理、传递本地区、本部门公共机构节能工作重要信息；协调督促相关部门按时报送能源资源消耗统计情况；分析汇总本地区、本部门公共机构节能工作开展情况，及时反映本地区、本部门公共机构节能工作动态；提出推进本地区、本部门或者全国公共机构节能工作的意见、建议；按时参加联络员会议，并向会议通报本地区、本部门公共机构节能工作开展情况；向本地区、本部门领导汇报联络员会议精神，提出贯彻落实会议精神的建议、措施。

三、关于联络员会议制度

联络员实行工作会议制度，会议包括工作会议和临时会议。工作会议原则上每年召开一次，内容包括：沟通交流公共机构节能进展情况；研究分析工作中的新情况、新问题；提出工作思路、意见和建议等。临时会议根据工作需要不定期召开，内容包括：公共机构节能工作专门课题的调研；研究节能工作中重点突出问题的解决方案和措施等。

各地区、各部门需提交全国公共机构节能联络员工作会议研究讨论的事项，应于会议召开前 15 个工作日内由联络员向我局报送。合理化意见、建议也可以通过书面形式随时报送。联络员因故不能参加会议，须说明原因，并由本地区、本部门委派相关人员参加。

四、有关要求

各地区、各部门要高度重视节能联络员制度建设，加强对节能联络员工作的组织、管理和监督，尽快完善联络员工作组织体系，责任落实到人，逐步建立适合本地区、本部门的工作联系和沟通协调机制。

联络员要增强责任意识，切实担负起建立工作联系，加强信息沟通和经验交流的工作任务，学习交流节能优秀经验和良好做法，为推动本地区、本部门公共机构节能工作作出积极贡献。我局将定期对成绩突出的联络员，给予表彰和奖励。

二OO九年四月三日